JN174793

イギリス中等学校のシティズンシップ教育

―― 実践カリキュラム研究の立場から ――

川 口 広 美 著

風 間 書 房

目　　次

図 表 目 次

第Ⅰ部　研究の目的・対象・方法

第1章　研究の基本方針

　本研究の目的は，イングランドの学校シティズンシップ教育における「意図したカリキュラム」「実施したカリキュラム」のカリキュラムの内容構成とその開発法を分析し，それらの比較を通して，新しい学校シティズンシップ教育カリキュラムの構造を解明することにある。

　第Ⅰ部では本研究の前提を説明する。その内，第1章では研究の基本方針を提示する。第1節では問題意識と研究の目的，第2節では本研究に関わる先行諸研究との比較の中で導き出される本研究の特質と意義，第3節で論文全体の構成を説明する。

第1節　研究主題

　現在・将来の社会の担い手に求められるシティズンシップ（市民的資質，市民性）は，どのように育成するのか。そして，その際，学校教育はどのようにその役割を果たすのか。この2つの問いは決して新しくはないが，本研究全体を通して探求する根本的な問題である。本研究ではイングランドの中等段階の学校シティズンシップ教育カリキュラムを研究対象とし，その内容構成及びカリキュラム開発法[1]を明らかにしていくプロセスを経てこれら2つの問いに答えることにしたい。

　学校シティズンシップ教育は近年とくに注目されている。その理由として，シティズンシップ教育観が転換したことをあげられる。即ち，今日の変動激しい社会状況の下では，従来のような所与の知識体系を中心とした教育内容の伝達中心では不十分であり，社会状況に応じて社会変革を行える主体的な市民にとって不可欠な，生きて働く知識・スキル・態度の習得が必要になる

ためである。こうした新しいシティズンシップ育成の要請の下で，組織的に
シティズンシップ育成を行える学校シティズンシップ教育の意義が再認識さ
れている。

　学校シティズンシップ教育については，これまで多様な側面から語られて
きた。例えばどのようなシティズンシップを扱うかといったマクロな思想・
制度レベルもあれば，その一方で，どのような授業内容や教材・指導技術を
使うかといったミクロな授業レベルからの語り方もある。その中で本研究は
カリキュラムの視点から学校シティズンシップ教育を検討することにしたい。
なぜなら，マクロレベルでは，シティズンシップ教育とその議論は「どうい
う市民を育成すべきか」という規範的・抽象的なものに陥りやすく，逆にミ
クロレベルで検討する場合，どのようなシティズンシップを育成するかとい
った目標論の吟味よりも授業における教育・指導方法が強調される危険性が
あるためである。シティズンシップ教育は，現在/未来社会の担い手を育成
するという点で実用主義的な性質をもち，時々の政治・社会風潮に左右され
やすい性質を有している。マクロレベルの議論をする際には，どのようなス
トラテジーで実践にうつすことが可能かを考える必要があるし，教育内容・
方法がどのようなシティズンシップを育成することになるかを注意深く検討
する必要がある。従って，本研究でカリキュラムに着目し，後述する新しい
視点から考察することで，思想・制度といったマクロなレベルと実践という
ミクロなレベルとの往復をはかることができ，学校教育としてのシティズン
シップ教育では何をどのように育成するかを明確にできよう。

　学校シティズンシップ教育カリキュラム研究にあたっては，伝統的なカリ
キュラム研究アプローチを2点の新しい視点から見直す必要がある。第1に
カリキュラム概念の多層化である。これには2重の意味を含んでいる。1つ
目は国家・実践現場といった文脈における多層化，2つ目は「意図した」
「実施した」「達成した」という種類の多層化である。伝統的な内容伝達型の
シティズンシップ教育の場合には，国家が制定したカリキュラム内容（特に

知識内容）が研究の中心論題となっていたが，生きて働く知識・スキル・態度を育成する新しいシティズンシップ教育の場合には，国家が制定した内容だけでなく，知識・スキル・態度，これらが実践現場でいかに教えられ，生徒たちに受け止められたかが重要になり，概念と共にカリキュラムの多様化多層化が要請されているためである。第 2 に，カリキュラム開発法からの見直し・再検討の重要性である。新しい学校シティズンシップ教育では，国家は詳細な教育内容を提示する立場からゆるやかな枠を提示する役割へ，実践現場は国家のカリキュラムを受容・伝達する立場から自らの学校や地域・生徒の状況にあわせた柔軟なカリキュラムを開発・構成する立場へ転換することが求められている。どのようにカリキュラムを開発するかその方法を明確にする必要がある。以上の 2 点から，新しい学校シティズンシップ教育におけるカリキュラムを研究対象とする場合は，国家が制定した「意図したカリキュラム」と共に実践現場で作成した「実施したカリキュラム」を扱い，内容構成だけでなく，実践現場の多様性を前提としたカリキュラム開発法そのものから見直す必要がある[2]。

　日本において学校でのシティズンシップ育成の中心的役割を果たしてきた教科として社会科があげられる。そのため社会科教育学では，様々な領域でシティズンシップ教育に関わる研究が進められてきた。中でもカリキュラム研究では実践との関係性を重視し，主に教育の「事実」とするカリキュラムの内部に着目し，教授・学習の視点からの研究を中心としてきた。

　しかし，先述した新しいシティズンシップ教育カリキュラム研究での 2 つの前提という視点から見直すと，従来の研究方法はこの前提に立脚しているとはいえない。なぜならば，従来の社会科教育研究，殊，カリキュラム研究の目的を，空間的時間的文脈に依存しない普遍的な教育内容構成（または編成）原理の解明におく（特質 1 ）からである。そのため，研究方法においては，予め普遍的な公準を基にした外部の分析枠組みを決定し，その枠組みをあてはめてカリキュラム内容を説明する方法をとり[3]（特質 2 ），研究対象は，

個別性が反映されにくい国家レベルの「意図したカリキュラム」のみを取り上げる傾向にあった（特質3）。こうした3つの特質を持つ社会科教育学における伝統的な外国カリキュラム研究アプローチを「理論カリキュラム研究アプローチ」とよぼう。

　新しいシティズンシップ教育の立場に立脚すれば，カリキュラムはその実践現場において生きて働く知識・スキル・態度を習得させることが重要になるため，普遍的良さよりも，個別の状況の中で「実施したカリキュラム」はどのような内容をとっているか，そして，さらにそうしたカリキュラムがどのように開発・構成されたかを見る必要がある。伝統的な「理論カリキュラム研究アプローチ」に代わるアプローチが必要ということになる[4]。

　そこで，本研究では次の3つの特質を持つ「実践カリキュラム研究アプローチ」に基づいて考察を行う。このアプローチは，研究目的に，結果としての内容構成だけでなく，それらがどのような状況で開発・構成されたか（開発法）という文脈の解明も含みこんでおり（第1の特質），研究対象を「意図したカリキュラム」「実施したカリキュラム」という多層的なカリキュラムとし（第2の特質），分析方法をデータの内側からカリキュラムの特質を説明する「解釈的アプローチ」（志水，2002）とする（第3の特質）。

　この3つの特質を持つ「実践カリキュラム研究アプローチ」に立脚した上で，事例として，イングランドの教科「シティズンシップ」を取り上げる。それは第3章で詳細を述べるように，イングランドは2002年から新教科「シティズンシップ」を開始，新しいシティズンシップ教育に正面から取り組み，本研究の目的に最適なものであるためである。

　具体的には，本研究では次の3つの研究課題（リサーチ・クエスチョン）を探求する。

　［1］イングランドの学校シティズンシップ教育における「意図したカリキュラム」はどのようなカリキュラム内容を構成しているか（カリキュラム内容構成）。それらの内容を，カリキュラム作成者達はどのような

　　　方法・手順で開発・構成しているか（カリキュラム開発法）。

［2］イングランドの学校シティズンシップ教育における「実施したカリキ
　　　ュラム」はどのようなカリキュラム内容を構成しているか（カリキュ
　　　ラム内容構成）。それらの内容を，教師達はどのような方法・手順で開
　　　発・構成しているか（カリキュラム開発法）。

［3］イングランドの学校シティズンシップ教育における「意図したカリキ
　　　ュラム」と「実施したカリキュラム」はどのように関連しており，全
　　　体としてどのようなカリキュラム構造を示しているか。

　［1］と［2］はそれぞれ「意図したカリキュラム」「実施したカリキュラム」
の内部に入り込み，その当事者の意思決定の文脈からそれぞれのカリキュラ
ム内容構成と開発法を探求する。［3］は，この意思決定の文脈からは距離を
置き，2つのカリキュラムを共通の分析視点（詳細は次章）で検討すること
で，それぞれの役割を明確にし，全体としての新しい学校シティズンシップ
教育カリキュラムの構造を解明しようとする。

　3つの研究課題に答えることで，学校シティズンシップ教育での「意図し
たカリキュラム」「実施したカリキュラム」をいかなる内容でどのように開
発するかが明らかになる。また，イングランドのシティズンシップ教育がど
のように実践現場における多様性を含みながら，統一したカリキュラムを実
現しているかを解明できる。これらの研究成果を基に，イングランドの学校
シティズンシップ教育カリキュラムの特質を抽出することができる。

第2節　研究の特質と意義

　研究の特質と意義は，先行研究との対比によって明確にできる。以下では，
第1項でカリキュラム研究，第2項シティズンシップ教育に関する先行研究
の展開を検討し，従来の先行研究の抱える課題と本研究の特質と意義を確認
したい。第3項では，考察を総括し，研究目的（何を明らかにするのか），対

象（何を取り上げるのか），方法（どんな方法でするのか）という 3 つの視点から整理する。

第1項　カリキュラム研究からみた本研究の特質と意義

　まず，カリキュラム研究から見た本研究の特質と意義を端的に述べる。本研究は，近年再注目されている，学校を基盤としたカリキュラム開発（School-based Curriculum Development，以下 SBCD と略記）に着目した研究として位置づけられる。その特質と意義は，近年注目されていながらも，具体的な実現のストラテジーが明確でなく，しばしばスローガンに留まっていた SBCD に対して，イングランドを事例として，カリキュラム開発を実現し達成する手段と手続きを解明する点である。学校シティズンシップ教育カリキュラム研究の視点から見れば，しばしば論点となる国家と学校の関係性について，イングランドを事例に探る点である。以下では，初めにカリキュラム研究全体を概観し，その後，現在のカリキュラム研究の論題の 1 つである SBCD に注目し，その研究の流れと導き出される課題を明確にしたい。

（1）カリキュラム研究の展開

　まず，カリキュラム研究の変遷について，第二次世界大戦以降のカリキュラム研究[5] について論じた安彦（1999；2009）を基に検討したい。安彦はカリキュラム研究の展開を，授業研究・学習指導要領との関連から整理し，大きく 3 期，1 期：カリキュラム研究の最盛期（戦後〜1955年），2 期：カリキュラム研究の衰退と授業研究の勃興（1955年〜1970年代後半），3 期：カリキュラム研究の再評価（1970年代後半〜）に区分している。

　1 期の状況について，安彦（2009）は「「カリキュラム研究」への現場教師の関心は，きわめて高かったといってよい」（p. 12）と述べている。なぜなら，1947年版学習指導要領は「試案」であり，各学校が独自の学校「カリキュラム構成」を行うことが推奨されたためである。特に新教科であった社

会科のカリキュラムには高い関心が寄せられ，研究者と教師とが連携して日本各地で研究が進められた。授業研究はこうしたカリキュラム研究の1部として成立した。

　しかし，2期に入ると，基礎学力低下が指摘されるようになり，「学校現場での「カリキュラムづくり」への批判」（安彦，2009：13）が強まった。その結果，学習指導要領は系統主義の立場に立ち，学校カリキュラムへの拘束力を強めることになり，カリキュラム研究への関心が低下することになった。その代わりに，以前はカリキュラム研究の一分野に過ぎなかった授業過程・指導方法を強調する「授業研究」が注目されるようになった。

　だが，1970年代後半から再度カリキュラム研究への注目が強まった。安彦（1999）は，この再注目には，①行政側が再度カリキュラム研究へ関心を寄せ，1977年版学習指導要領が再度学校の裁量を認めるようになったこと，②英米のカリキュラム社会学の影響があったことを指摘する。また，1期との違いについて，「学校という制度的な入れ物自体，あるいは公教育という近代の教育の仕組みと親や保護者の意識それ自体が崩れ出し流動的になっており（…），新たな枠組みが研究でも，実践の上でも模索」（安彦，1999：23）されるようになった点をあげている。つまり，3期の特質としてはカリキュラム研究の論題が多様化している点があげられるだろう。その中の論題の1つとして，従来の国家主導のカリキュラム作成から脱却した「カリキュラム開発」，SBCD が位置づけられる。

（2）SBCD 研究の展開と課題

　SBCD は，1973年 OECD 国際セミナーで提唱された概念である。佐藤（1996）は，スキルベックを引用しながら，次のように説明する。

　　代表的論者であるスキルベックによれば，SBCD は，「カリキュラム開発の最良の場は，学習者と教師が出会う所である」という考え方にもとづ（く）カリキュラムの開発様式とされている。そしてそれは，開発様式を示す概念であると同

時に，学校と教師のカリキュラム上の「自由」と「自律性」に関わる「哲学」で
あるといわれる（p. 69）

　この前提として，モダン社会，ポストモダンな社会における教育のあり方
を説明する必要がある。従来の行政主導の教育の場合，その前提として，そ
のカリキュラムが，その行政の影響を受ける空間（国や地域）の中で「誰に
おいても，どこであっても良い」教育であることが前提となる。しかし，こ
うした普遍性が崩壊したポストモダンな社会では，その時々の空間的・時間
的文脈で良さは変化することになる。即ち，SBCD とは，普遍的な「最良の
教育」が存在しないポストモダン社会において，従来の行政主導で作成する
「普遍的に良い」カリキュラム開発ではなく，各学校の状況における「最良」
をめざすあり方として提言されるようになるといえる。行政から各学校現場
へと自律性（オートノミー）確立への移行を示す用語であるといえる。これ
は，現在教育行政の地方分権化を進めている日本の状況（小川，2010）にも
合致したものといえる。

　しかし，SBCD は「教育政策的な次元からカリキュラムの意思決定権の委
譲および学校の自律性，草の根運動などといわれるスローガン」として成立
したものの，「緻密な理論に基づき生まれたわけではなく，カリキュラム開
発の方法として一定の脆弱性」（鄭，2001：58）を有したものであった。その
ため，SBCD 評価は，背景とした理論分析ではなく，SBCD の理念の紹介や
その理念を実現した実践分析を通して行わざるを得ない。

　これに基づき，従来，日本での SBCD 研究とは，SBCD の理念の紹介（佐
藤，1996）や，理念実現のための方策に着目し，教師の観点から示したもの
（鄭，2001）やドイツのカリキュラム開発を事例に説明したもの（的場，1999）
などがあげられる。各研究での焦点は異なるものの，一連の研究は，SBCD
の理念実現のための学校側のあり方に着目し，実践の方向性や実践分析を行
うものであった。

　しかし，鄭（2001）が指摘するように，SBCD の実現には「国家カリキュラム開発と SBCD の関係をどう設定するか」（p. 61）も重要課題となる。こうした国家レベルのカリキュラムの開発方法については，「SBCD に対する国家のカリキュラムの影響が一方的になってはならない」（鄭，2001：62）といった大まかな方向性についての叙述しか見られず，具体性に欠ける。佐藤（1996）も自らの主張として，国家カリキュラム対学校カリキュラムという二元論の立場にたち，国家[6] 主導の〈研究・開発・普及〉モデル（p. 33）から，教師主導の〈実践・批評・開発モデル〉（p. 34）への移行を提唱するに留まり，国家レベルのカリキュラムとはどのようにあるのかという問いには答えられていない。従って，SBCD を実現するために国家カリキュラムとして何をどのように開発すればよいか，という問いに，十分に応えるものにはなっていない。

　以上，日本のカリキュラム研究から見た本研究の特質を一言で述べるとすれば，SBCD を前提とした場合の学校レベルと共に国家レベルのカリキュラムの開発法についても考察する点。また，従来の研究はドイツやアメリカなどを中心としてきたが，イングランドを事例に具体的に検討する点からも特質を指摘できる。

第2項　シティズンシップ教育研究からみた本研究の特質と意義

　まず，シティズンシップ教育研究から見た本研究の特質と意義を端的に述べる。本研究は，近年再注目されているイングランドの学校シティズンシップ研究に位置づけられる。その特質と意義は，イングランドのシティズンシップ教育カリキュラムについて内容構成だけでなく，開発法から文脈に沿った形で明らかにすることを目的とすること，そして，その際，カリキュラムは，教授・学習の観点から分析し，実践のレベルを含めた多層的なものとして扱うことで，より深く・厚く解明できる点である。

　以下では，初めにシティズンシップ教育研究全体を概観し，その後，教

授・学習の観点か分析を行ってきた社会科教育学研究に注目し，その研究の
流れと導き出される課題を明確にすることとしたい。

（1）日本におけるシティズンシップ教育研究の展開

　冒頭で述べたように，シティズンシップ教育は，注目されている研究論題
の1つである。まず，日本におけるシティズンシップ教育研究にはどのよう
な特質があるかを概観しよう。

　右で示した図 1-1 は，1990年から2010年 3 月までの推移を示したグラフで
ある（2010年 8 月現在）。日本最大の論文検索サイトである Cinii（the Scholarly
and Academic Information Navigator）に「市民科」「シティズンシップ教育」
「市民性教育」という用語で検索した際に該当した論文数[7]である。
図 1-1 から，その数が近年急激に増加しているのを見てとることができる。

　また，一連のシティズンシップ教育研究の内，内容を確認できた60本を焦
点化しているトピック・組織・文脈に分けたものが表 1-1 である[8]。ここか
ら，日本のシティズンシップ教育研究は様々なトピックが扱われているが，
その中心は，カリキュラム，教授・学習にあり，さらに学校教育が対象であ
る。また，その際，日本と共にイングランドの研究に注目が集まっているこ
とも指摘できる。以上のように，日本で関心が高まっているシティズンシッ
プ教育研究は主に学校教育の文脈で論じられ，中でも日本と並んでイングラ

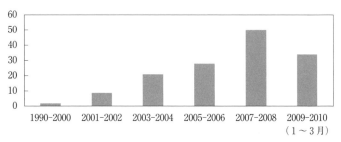

図 1-1　日本で出版されたシティズンシップ教育研究論文の数の推移

表1-1　日本のシティズンシップ教育研究の特質

トピックの種類（重複あり）	数（本）
カリキュラム	23
教授・学習	14
政策	13
組織・経営	6
教師教育	4
その他	2

組織（重複あり）	数（本）
小学校	11
中学校	21
高校	14
高等教育	4
生涯学習	5
その他	23

文脈（重複なし）	数（本）
日本	24
イングランド（イギリス）	22
アメリカ	5
カナダ	2
その他の国（オーストラリア，タイ）	3
国に焦点化しない	4

ンドに高い注目が集まっている。本研究もこの中の1つとして位置づけられる。

（2）日本のイングランドの学校シティズンシップ教育研究の展開と課題

　先述の通り，現在，注目されているシティズンシップ教育研究において，本研究で扱うイングランドの学校シティズンシップ教育カリキュラムは特に

注目される分野の１つである。ここで，その研究の変遷を概観すると共に，
そこから引き出される課題を明確にしよう。

　イングランドの学校シティズンシップ教育カリキュラム研究として，まず
はそのトピックに注目したい。a）「思想」・b）「政治」・c）「意図したカ
リキュラム」（ナショナル・カリキュラムやスキーム・オブ・ワーク）・d）「実施
したカリキュラム」・e）「教師教育」，これらから検討する[9]。

　なお，現行のイングランドの学校シティズンシップ教育カリキュラムの原
型が見られるようになったのは1998年以降であるため，1998年以降の研究推
移としてこれらの５者の関係を見ていく。1998年〜2005年頃まではナショナ
ル・カリキュラムや政治的展開といったb）が中心であり，c）の中でもナ
ショナル・カリキュラムの紹介が含まれる程度であった。この時期は学校シ
ティズンシップ教育が正式に導入されたばかりであり，その中心はイングラ
ンドの学校シティズンシップ教育とはどういうものか，なぜそれが導入され
たか，に注目が集まっていたためと考えている。この時期の論文で，特に
b）政治的展開（とナショナル・カリキュラムの紹介）に着目したものとしては，
福伊（1998），木原（2001），栗原（2001），清田（2005），戸田（2001），水山＆
加藤（2003）らがあげられる。これらの一般的な叙述とは異なり，今谷
（2004）は，c）「意図したカリキュラム」を「人間発達・自己形成」という
角度から，長沼（2003）・東京ボランティア・市民活動センター（2003），日
本ボランティア学習協会（編）（2000）は社会・コミュニティへの参加という
角度から，水山（2005）は「環境」という視点から切り取り，説明している。
こうした中で，木原（2002）の研究は，多様性の側面に注目し，正式教科と
して導入前の2001年にバーミンガムなど５市でイングランドの実地調査を行
っており，d）「実施したカリキュラム」の一端を解明しようとしたもので
あった。

　2005年以降も，窪田（2007），畑田（2007）らのようにb）政治的展開に着
目したものも依然見られるが，イングランドの新教科シティズンシップ教育

導入が落ち着いたこともあり，研究は多様化した。 a ）思想に着目したものとしては，木村（2006），蓮見（2004 ; 2007）などがあげられ， e ）教師教育としては，橋崎（2008），松尾（2008 ; 2009）などがあげられる。また，池野（研究代表）（2009），水山（2007）らのように a ）・ b ）・ c ）・ d ）を横断するような規模の大きい研究も見られるようになっている。このように当初は政治的展開の紹介が中心であったイングランドのシティズンシップ教育研究は次第に多様化しているといえる。

　では，次に1998～2010年までの研究の内，本研究で主要に扱う c ）・ d ）のカリキュラムに注目した研究を検討しよう。該当する論文は新井（2007），池野（研究代表）（2009），今谷（2004），北山（2008），木原（2001 ; 2002），窪田（2007），東京ボランティア・市民活動センター（2003），戸田（2001 ; 2004），長沼（2003），畑田（2007），福伊（1998），藤原（2006），水山＆加藤（2003），水山（2005 ; 2008），水山（研究代表）（2007）があげられる。これらを研究目的・研究対象の視点から考察してみよう。

　まず，研究目的として分けると，補足的記述が見られるものもあるが，現在のイングランドのシティズンシップ教育カリキュラムの概略的紹介を中心としたものとしては池野（研究代表）（2009），新井（2007），木原（2001），窪田（2007），戸田（2001），畑田（2007），福伊（1998），水山＆加藤（2003）があげられる。これらは先述の通り，2005年以前が多く，それまで馴染みのなかったイングランドの状況を説明した点で意義があるが，その評価などや解釈はほとんど見られない。その一方で，今谷（2004），長沼（2003）・東京ボランティア・市民活動センター（2003），日本ボランティア学習協会（編）（2000），水山（2005），藤原（2006）らは日本で論点となっている「人間発達」や「ボランティア」や「環境」，「グローバル・国際理解」といった論点で切り取って独自の解釈を示している。こうした論点から切り取ることは日本への適用を考察する際に有効な面も指摘できるが，こうした部分的紹介は日本の教育関係者への誤った伝達を促す可能性もはらむ（唐木，2010）。その点で，

単一の視点ではなく，公共性・メディア・国際理解・環境といった多様な視点から検討しようとした水山（研究代表）（2007）は注目に値するものである。

　しかし，研究対象の視点から見ると，以上の論文は全て「意図したカリキュラム」（ナショナル・カリキュラム，スキーム・オブ・ワーク）に注目したものである。イングランドの学校シティズンシップ教育カリキュラムにとって，こうした「意図したカリキュラム」は枠組みにすぎず，「実施したカリキュラム」を検討する必要もある。その点で，木原（2002），北山（2008）の文献は，それぞれ導入以前のもの，また初等段階の調査であるという点で本研究の目的に応じるものではないが，実践の状況を実地調査した点で示唆を得られるものであった。

　以上，従来，これまで日本で行われてきたイングランドの学校シティズンシップ教育研究と比較してみると，本研究の特質はカリキュラムを「意図したカリキュラム」「実施したカリキュラム」と多層的に捉えている点，また研究目的としてカリキュラム開発法に着目した点にある。カリキュラム開発法を明らかにすることで，よりイングランドの学校シティズンシップ教育の文脈を深く探求でき，総合的な理解がはかられるだろう。

（3）イングランドにおける学校シティズンシップ教育研究の展開と課題

　イングランドでの現行学校シティズンシップ教育カリキュラムに関する学術研究において，「意図したカリキュラム」「実施したカリキュラム」に関する研究としては，Crick（2000b），Kerr（1999；2000；2003），Olssen（2004），Osler（2000）などがあげられる。Crick（2000b），Kerr（2000；2003）は，導入以前のシティズンシップ教育カリキュラムの実施状況，あるいは「意図したカリキュラム開発」の背景・過程を叙述したものであった。Olssen（2004）やOsled（2000）は，「意図したカリキュラム」に埋め込まれた潜在的カリキュラム（hidden curriculum）の研究である。従って，「意図したカリキュラム」「実施したカリキュラム」に関する教授・学習法（pedagogy）に注目し

たものは見られず，また，「意図したカリキュラム」「実施したカリキュラ
ム」の相互関係性に注目したものは見られない。イングランドにおいて，主
流である研究は，Osler & Starkey（2003）に代表されるように，生徒がどの
ようにカリキュラムを受け止めたかという「達成したカリキュラム」研究で
ある。この背景には，日本とイングランドの教育学研究のあり方の違いもあ
るだろう。日本の社会科教育学は，教育実践と密接に関連しており，その研
究成果を実践に還元することをめざす。それに対し，イングランドは伝統的
に学術研究と教育実践を切り離す傾向にあるためである（Hammersley, 2007）。
そのため，シティズンシップ教育を学校・教師のトピックと捉えるよりも，
教育の結果，生まれる社会の不平等や正義の論題で捉える傾向が強い。従っ
て，潜在的カリキュラムの結果として見られる「達成したカリキュラム」が
社会の枠組みをどのように再生産しているかに注目が集まりやすい。従って，
「意図したカリキュラム」「実施したカリキュラム」を扱う際にも，カリキュ
ラム内容と社会の不平等・正義との関連性を検討するものが中心となる。

　こうした傾向から，イングランドにおいて，「意図したカリキュラム」「実
施したカリキュラム」の教授・学習（pedagogy）を扱った学術研究は Evans
（2004）や Davies & Issit（2005）など少数に留まる。その内でも，Evans
（2004）については2001年度法定教科導入以前のものであり，Davies & Issit
（2005）も 2 つの教科書シリーズを扱っているのみであり包括性の点から疑
問が残る。

　イングランドにおける「実施したカリキュラム」を扱った大規模なシティ
ズンシップ教育研究には，政府関連機関である NFER の行ったシティズン
シップ教育の継続研究（Citizenship longitudinal study: CELS）に関する 7 つの
報告書（Kerr et al., 2003; 2004; 2007; Cleaver et al., 2005; Ireland et al., 2006; Benton
et al., 2008; Keating et al., 2009c）と OFSTED の 2 つの報告書（OFSTED 2006;
2010）がある。これら 2 つの研究は，カリキュラム評価を行うため，政府関
連機関主導のもとイングランド全土を対象にした量的調査であり，包括性に

非常に優れた研究である。だが，質問紙を用いた大規模な量的調査であるゆえ，大きな傾向性を明らかにしているが，なぜそうした傾向になるのか，理由・根拠の詳細は，明らかにできない。また，政府関連機関主導の調査であるため，「意図したカリキュラム」自体に対する検討を加えておらず，イングランドのカリキュラムそのものへの批判性という点でも問題を有している。

　これまでの考察をまとめて，イングランドにおける学校シティズンシップ教育研究から見た本研究の特質を一言で述べるとするならば，それは教育目標・内容・方法という教授・学習という観点から「意図したカリキュラム」「実施したカリキュラム」を分析することであり，なおかつイングランド自体への客観性・批判性も含む点にあるといえる。

第 3 項　小括：本研究の特質と意義

　以上の考察を基に，研究課題の解明をめざした本研究の特質と意義を研究目的・対象・方法の観点から 3 点にまとめよう。

　第 1 に，研究目的から見ると，本研究は，印象論や時間・空間を超えた普遍化をめざす規定研究ではなく，実践の時間的・空間的文脈に依拠することを前提とし，そのカリキュラム内容と開発法をより深く・厚く究明することで，実現可能性を見出す可能性研究である。本研究は普遍性の抽出を行わないことから，一見，日本への適用可能性・示唆に欠けるように見えるかもしれない。しかし，本来どのようなカリキュラムも，特定の文脈に依拠して成立している。本研究は，イングランドの文脈であることを自覚化・意識化した上で探求することで，日本との差異が明確になり，実践現場における文脈に依拠して，日本において今後シティズンシップ教育カリキュラム開発を行う上での具体的な材料とその方法を提供することができる。

　第 2 に，研究対象から見ると，本研究は，カリキュラムを国家と学校・教師/「意図した」「実施した」として多層的に捉えている。イングランドの学校シティズンシップ教育について，日本の社会科教育で行われてきたカリキ

ュラム分析研究は，ナショナル・カリキュラムや教科書などの「意図したカリキュラム」を中心にしてきた。また，イングランドでは準国家機関が最大規模の教授・学習に関する研究成果を提示しているが，全体的な傾向の把握のみが目的としており，また準国家機関の調査であるため批判性に欠いているという課題を持っている。以上の課題を克服すべく教授・学習の観点からカリキュラムに踏み込み，かつ一定の体系性・批判性を確保しようとする本研究は，小規模ではあるが意義ある研究となるだろう。

　第3に，研究方法から見ると，本研究は「実践カリキュラム研究」という新しい研究アプローチに依拠している。従来の社会科教育学の外国カリキュラムを扱う研究は「理論カリキュラム研究アプローチ」を前提としていた。この研究法は次の3つの特質を持っている。研究目的を普遍的な編成（構成）原理の解明におき（第1の特質），研究対象をできるだけ個別性を排除した「意図したカリキュラム」とし（第2の特質），データの外部にある分析枠組みからカリキュラムの特質を語る分析法（第3の特質）である。これに対し，本研究は，「意図したカリキュラム」を含みつつも分析対象を学校教育現場における「実施したカリキュラム」に拡大し，学校教育現場のカリキュラムをその内容と共に開発法の点から解明することをめざす。これにより，どういう状況下で，国家や教師がどのように周囲の状況を踏まえ，シティズンシップ教育カリキュラムを開発・構成しているのかを詳細に語ることができるだろう。

　片上（2004）は，社会科教育実践研究の今後のあり方として，「原理的な考察に焦点を当てた規定研究から子どもの姿を明示できる実践的な提案研究」への転換を主張していた。本研究はこうした研究の第一歩であると捉えられ，社会科教育学における新しいカリキュラム研究のあり方を提案している点でも意義がある。

第3節　論文構成

　これまで本研究の主題と特質について述べてきた。続いて，本研究全体の具体的な論述構成とその意図について説明していきたい。本研究は，大きく第Ⅰ部・第Ⅱ部・第Ⅲ部の3部で構成する。第Ⅰ部は研究成果を示す上で共有しておきたい前提であり，これまでの研究成果と課題，及びそれを乗り越えるための本研究の研究デザイン全体を概括する。第Ⅱ部では，第Ⅰ部の研究デザインを用いて行った研究の成果を説明する。第Ⅲ部では，研究の成果を概括し，そこから導き出される日本への示唆を具体的に述べ，本研究の課題と今後の展望を示す。以下，具体的に説明していこう。

　第Ⅰ部は，研究成果を導き出す際の前提を提示する。第Ⅰ部は3章構成であり，第1章で研究の基本方針，第2章で研究方法，第3章でイングランド学校シティズンシップ教育カリキュラムの背景についてそれぞれ詳細に述べる。

　第1章では研究の基本方針を提示する。即ち，第1節では問題意識と研究の目的，第2節では本研究に関わる先行諸研究を検討した結果，導き出されてきた研究の特質と意義，第3節で論文全体の構成をそれぞれ説明する。

　第2章は，本研究で用いた研究方法について説明する。まず，第1節では研究対象となった国家と学校・教師レベルのイングランドのシティズンシップ教育カリキュラムの特性と，それを扱う上での分析の枠組みを示し，第2節ではデータの収集方法と分析法を示す。

　第3章は，本論部におけるイングランドの学校シティズンシップ教育カリキュラムをめぐる共通理解をはかるための，その背景としての社会・政治・研究の文脈を説明する。その際，まず第1節でイングランドの学校教育制度を概観し，次に第2節では，主にサッチャー保守党政権以降のイングランドの学校教育改革を主に教師の立場の変容を中心に概観する。ついで，イング

ランドの学校シティズンシップ教育をめぐり，第 3 節ではその政策・制度の変遷について述べ，第 4 節ではその実践現場での反応を検討する。

　第Ⅱ部は，本研究の中心となる一連のデータ収集とその分析から明らかになった結果を示す。第Ⅱ部は 3 章に分けられ，第 4 章では「意図したカリキュラム」，第 5 章では「実施したカリキュラム」を取り上げ，第 6 章でその 2 つのレベルのカリキュラムを比較した結果としてイングランドの学校シティズンシップ教育カリキュラム全体について論じる。

　第 4 章は，「意図したカリキュラム」のカリキュラム内容とその構成法を導き出す。そのため，具体的にはナショナル・カリキュラムと国家基準のカリキュラム案（スキーム・オブ・ワーク）を基に，各カリキュラム内容とその構成法を明らかにする。第 5 章は，「実施したカリキュラム」のカリキュラム内容とその構成法を扱う。そのため，具体的には教師のインタビュー・データと教師が作成したカリキュラム案を基に，各教師のカリキュラム内容とその構成法を導き出す。第 6 章は，前の 2 章で導きだされた「意図した」「実施した」カリキュラムを比較し，イングランド全体としての学校シティズンシップ教育カリキュラムの構造とその特質を明らかにする。

　第Ⅲ部では，本論部の各章の結果を総括して示す。今後の研究全体に残されている課題についても論述し，本研究を締め括ることになる。

　補章として，中等段階の対比として，初等段階のシティズンシップ教育について，そのナショナル・カリキュラムとスキーム・オブ・ワークの概要を示した。

---

1 従来はカリキュラム「構成法」が用いられてきたが，本研究では「開発法」を用いることとした。その理由は，「カリキュラム開発」という用語に含まれる「変動する社会の要求に対応して，コース・オブ・スタディを改訂する試みであるが，その際，各学校が教師を積極的に参加させながら，授業内容を改善しようと図る」（田中，1999：76-77）という特質と，本研究が前提とする多層的に捉えるカリキュラム観が共通するためである。

2「意図したカリキュラム」「実施したカリキュラム」「達成したカリキュラム」については，IEA（国際教育評価部会）が設定し，国立教育研究所（1997）が翻訳したものに依拠している。

3 志水（2002）はこうした「社会的行為は規則に支配されており」，「そのような行為パターンの社会学的説明は，自然科学に特徴的な演繹的モデルに従ってなされるべきであるという論理実証主義的な立場」（p.19）を「規範的アプローチ」としている。

4 文中にも示しているように，これはあくまで社会科教育学における従来の外国カリキュラム研究の一般的傾向であることを注記しておきたい。一般教育学においては，佐藤（1996）に代表されるように，古くから外国カリキュラム研究であっても実践された「学びの履歴」を広くカリキュラムとみなす傾向があったことは指摘しておきたい。

5 安彦は，第二次世界大戦以前のカリキュラム研究として，海後宗臣の著作と阿部重孝の研究をあげているが，全体としてはあまり盛んでなく，重要な文献はほとんどないと述べている。（安彦，1999）

6 佐藤自身は「国家」という用語ではなく「中央の機関」としている（佐藤，1996：32）

7 正確にはこれらの検索ワードで該当した論文から，①重複するもの，②シティズンシップ教育とは関係のないものを省いたものである。

8 この分類方法は，ロンドン大学 IOE の EPPI センターのシティズンシップ教育検討グループ（Citizenship education review group）が行ったシティズンシップ研究に関する体系的検討の報告書 Crick et al.（2005）を基にしたものである。

9 以下の条件を設定し，分析を行った。

　①主となる研究対象をイングランドのシティズンシップ教育とするもの。

　②10ページ程度執筆されたある程度まとまりのある文献。

　③学会発表レジュメは除く。

先行研究としては次の27の文献を選択した。

［1］新井浅浩（2007）「イギリスの市民性形成論」二宮晧（編）『市民性形成論』放送大学教育振興会。

［2］池野範男（研究代表）（2009）『我が国を視点とした英国シティズンシップ教育の計画・実施・評価・改善の研究：地方行政局と大学と学校が連携した教育PDCA 開発』2005〜2008年度科学研究費補助金（基盤研究A）研究報告書（課題番号17203042）。

［3］今谷順重（2004）「イギリスで導入された「新しい市民性教育」の理論と方

　　　法：人生設計型カリキュラムの構想」『社会科研究』第60号，1-10。
［4］北山夕華（2008）「イングランドの市民性教育の実践とその課題―低階層地域
　　　の学校の事例が示唆するもの」『日英教育研究フォーラム』第12号，75-84。
［5］木原直美（2001）「ブレア政権下における英国市民性教育展開」『九州大学大学
　　　院教育学コース院生論文集』第 1 号，99-113。
［6］木原直美（2002）「多文化社会における市民性教育の可能性：英国 5 市の取り
　　　組みを中心として」『比較教育学研究』第28号，95-112。
［7］木村雄介（2006）「多文化社会におけるシティズンシップ教育の構成原理の探
　　　求：オスラーのシティズンシップ教育論の検討」『大阪教育大学社会科教育学
　　　研究』第 5 号，31-40。
［8］窪田眞二（2007）「イギリス：必修教科「シティズンシップ」で参加・フェ
　　　ア・責任をどう教えるか？」嶺井明子（編）『世界のシティズンシップ教育：グ
　　　ローバル教育の国民/市民形成』東信堂，184-195。
［9］栗原久（2001）「英国における市民性教育の新しい展開：ナショナル・カリキ
　　　ュラムにおける必修化をめぐって」『社会科教育研究』第86号，26-35。
［10］清田夏代（2005）『現代イギリスの教育行政改革』勁草書房。
［11］東京ボランティア・市民活動センター（2003）『イギリスのコンパクトから学
　　　ぶ協働のあり方：ボランティア・市民活動，NPO と行政の協働をめざして』
　　　東京ボランティア・市民活動センター。
［12］戸田善治（2001）「イギリスにおける「市民科」の誕生」『社会科教育研究　別
　　　冊2000年度研究年報』，61-66。
［13］戸田善治（2003）「イギリスにおける市民科の誕生と法関連教育：市民と裁判
　　　制度の関係を中心として」『小・中学校における法学的なマインドの育成に関す
　　　る理論的・実践的研究』平成14年度千葉大学総合研究プロジェクト研究成果報
　　　告書，165-175。
［14］長沼豊（2003）『市民教育とは何か：ボランティア学習が開く』ひつじ市民新
　　　書。
［15］日本ボランティア学習協会（編）（2000）『英国の「市民教育」』日本ボランテ
　　　ィア学習協会。
［16］橋崎頼子（2008）「Citizenship 教員養成に関するチューターの視点についての
　　　一考察」『神戸大学大学院人間発達環境学研究科研究紀要』第 2 巻第 1 号，
　　　43-52。
［17］蓮見二郎（2004）「英国公民教育の市民像としての活動的公民格―教育目標と

　　　しての「アクティブ・シティズンシップ」の政治哲学的分析－」『公民教育研
　　　究』第12号，43-57。

[18]蓮見二郎（2007）「公共的価値の教育としての愛国心教育－英国のシティズン
　　　シップ教育における Britishness 概念を参考に－」『公民教育研究』第15号，
　　　49-63。

[19]畑田直紀（2007）「イギリスにおける「Citizenship」新設・必修化の要因につ
　　　いての考察」『上越社会研究』第22号，81-90。

[20]福伊智（1998）「現代イギリスにおけるシティズンシップ教育」『教育学研究紀
　　　要』第44巻，第Ⅰ部，439-444。

[21]藤原孝章（2006）「アクティブ・シティズンシップを育てるグローバル教育：
　　　イギリス市民性教育 Get Global! の場合」『現代社会フォーラム』第2号，21-38。

[22]松尾祥子（2009）「イギリスの「市民性教育」における教員養成：PGCE コー
　　　スのカリキュラムに焦点をあてて」『国際教育文化研究』第9号，139-150

[23]松尾祥子（2008）「イギリスの市民性教育における教員養成と研修」『国際教育
　　　文化研究』第8号，71-82。

[24]水山光春＆加藤優子（2003）「英国の市民科教育」『国際理解』，121-135。

[25]水山光春（2005）「英国の新教科「Citizenship」における主題としての環境」
　　　『京都教育大学環境教育年報』第13号，21-42。

[26]水山光春　（研究代表）（2007）『社会科公民教育における英国シチズンシップ
　　　教育の批判的摂取に関する研究』2004～2006年度科学研究費補助金（基盤研究
　　　C）研究報告書（課題番号16530584）。

[27]水山光春（2008）「シティズンシップ教育：「公共性」と「民主主義」を育て
　　　る」杉本厚夫・高乗秀明・水山光春『教育の3Ｃ時代：イギリスに学ぶ教養・
　　　キャリア・シティズンシップ教育』世界思想社。

第2章　研究方法

　第2章は，第Ⅱ部以降で示す研究成果の妥当性を証明するために，どのような研究方法をとり，なぜそのような方法をとるかを説明する。第1節では研究の基本方針を述べる。まず，（1）研究課題（リサーチ・クエスチョン）を再度確認し，全体の分析の基本アプローチを提示する。（2）で研究対象である2種類のカリキュラムを説明する。第2節ではデータの収集法と分析法を示す。（1）では，2種類のカリキュラムの各データの特質と収集法を述べる。（2）では，特に「実施したカリキュラム」について行ったフィールドワークの詳細を説明する。（3）では，収集したデータをどのように分析したか，3段階の分析の分析視点・手順を示す。

第1節　研究方法の概要

第1項　研究方法の基本方針

　前章第1節で示した，本研究の研究課題（リサーチ・クエスチョン）［1］～［3］を，段階1～3に置きかえたものが図2-1である。段階1～2とは「意図したカリキュラム」「実施したカリキュラム」の各カリキュラム内容構成とその開発法を，それぞれの内部のミクロなレベルから探るものである。段階3は，マクロな視点から2つのカリキュラムを共通の分析の観点（詳細は次章）で検討し，シティズンシップ像と共に全体カリキュラム構造を解明しようとするものといえる。

　各段階のそれぞれのデータの収集法や分析法は次節に譲り，ここでは，全体に共通する基本方針について説明しよう。段階1～3全体は，「解釈的ア

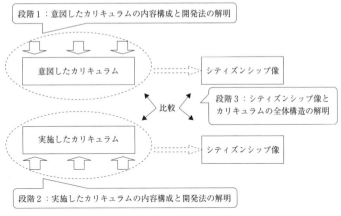

図 2-1　研究方法の段階性

プローチ」（志水，2002）に基づいて分析を進める。これは，先述したように社会現象について，予め定めた分析の枠組みから演繹的に説明しようとする「規範的アプローチ」と相対するアプローチである。あくまでそのデータの内部から社会現象，本研究での，カリキュラム内容構成とその開発法を説明する立場をとる。

　従って，本研究で得られる研究の成果は，グレイザー＆ストラウス（1996）のいう「データ密着理論」に他ならない。即ち，現場で収集したデータに基づいて，データの存在する文脈に依拠して成立するものであり，「誇大理論」―研究者が有している社会現象を理解するための一般的・包括的理論枠組み―と相対する概念である。

　なお，本研究は従来の「規範的アプローチ」に基づく「理論カリキュラムアプローチ」を否定するものではない。しかし，本研究の目的・問いがイングランドを基に学校シティズンシップ教育カリキュラムの実態を解明することを第一の目的にしており，これに適合する研究方法こそが「解釈的アプローチ」だと捉えている。その理由として第一に，新しいシティズンシップ教育カリキュラム研究での実践現場の文脈重視という傾向に合致していること，

　第二にイングランドの学校シティズンシップ教育カリキュラムを対象とした研究蓄積は他の伝統教科と比較すると乏しいものであることがあげられる。Cohen et al.（2007）が指摘するように，研究の蓄積が乏しい新しい分野の研究においては，まず事実レベルのデータの積み上げとそこから引きだされる理論の蓄積が重要になる。以上の理由から，分析全体を通して「解釈的アプローチ」をとることの正当性を指摘したい。

　「解釈的アプローチ」では信頼性・妥当性の問題がしばしば指摘される（桜井，2002）。なぜなら，従来の「規範的アプローチ」はその分析枠組みの普遍性の高さに信頼性がおかれるが，「解釈的アプローチ」は，調査・分析を行う調査者の意図を排除せず，むしろその主観的な語りに意味があると捉えるからである。これは，筆者以外がこの調査・分析を行った場合，筆者が本研究で述べるものとは異なる成果が導き出される可能性があることを示唆する。そのため分析枠組みの「普遍性の高さ」という「規範的アプローチ」における信頼性の基準は該当しない。

　これに対し，本研究の信頼性の根拠を，桜井（2002）・佐藤（2008）に基づき，次の 4 点に置く。

　［ 1 ］手続きの透明化：研究対象，データ収集の方法，サンプル抽出方法，データの分析方法といった研究過程を明確に述べ，手続きを「透明化」する

　［ 2 ］データ前提主義：記述や分析を個人的な思い込みや印象から語るのではなく，必ず収集したデータに依拠する

　［ 3 ］内的一貫性の保証：単独のデータからだけでなく，複数のデータで裏付けをとることで「内的一貫性」を確保する

　［ 4 ］外的データからの検証：提示されたデータから導きだされた成果について，関連文献を基に関連付けることで，共通点・相違点を明確にした上で，その背景を探る。

　［ 1 ］は第 I 部，［ 2 ］［ 3 ］［ 4 ］は第 II 部の成果の叙述の仕方に関連するもの

である。従って，第Ⅰ部に位置づく本章では［１］に基づいて，研究方法を詳
細に叙述し，その透明性を確保することが必要となっているのである。

　以上の考察をまとめて，本研究は「解釈的アプローチ」に基づいて段階１
〜３の分析を進めることになる。その際，信頼性・妥当性の基準を，手続き
の透明性の確保，叙述を必ずデータに依拠する形で進めること，また複数の
裏付けをとる「内的一貫性」の確保，及び外的な研究成果からの検討を行う
ことを通して，信頼性・妥当性の根拠とすることとした。

第２項　研究対象

　本研究の研究対象は，イングランドの学校シティズンシップ教育における
国家レベルの「意図したカリキュラム」及び学校・教師レベルの「実施した
カリキュラム」である。

　本研究では特に2002年〜2010年の中等段階のみを扱う。2002年以降とした
理由は，イングランドで新教科シティズンシップが正式に導入されたのが
2002年以降であり，中等段階のみが法定教科とされているからである。2002
年以前にもクロス・カリキュラムの１テーマとして導入されたが，実施状況
を確定させることが困難である。また，中等段階のみとしたのは，初等段階
ではシティズンシップ教育が非法定教科として導入されており，さらに，
PSHE（Personal, Social & Health Education：個人社会健康教育）との合同教科と
しての実施であるため，実施形態は中等段階以上に多岐に渡るためである。
なお，イングランドは義務教育について，独自の学校単位キーステージ
（Key stage）を導入している。この内，中等段階は，キーステージ３（11〜14
歳），４（15〜17歳）である。従って，本研究で用いるカリキュラムは特に指
定のない限り，この２つの段階のものを対象とする[1]。

　ここで，カリキュラム概念についても整理しておこう。本研究で用いるカ
リキュラムは，英語の curriculum をカタカナ読みしたものである。佐藤
（1996）や安彦（2002）らによって既に指摘されているように，日本の「教育

課程」が意味する公的な制度，あるいは授業や学習に先だってある計画といったものとは異なり，より広義のものと捉えることができる。

　IEA（国際教育評価協会）の定義を訳した国立教育研究所（1997）に基づけば，カリキュラムは次の 3 種類の全てを含むものとされる。

- 意図したカリキュラム：国家または教育制度の段階で決定された内容。教育政策や法規，国家的な試験の内容，教科書，指導書などに示されている。
- 実施したカリキュラム：教師が解釈して生徒に与える教科の内容。実際の指導，教室経営，教育資源の活用，教師の態度や背景などが含まれる
- 達成したカリキュラム：生徒が学校教育の中で獲得した教科の内容。

　その際，本研究では，先述したように，従来のカリキュラム研究でカリキュラムとされてきた国家レベルのカリキュラム＝「意図したカリキュラム」だけでなく，実践現場でどのように行われているか，という「実施したカリキュラム」に着目する。また，作成されたカリキュラム内容だけでなく，具体的に状況に応じてどのように内容を開発・構成するか，カリキュラム開発法にも注目する。なぜなら，新しいシティズンシップ教育の場合，国家が統制するカリキュラム内容よりも，実践現場で教師がどのように状況に応じてカリキュラムを実施しているかの探求が重要と考えるためである。

　では，「達成したカリキュラム」を本研究ではなぜ取り上げないのか。2 つの理由がある。まず，第 1 に，本研究は主に教育目標・内容・方法という教授方法（pedagogical approach）の視点から検討することを主目的としていることである。学校シティズンシップ教育として，教育目標・内容・方法をどのような基準で選択・編成するか，に着目するため，生徒がどう受け止めたか，については今回考察しなかった。第 2 は，実際イングランドで生徒にインタビューすることが非常に困難であった[2] というプラクティカルな課題

である。そのため，実際の学校シティズンシップ教育カリキュラムに対する
生徒の受容については今後の研究課題とし，調査を実施することにした。

　本研究で扱うイングランドでの「意図した」「実施した」カリキュラムと
は具体的には何かを明らかにしておこう。イングランドの教師は次の段階で
カリキュラムを作成する。まず，①国家基準のナショナル・カリキュラムを
基本に，時に国家の関連機関が作成したカリキュラム案，または各出版社・
ホームページから出された教材集（教科書・プロジェクトなど）を参考にしな
がら，②各学校のシティズンシップ教育の計画案を作成し，教材を用意する。
①が「意図したカリキュラム」，②が「実施したカリキュラム」にそれぞれ
位置づけられる。

　以上から，本研究の研究対象としては，2002年以降の中等段階におけるイ
ングランドの学校シティズンシップ教育の2種類のカリキュラム，「意図し
たカリキュラム」「実施したカリキュラム」であることを明らかにした。そ
の内，「意図したカリキュラム」についてはナショナル・カリキュラム，ま
た，それをより詳細な目的・内容・方法という形で体現したQCA版スキー
ム・オブ・ワークを，「実施したカリキュラム」については，教師作成のカ
リキュラム（スキーム・オブ・ワーク，授業プリント，教師用指導書）をさすこと
にする。各レベルのカリキュラムのデータ収集法については，次節で詳細に
述べる。

第2節　データの収集・分析方法

　本節は，第1節で確定した研究方針と研究対象に基づき，具体的にどのよ
うなデータを収集したか，分析したかを説明する。研究は，［段階1：意図
したカリキュラムの内容構成と開発法の解明］⇒［段階2：実施したカリキュ
ラムの内容構成と開発法の解明］⇒［段階3：シティズンシップ像とカリキュ
ラムの全体構造の解明］という3段階で進めることは既に述べた。

　データは「意図したカリキュラム」と「実施したカリキュラム」の 2 種類
である。従って，第 1 項は 2 種類のデータそれぞれを説明する。第 2 項では，
特に段階 2 のデータを収集したイングランドでのフィールドワークの詳細を
示した。第 3 項の 1 つ目は，同様の分析の観点・手順を用いる段階 1・2 の
「意図したカリキュラム」「実施したカリキュラム」のカリキュラム内容構
成・開発法を抽出する分析方法である。2 つ目は，段階 1・2 の分析を経て，
新たに構築された共通の分析の観点を基に行う段階 3 についての分析方法で
ある。以上の 3 つ段階を経て，分析を進める。

第 1 項　データの収集方法

　本研究の「意図したカリキュラム」「実施したカリキュラム」については，
それぞれのデータを基に 表 2-1 で示すように異なる調査法で収集した。デー
タ収集については，「意図したカリキュラム」は歴史的調査法（メリアム＆
シンプソン，2010：87），「実施したカリキュラム」は質的調査法に基づく。
　歴史的調査法とは，ある対象とする事象が「社会のなかで果たしてきた役
割」や，その事象が「進展してきた社会歴史的文脈のなかで果たしてきた役
割や，そうした制度が進展してきた社会歴史的な文脈」（メリアム＆シンプソ
ン，2010：85）を探求することで，質的調査法は，「人びとがいかに自分の生
活を意味づけているかを理解すること，（結果や産物よりは）むしろ意味付け
のプロセスを描くこと，人びとが自分の経験をいかに解釈しているのかを記
述すること」（メリアム＆シンプソン，2010：111）を目的とする[3]。
　歴史的調査法は史資料の解釈を通して，研究対象を描き出すのに対し，質
的調査法は筆者自身がフィールドワークを実施し，データ収集・分析を行う
という違いがある。しかし，両者には共通点がある。それは，作成された結
果よりも文脈の解明を重視する点である。この点で，両調査法は，カリキュ
ラム内容に加えて，そのカリキュラムがどのように開発・構成されたか，開
発法の解明を進める本研究の根本的問題意識と合致する。

表2-1　2種類のカリキュラムのデータ収集法

種類	意図したカリキュラム	実施したカリキュラム
調査法	歴史的調査法	質的調査法
データ	1999年版・2007年版ナショナル・カリキュラム，クリック報告書，QCA版スキーム・オブ・ワーク，その他関連文献（Kerr, 2003; Kiwan, 2007など）	2009年〜10年に実施した公立の中等学校におけるフィールドワークで得られたデータ。①教師が自らのカリキュラムについて答えたインタビュー，②教師から提供された紙媒体のカリキュラム案。

　「意図したカリキュラム」「実施したカリキュラム」のそれぞれで異なるアプローチを用いた理由を説明しよう。

　「意図したカリキュラム」については，第1にカリキュラムの編纂が10年以上前であり，第2にナショナル・カリキュラムの開発に影響を与えたCrick 自身の著作物や，Kiwan（2007），Kerr（1999；2003）など，ナショナル・カリキュラム開発のプロセスを内・外部の立場から叙述した該当文献が既に存在するためである。こうした1・2次資料は資料作成者自身の解釈を含んだものであるため，多くの場合その信頼性・妥当性が問題となる。この信頼性と妥当性については，複数の資料や著作物を参照し確認していくことで確保することとした。

　一方，「実施したカリキュラム」については，教師達のカリキュラム開発・構成が主要な研究対象となる。このカリキュラム構成・開発は現在進行形で行われている。教師達によるカリキュラム構成開発に関する課題をその進行形の形で扱うことが必要である。日・英を問わず，教師達が行ったこの意思決定の過程を描き出した関連研究も乏しいものである。そのため，筆者自身がフィールドワークを行い，データ収集・分析を行う必要がある。本研究で用いるフィールドワークはイングランド全土の教師を対象とした調査でも，ランダムなサンプリングを用いたものでもないため，「イングランドの教師」として一般化できるものではない。しかし，理論サンプリングを用い

て複数の事例を蓄積することで，一定の包括性を保証しようとした[4]。

　本研究では，以上のように，対象となるカリキュラムの特性にあわせ，「意図したカリキュラム」は歴史的調査法を，「実施したカリキュラム」は質的調査法をそれぞれ用いる。それぞれ対象となるデータ・収集法は異なるものの，共に開発されたカリキュラムという結果そのものでなく，その文脈であるカリキュラム開発法の解明には合致していると考える。「意図したカリキュラム」で用いるデータの詳細・入手法，その妥当性については第Ⅱ部の第 4 章で述べるが，「実施したカリキュラム」については，その信頼性・妥当性の確保のためにもフィールドワークの詳細について叙述し，透明化しておくことが必要である。次にその詳細について説明したい。

第 2 項　調査の概要

　ここでは先述したように，「実施したカリキュラム」でのデータ収集で用いたフィールドワークについて，その実際を述べる。その中で，第 5 章で扱う教師の属性の概要についても簡単に説明する。調査法については，「実施したカリキュラム」の対象の詳細を述べ，対象者の選出法（サンプリング）・データ収集方法について説明しよう。

（1）「実施したカリキュラム」

　本研究で取り上げる「実施したカリキュラム」とは，教師が作成した計画段階のものと教師自身が実施しているカリキュラムをさすこととする。具体的には，コーディネーターが，7 〜 9 年からなるキーステージ 3 （11〜14歳）及び，10・11年からなるキーステージ 4 用のシティズンシップ教育カリキュラムとしたものである。

　その際，データとしては，筆者が教師に対して行ったインタビュー・データ，教師から提供された指導案や学校シティズンシップ教育カリキュラム計画を用いた。この 2 つを併用した理由には，まず前節で示したように，デー

タの信頼性・妥当性を向上させるための「内的一貫性」を保証する点がある。また，インタビューのみだと具体的教育内容・方法に関するデータとして不十分であり，またカリキュラム計画案のみでは各学校のフォーマットが異なるため，比較が困難になる場合があるためである。そのため，2種類のデータを併用することで，相互の比較を可能にすると共に，信頼性を向上させることとした。

（2）対象者の選出法（サンプリング）

　本調査は「解釈的アプローチ」を基本としているが，その中でも桜井（2002）のいう「解釈的客観的アプローチ」に基づくものである。これは語り手の語りから，その社会的基盤と意味内容を探ることで，現象について記述する。基本的に人びとの語りに依拠しながらも，そこに記憶違いや曖昧な部分があることも認める。そのため単一のデータのみで現象を一般化することには問題性があると考える。従って，多様なデータと共に複数人のデータを取り上げていくことで一定の一般化をはかろうとする。このように「解釈的アプローチ」を前提としながらも，複数多様なデータから見える一定の客観的世界の存在も否定する訳ではない点が本研究で行う「解釈的客観的アプローチ」の特質である。単独の学校・教師のインタビューのみから「実施したカリキュラム」のデータを抽出・一般化するのではなく，「もっともらしさを（plausibility）根拠にした」（桜井，2002：26）複数の学校・教師のデータを基にそれらのデータを比較・検討することで，その背景にあるカリキュラムに関する現象を一定の共通したフレームで描き出そうとする。

　この前提にたち，本調査は，「もっともらしさ」を持つ対象者を抽出するために，有為抽出法（Purposive Sampling）によってサンプリングを行う。「もっともらしさ」とは優秀な教師をさすのではない。イングランドの現状をより包括的に把握するために，対象者の選択の基準は，多様な背景をもった，各学校のカリキュラム開発に多くの知識を有しているかどうかである。

表 2-2　実践現場のシティズンシップ教育の実施形態

	A	B	C	D	E	F
独立教科として				○		○
PSHE との合同教科として			○		○	
特別活動として		○				○
他教科の一部として	○					
朝 HR として		○				

　従って，サンプリングの際の選択基準は，①各学校のカリキュラムの責任者であるシティズンシップ・コーディネーターかどうか，②実施形態の多様性とした。以上のような選択基準をとることによって，本研究はイングランドの教師の一般化は行えないものの，多様な背景の教師を取り上げ，一定の包括性を保とうとした。

　この選択基準の正当性をイングランドの学校のシティズンシップ教育を量的に大規模な調査を行った Kerr et al. (2007) に基づき，説明しよう。この実施形態とカリキュラム内容の効果には関係が指摘されており，「もっともらしさ」の根拠として有効であると判断した。その形態は，表 2-2 の縦軸で示されるように，独立教科として，PSHE の授業時間の一部として，特別活動として，他の教科の一部として，HR として，となる[5]。各学校はこの実施形態の 1 部，複数を組み合わせてシティズンシップ教育カリキュラムを実施することになっている。

　この 5 つの実施形態の内，教師 A〜F の学校の行う学校シティズンシップ教育カリキュラムがそれぞれどこに位置づくかを 表 2-2 で示している。また，インタビューは，その内容的にプライベートな事柄にも触れざるを得ない。そのため，筆者と調査以前から個人的な交流があるか，相互に信頼関係を築いた第 3 者を介して依頼を行える教師を最終的な対象者とした[6]。さらに，インタビューを行う前に，筆者は，プライバシーに関わる公表は行わな

いこと，任意で行うインタビューであり不都合があれば答える必要はないことを伝え，対象者が了解したことを確認し，インタビューを行った。

（3）データの収集方法

　「実施したカリキュラム」のための質的調査ではインタビュー・データと教師から提供された指導案の2種類のデータを収集する。インタビュー方法・指導案の収集法のそれぞれについて説明する。

①インタビュー方法

　表2-3は，本研究で行ったインタビュー調査の概要である。インタビューは，筆者と対象教師との対面式で行った。形式としては半構造化法を採用し，学習目標・内容・方法とその決定理由といった質問項目を予め決めた上で，適宜繰り返しや追加などを行った。時間・場所の選択においては，調査者の権利また回答への影響を考え，調査者の事情を最優先した。インタビューは4パート（Ⅰ導入，Ⅱ教師及び学校の背景についての質問，Ⅲ主要な質問，Ⅳ回答者からの質問と謝辞）で行われた。

表2-3　インタビュー調査の概要

形式	半構造化/対面式
時間	30〜50分（平均40分）　＊調査者の都合を優先
場所	調査者によって指定された場所
基本 構造	Ⅰ導入 Ⅱ教師及び学校の背景に関する質問 Ⅲ主要質問 　Ⅲ-1　カリキュラムの各要素とファクター 　Ⅲ-2　ファクター Ⅳ回答者からの質問と謝辞

主要な質問の項目を下に示した。

1．カリキュラムの各要素とファクター

学習目標

  1-1.　あなたの学校におけるシティズンシップ教育カリキュラム全体の目標
      （purpose）は何ですか？

  1-2.　なぜ，そのように決定しますか？

トピック

  1-3.　それぞれの学年で取り上げるトピックは異なりますか？もしそうであれ
      ば，どのように異なりますか？

  1-4.　なぜ，そのように決定しますか？

単元の概要

  1-5.　単元は，導入から終結へとどのように深化していきますか？

  1-6.　なぜ，そのように決定しますか？

活動

  1-7.　学習活動を決定する際，どのような方法を好みますか？

  1-8.　なぜ，そのように決定しますか？

教材

  1-9.　シティズンシップ教育では，どのような教材を用いますか？

  1-10.　なぜ，そのように決定しますか？

2．ファクター

  2-1.　クラスの生徒の雰囲気や成熟度はカリキュラム構成に影響を及ぼします
      か？（もし及ぼすならば，）どのように影響しますか？

  2-2.　学校の環境は影響を与えますか？（もし，及ぼすならば，）どのように影響
      しますか？

  2-3.　どのようにナショナル・カリキュラムと QCA 版スキームズオブワーク
      は影響しますか？

  2-4.　GCSE は影響を与えますか？（もし，及ぼすならば，）どのように影響しま
      すか？

  2-5.　シティズンシップ教育カリキュラムを構成する際，他の重要な要素は何
      か考えられますか？

　主要な質問項目は大きく2つに分かれる。前半での1．は，シティズンシップ授業の各要素（学習目標，テーマとトピック，など）とファクター（決定の理由）について尋ねる。例えば，質問1-7で「学習活動を決定する際，どのような方法を好みますか？」と尋ね，続いて8で「なぜ，そのように決定しますか？」とすることをさす。後半の2．は逆にいくつかのファクターからカリキュラムの要素に及ぼす影響を尋ねる。例えば，質問2-1「クラスの生徒の雰囲気や成熟度はカリキュラム構成に影響を及ぼしますか？どのように影響しますか？」である。

　このように前半・後半で要素とファクターの質問を，順序を変えて，繰り返して行ったのは，より多くのデータを引き出すためである。教師はこうした決定を日々無意識下で行っている。そのため初めに質問した段階では十分なデータが得られない可能性がある。質問を繰り返すことで，この問題の解決をはかり，データの妥当性をより高めようとした。

　前半部1．のカリキュラムの要素（目標，テーマとトピックなど）は，中等学校のシティズンシップ教師用に書いたGearon（2003）で見られる指導案（schemes of work）の要素をそのまま用いた。教科書が存在せず，各学校で独自の指導案を作成することが求められるイングランドの教師にとっては，これらは馴染みのあるものであり，漠然と「どのようなカリキュラムを作成していますか。それはなぜですか。」と尋ねるより，より具体的で詳細なデータが得られると考えたためである。また，後半部2．の4つのファクター（教室，学校環境，政策，GCSE[7]）は先行研究で行われた調査（Kerr et al., 2007）を参考に設定した。

②指導案の収集

　内的一貫性を保証するための複数のデータの1つとして，収集した。その際，インタビュー終了時インタビューを行った教師に「もし，よろしければ，インタビューの内容を補足するために適すると考える，作成したカリキュラ

ム案を何かいただけませんか。」と尋ね，了承を得たもののみを収集した。そのため，各教師収集したものは必ずしも一定のものではなく，学校のスキーム・オブ・ワークであったり，ある単元案であったり，ガイドブックであったりと多様な種類のものがあった。

第 3 項　データの分析方法

　先述したように 2 つのセクションに分割する。まず，段階 1・2 で行うカリキュラム内容構成・開発法を導き出す分析の観点・手順を提示し，次に段階 1・2 の分析を経て設定した段階 3 に関する分析の観点・手順を説明する。

（1）段階 1・2 の分析方法

　「意図したカリキュラム」「実施したカリキュラム」のそれぞれに対するカリキュラム内容構成と開発法の解明という本段階の分析の視点に対応させると，各カリキュラムの分析視点は次の 図 2-2 のように設定できよう。即ち，カリキュラムの内部要素である〈1〉教育目標・〈2〉教育内容・〈3〉教育方法（教材・学習活動）であり，〈4〉教育目標〜方法を貫く軸，各要素を構成する際に〈5〉影響を及ぼす要因と過程という 4 つの視点である。

　教育目標・内容・方法というカリキュラムの 3 つの視点は，3 カ国のシティズンシップ教育の比較研究を行った Davies & Issitt（2005）で用いられた 3 つの分析視点を参考にした。彼らの研究はイングランド・オーストラリ

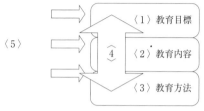

図 2-2 「カリキュラム内容構成・開発法」分析の視点

ア・カナダのシティズンシップ教育カリキュラムを分析することを試みた研究であるため，本研究の原則である，イングランドの文脈に沿った分析視点であると考えられる。それと共に，社会科教育学の従来の研究方法を参照しながら，最終的な名称を設定した。

　この4つの視点の相互関係は，図2-2で示した概念図の通りである。「意図したカリキュラム」の場合は，それはナショナル・カリキュラムであり，「実施したカリキュラム」の場合は各教師が各学校で作成したカリキュラムである。段階1で行う「意図したカリキュラム」分析の際には，ナショナル・カリキュラムや，その過程を叙述した関連文献から引き出す。それに対し，段階2で行う「実施したカリキュラム」分析の際には，各教師のインタビュー・データと紙媒体の形で作成したカリキュラム案であり，各教師のデータを比較しながら，全体としての傾向と各教師の特質を抽出することになる。

　それぞれ〈1〉～〈3〉からなるカリキュラムの内容・〈4〉で示される構成原理と〈5〉で示されるカリキュラム開発法を導き出す際の着目点は次の3つがあげられよう。

　　a）教育目標・内容・方法はどのようなものか（カリキュラム内容）
　　b）教育目標・内容・方法はどのような軸で構成されているか（カリキュラム内容構成）
　　c）教育目標・内容・方法の選択・構成には何がどのように影響し，それらを基にどのように作成したか（カリキュラム開発法）

a）が①～③のそれぞれに対応するものであり，b）が④に，そしてc）で①～④の関連性を探る。これによって，内容構成とその開発法が抽出できるとした。

（2）段階3の分析方法

　段階3の目的は，段階1・2から引き出された各カリキュラムをマクロな

立場から検討し，それぞれのカリキュラムで育成されるシティズンシップ像
の特質を明らかにすると共に，イングランドの学校シティズンシップ教育カ
リキュラム全体の構造を確定することにある。

　その際，先述したように，本研究はデータ内部から現象を語ろうとする
「解釈的アプローチ」に基づいて，研究課題に応じることを基本としていた。
そのため，段階3で扱う「意図したカリキュラム」「実施したカリキュラム」
のそれぞれから導き出されるシティズンシップ像の特質を引き出す分析の観
点もイングランドの文脈に基づく必要がある。

　しかし，これまでの研究では，イングランドの文脈に則った形で，学校シ
ティズンシップ教育カリキュラムの特質を導き出す視点は十分に構築されて
いない。そのため，段階1・2の分析の結果，有効と想定される分析の観点
を構築した。その分析の観点とは3つのストランドである。

　3つのストランドとは，イングランドのシティズンシップ教育導入に寄与
した「シティズンシップのための諮問グループ」の最終報告書（通称，クリ
ック報告書）で定められたものである（詳細は第3章）。最終報告書によれば，
ストランドとは以下の3つであると説明する（QCA, 1998: 40）。

　社会的道徳的責任：子ども達（children）は，初等教育段階の初期段階から，
教室の内外で，また権威者や互いに対し，自信を持ち，社会的道徳的に責任ある
行動をすることから学ぶ。（これは，有効なシティズンシップの前提条件である）
　コミュニティへの参加：生徒（students）は，コミュニティへの参加とコミュ
ニティへのサービス活動を通した学習を含めて，生活やコミュニティの問題に対
して助け合い関わりあうことについて学ぶ。
　政治的リテラシー：生徒（pupils）は，知識・スキル・価値を通して，公共生
活において自分達が有効な役割を果たす方法について学ぶ。

　「社会的道徳的責任」とは「自信を持って社会的道徳的に責任ある行動を
する」ことである。その学習とは道徳教育のように感情を教化する学習では
なく，行動において責任ある行動をとる学習である。「コミュニティへの参

加」とは，「生活やコミュニティの問題」に対し「コミュニティへの参加と
サービス活動」を行い，コミュニティでの生き方を習得することである。
「政治的リテラシー」とは「知識・スキル・価値」を活用して「公共生活に
おける有効な役割」を果たす方法を習得することである。

　従って，シティズンシップ教育におけるストランドというものは，その定
義の段階では目標論・内容論・方法論のいずれか，また知識・スキル・態度
のどれかに特化するものではなく，それらを横断する漠然とした教育のあり
方を示したものである。

　ストランド決定の過程や，実際のカリキュラムでの役割は第4章で述べて
ゆくが，このストランドは，意図したカリキュラム・実践カリキュラムの双
方に通底するシティズンシップ観として段階1・段階2の分析の結果見るこ
とができた。そのため，ストランドを分析の観点として，意図したカリキュ
ラム・実施したカリキュラムの教育目標・内容・方法を検討することで，意
図したカリキュラム・実施したカリキュラム双方で育成されるシティズンシ
ップ像の特質が抽出でき，イングランドの学校シティズンシップ教育カリキ
ュラムで育成されるシティズンシップ像の特質も引き出せると考えたのであ
る。

1　キーステージの詳細については，第Ⅰ部第3章第1節を参照のこと。

2　①警察署において，これまでの住所・犯罪歴に関する証明書を作成し，②調査を行
う全ての子どもの両親からの承諾書を求められた。この2つの条件を許可された期間
で実施することは実質的に不可能であると判断した。

3　「歴史的調査法」「質的調査法」のそれぞれの特質・限界については，メリアム&シ
ンプソン（2010）を参照いただきたい。

4　詳細は本節（2）を参照のこと。

5　この他にも生徒会活動，全教科を通して，あげているが，シティズンシップ教育授
業における学習目標・内容・方法を調査するという本研究の目的と照らしあわせ，他
の項目は除いた。

6　具体的には，次の 3 つの方法で教師を選択した。

　①筆者自身が修士課程を過ごしたイングランド北部の大学に在籍していた際に行われた調査で知り合い，その後の E メールで調査に協力してくれる旨を連絡してくれた人物。

　②修士課程時に同級生であった教員養成課程（PGCE）の学生・指導教官の紹介。

　③日本で知り合った日英の研究者の紹介。

7　GCSE は the General Certificate of Secondary Education（中等教育一般証書）の略称であり，中等教育段階が終了した段階で受ける全国統一試験である。キーステージ 4 の生徒を対象とした試験であり，学校教師による「コースワーク」の評価と外部試験機構の作成した中等教育終着テストの評価を盛り込む形で実施されている。これに1988年から始まった試験制度である。1988年以前までは，満16歳の中等修了資格試験は職業的分野とアカデミックとで分離されていたが，これによって一本化されることになった。ただし，英語・数学といった共通科目とは異なり，シティズンシップは選択科目の 1 つであるため，必ずしもすべての学校で受験することが求められるものではない。詳細は木村（2006）を参照のこと。

第3章　イングランド学校シティズンシップ教育の位置づけ

　本章は，第Ⅱ部におけるイングランドの学校シティズンシップ教育カリキュラムをめぐる共通理解をはかるため，その背景としての社会・政治といった制度的背景について説明するものである。まず第1節でイングランドの学校教育制度を概観し，次の第2節では，主にサッチャー保守党政権以降のイングランドの学校教育改革を主に教師の立場の変容を中心に概観する。ついで，第3節ではイングランドの学校シティズンシップ教育をめぐる政策・制度の変遷について述べ，第4節では実践現場でのその反応を検討する。

第1節　イングランドの現在の学校教育制度[1]

　本節は，現在の学校教育制度の概要と，ナショナル・カリキュラムとシティズンシップとの関係から述べよう。

第1項　現在の学校教育制度の概要

　ここでは，ウィッティ（2009）を基にしながら，イングランドの学校教育制度について概要を説明する。イングランドの義務教育は，5歳から16歳までの11年間である。初等教育が6年であり，本研究が対象とする中等教育が5年となっている。1988年の教育改革法以降，この義務教育課程は前章でも少し触れたようにキーステージという4つの段階に分けられている。初等段階は，1・2学年（5～7歳）がキーステージ1，3～6学年（7～11歳）がキーステージ2である。中等段階は，7～9学年（11～14歳）がキーステージ3，10・11学年（14～16歳）がキーステージ4となる。ナショナル・カリ

キュラムは，この単位を基に作成されている。キーステージ4で実施される
GCSE試験が，その後の進路選択での基本的資格となっている。

　公立の中等教育は，かつては学力の選抜制度によって分けられる「グラマ
ースクール」「モダンスクール」に分かれていたが，1960年代以降から学力
の選抜試験のない「コンプリヘンシブ・スクール（総合性中等学校）」が開始
され，2010年現在では90％以上の公立の中等学校に通う生徒が当該学校に進
学している。実際，本研究で対象とした学校も全てこのコンプリヘンシブ・
スクールに該当する。

　なお，この他に，初等・中等学校には，地方自治体の管理下になく，運営
費が中央政府から直接提供される「アカデミー」，公費や国庫補助を受けな
いで運営される日本でいう私立学校に相当する「インディペンデント・スク
ール」も存在する。これらのインディペンデント・スクールはナショナル・
カリキュラムの適用を行う法的拘束力からは除外される。そのため，シティ
ズンシップ教育を行っているかどうかは不明であり，本研究の研究対象から
は除外している[2]。

　また，義務教育終了後の70％の生徒が，2カ年の課程である「シックス・
フォーム」に進学している。特に，中等学校内に設置されているシックス・
フォームを「シックス・フォーム」といい，独立の学校として設置されてい
るものを「シックス・フォーム・カレッジ」という。本研究で扱う中等学校
において，11〜18歳となっている学校は，このシックス・フォームを併設し
た学校である。日本の高等学校とは異なり，あくまで上級学校への進学を目
的とした課程である。シックス・フォーム1年修了時にASレベル試験，2
年修了時にAレベル試験を受け[3]，この試験を基に進学先の大学が決定され
ることになる。

第2項　ナショナル・カリキュラムにおけるシティズンシップ教育の位置

　調査当時の2007年度のナショナル・カリキュラムは，その全体で「成功し

た学習者」(successful learner)「自信ある個人」(confident individuals)「責任ある市民」(responsible citizens) を達成することを目的としている。これを達成するために，「法定教科」「非法定教科」及び「クロス・カリキュラムの次元」が設定されている。

ナショナル・カリキュラムの法定教科は，キーステージ3が12，キーステージ4が6つから成り立っている（下線部は筆者による）。

- キーステージ3…芸術とデザイン，<u>シティズンシップ</u>，デザインとテクノロジー，英語（＝国語），地理，歴史，ICT (information and communication technology：情報通信技術)，数学，現代外国語，音楽，体育，科学
- キーステージ4…<u>シティズンシップ</u>，英語（＝国語），ICT，数学，体育，科学

これにそれぞれ非法定教科として，PSHEE (Personal, Social, Health and Economics Education：個人社会健康経済教育[4])・宗教教育が入る。さらに，教科のみではなく学校教育全体で重視する「クロス・カリキュラムの次元」として，「アイデンティティと文化的多様性」「健康的なライフスタイル」「コミュニティへの参加」「エンタープライズ」「グローバルな次元と持続可能性」が設定されている。また，ナショナル・カリキュラムはあくまで最低基準とみなされており，キーステージ4で歴史や地理・音楽のコースが設定されている場合が多い。

以上から，本研究で扱うイングランドにおけるシティズンシップ教育の位置づけと日本の社会科と比較した場合，イングランドのシティズンシップ教育は地理や歴史的分野は含むものではないこと。また，経済的側面もPSHEEで請け負う部分である点を留意しておく必要がある。

第2節　イングランドの学校教育改革の展開：教師の役割を
　　　　　視点として

　イングランドの学校教育制度は，1988年教育改革法（詳細は後述）でほとんどの教育行政の最終決定権が教育科学大臣に委譲して以降，政権の転換に従って教育制度も大規模に変容するという性格を有するようになった。また，大田（1992）が指摘するように，一般行政からの教育行政の独立という前提に立っていない。従って，中央政府の政権ごとの一連の教育制度の変容によって教師に求められる専門性も大きく転換してきたといえる。第Ⅱ部第5章で述べる学校現場の教師の回答の前提として，こうした政権に応じた学校教育改革の概要を共通理解として踏まえておく必要があるだろう。

　そのため，本節では「意図したカリキュラム」と「実施したカリキュラム」の関係から，イングランドの学校教育改革の展開を3期―第1期：「意図したカリキュラム」設定以前（1944年教育法〜1988年教育改革法），第2期：「意図したカリキュラム」の成立（1988年からのサッチャー保守党政権期），第3期：「意図したカリキュラム」の成長・強化（新労働党政権期）に区分して説明することとしたい[5]。第1期は第二次世界大戦後の学校教育制度が確立した時期であり，「実施したカリキュラム」が各学校で開発する原則に基づいていた時期である。第2期は，「意図したカリキュラム」としてナショナル・カリキュラムが開発され，また現在に通ずる中央集権的な教育行政の仕組みが成立した時期である。第3期は，第2期をさらに発展させ，社会保障政策の一部として教育が位置づけられ，国家がさらに教育行政に介入するようになった時期である。第3期にシティズンシップ教育は導入されている。この3期の特質を，それぞれの時期に出された政策・法律を基に説明していきたい。

第 1 項　「意図したカリキュラム」設定以前：1944年教育法～1988年教育改革法

　稲垣（1984）など，現在のイングランドの教育制度に関する言説の中には，しばしば「教師の専門的力量の高さ」が取り上げられることが多い。その背景には，イングランドの教師達や学校が，子どもや親などへの説明責任や中央政府からの統制を受けながらも，自律的に独自のカリキュラムを開発し実践している点からあげられている。

　しかし，こうした教師の専門的力量が評価されるようになったのは新しいことである。というのも，イングランドを含めたヨーロッパ各国で子どもの教育は親の義務であり権利という意識が強く，教師の役割や社会的地位は低いものであったためである。また，第二次世界大戦以前は，カリキュラムに関しては中央官庁として教育院が規則を設定するという中央集権的な制度も残っていた（大田，2010）。従って，現在の自律した教師像の原点は，第二次世界大戦後であり，戦後の公教育制度の基本的枠組みを決定づけた1944年教育法とその後の公教育制度の発達に起因するといえるだろう。

　1944年教育法には次の 4 つの特質がある（佐貫，2002）。

①5 ～15歳までの無償の義務教育の保証。11～15歳までの中等教育を全てのものに保証する。

②公営の学校を，従来の教会立学校（ボランタリースクールと改称），LEA（Local Education Authority：地方教育当局）が全面的に管理する学校とし，その公営の学校では，無償の義務教育を保証する。

③公教育の概念を幼児教育から18歳までの教育として拡大させ，それらの全体を LEA が責任を負って提供する。

④中央政府による教育内容への直接的介入を廃止する。その代わりに，LEA が当該地域の教育の責任を持ち，政府中央教育諮問審議会（CACE）を通じて中央政府へ答申を行うというシステムへと移行する[6]。

　このように，1944年教育法によってイングランドは中央集権的な政策から地方分権的な教育行政をとることになった。その際，地域によって異なるが，LEA がガイドラインを提示することに留まり，基本的には各学校が，それぞれの教育内容の編成を委ねられることになった。これがカリキュラム編成を教師自身の自主性に委ねる契機ともいえる。

　さらに，1960年代後半に入るとますます教師に対する自由度は増加していった。その背景としては，（1）労働党の方針は，伝統的に「親の教育の自由」よりも公教育の専門家を優位に立たせようとする（大田，2010）傾向が強く，学校の裁量を増やしたこと。また，（2）伝統的な三分岐型中等教育学校7から，統一をはかるコンプリヘンシブスクールへの移行により，さらに初等・中等学校の教育の自由が保障されるようになってきたこと。さらに，（3）1960年代に義務教育レベルの教員養成が大学で行われるようになり，教師の専門職性が社会的に認められるようになったこと。以上の3点が，大田（1992）らによってあげられている。

　以上のように，1944年教育法を起点とし，1960年代後半からの公教育の進展に伴って，教師の専門職性が次第に強調されるようになり，教師の裁量が増加・強化されていった。これらの背景には，「学校教育は『善きもの』である」という前提のもと，教師を専門職性として確立し，「教師の教育の自由」を与えればある程度自動的に社会が良くなるという原理を基にしていた（大田，2010）。これが1988年教育改革法以前，「意図したカリキュラム」導入以前のイングランドの教師をめぐる状況であった。

第2項　「意図したカリキュラム」の成立：1988年教育改革法以降の保守党政権期

　以上のように，イングランドは教育行政において徹底した地方分権化が進んでいたが，一方でこうした労働党政下の教育政策については次の限界点も指摘されるようになった（大田，2010；木村，2006）。

①全国的にコンプリヘンシブスクール制度が実現し，一般化しても，労働者階級やマイノリティの子ども達の中で大学へ進学する者は比例して増大しなかったこと

②自由な教育実践に基づき，地域・学校間の教育内容格差を生みだしたこと

③コンプリヘンシブスクールからドロップアウトしたこどもの数や，学校内外での非行行為の問題化

　こうした限界点が顕在化，またすでに経済政策で一定の成功を収めていたことから，1987年の選挙で保守党は教育政策を選挙綱領として盛り込んだ。その中で，教育水準向上のため，従来の教育制度の根幹を担ってきた LEA の権限を大幅に縮小することが提案された。保守党が勝利した結果，1987年11月に改革法案が国会に提出され，1988年教育改革法が発表された。中等学校に関しての改革法の特質は次のように整理できる（大田，2010；木村，2006）。

①教育内容の格差を是正し，教育水準の全体的向上を図るため，教育科学大臣の権限の下でナショナル・カリキュラムとナショナル・テストを導入する

②予算・人事・運営に関する学校運営の権限を LEA から学校理事会へ委譲する

③内ロンドン LEA（ILEA）を廃止し，13の地方教育当局に分離独立する

④親の学校選択権の拡大

　1988年教育改革法によって，学校は LEA から独立し運営上の権限が与えられた一方，ナショナル・カリキュラム，ナショナル・テスト，さらにナショナル・テスト結果や視学官による視察結果の公表を基に中央政府の権限が強まり，さらに学校選択制度の拡充により親からの圧力をうけるようになり，学校現場・教師は自由競争のプレッシャーにさらされるようになった。結果，多くの学校はこうした変化への対応が迫られることになり，「教師の教育の

自由」は強い制約を受けるようになった。

　これらの急激な改革は，専門家による綿密な吟味が行われないままに行われたため，その内容や手続きについては，教師のみならず親からの反対も受け，第1回目のナショナル・テストのボイコットが起こることとなった。また，ナショナル・カリキュラムの作成過程にも課題があり，批判も多く起こった[8]。しかし，次第にこうした改革は，その過程が洗練されていくこととなり，また教育水準の向上や，これまで不透明であった学校現場の意思決定過程の透明化といった一定の成果を得られたことで（大田，2010），保守党政権下で構築された中央集権をモデルとした基本的制度は次の労働党政権へ引き継がれることになる。

　また，1988年教育改革法以降の，一連の教師の役割の変容に対応し，国家はナショナル・カリキュラムを供給する教師を必要とすることとなった。その結果，1980年代中ごろから新しく教員養成を担当する委員会が設置され，大学の教員養成コースのカリキュラムの審査が始まることとなった。また，1994年には準国家機関であるTTA（Teacher Training Agency：教員養成局）が設立され，現場の教師達は国家の監督下におかれることが決定された。

　従って，サッチャー保守党政権下で，教師は「教師の教育の自由」は一定の制約を受けるようになり，その役割は独自の「実施したカリキュラム」の開発を行うものから，「意図したカリキュラム」つまり，ナショナル・カリキュラムを前提とした上での「実施したカリキュラム」開発者と転換することになった。また，自由競争の中で自らの役割を見直すことになり，その変容が迫られるようになった。

第3項　「意図したカリキュラム」成長期：ブレア・ブラウン　　　　　　新労働党政権期

　1997年の総選挙によって労働党が勝利したが，この新労働党政権下においても，従来のLEAを基盤とした教育行政に戻ることはなく[9]，基本的な中央

集権のシステムの流れは保守党政権から踏襲されることとなった[10]。しかし，新労働党政権は，保守党政権に対して次のような問題を指摘した（仁平，2009；大田，2010）。

- 民間（市場）の力を頼みとしたため，官と民，ビジネスと政府との間のパートナーシップを作成することに失敗。インフラの整備が遅れている。
- 個人主義が「個人化」を生み，人々の国家や社会への帰属意識の低下を招いた。

こうした背景のもとで，ブレアは保守党政権との差異として，「パートナーシップ」と「ステークホルダー」をキーワードとした政策をとるようになる。パートナーシップとは，先述した官と民，ビジネスと政府の間の関係性であり，「ステークホルダー」（当事者）とは，関係者がすべて当事者として何らかの恩恵や権利を得る代わりに，関係者としてその責任を負うような仕組みである。

大田（2010）は，個人の責任を強調した保守党政権から，権利と責任の所在を明確にする新労働党政権への変化を指摘している。それは，完全なる「自由競争」から「規制された競争」への転換でもあった。即ち，従来の保守党政権は制度の調整を行わなかったため，再生産能力を欠き，最終的に不況を招いたとして，政府の制度への再調整を認めるものである。

従って，新労働党政権下では経済政策を推進する一方で，社会問題にも積極的に介入することになった。この制度の再調整の救済策としてブレアが注目したものが教育であった（大田，2010）。そのため，教育が社会保障の論理に組み込まれ（仁平，2009），教育水準の向上が社会保障政策と連動して主張されるようになった。また，教育制度それ自体も「規制された競争」にさらされ，制度の再調整を行うために，詳細な事後評価が行われ，その対策がとられるようになった。これは，サッチャー政権下で学校選択制度の結果，落ち込んでいった学校への救済措置ともいえる。

以上の結果，中央政府は教育に力を入れるようになり，教育予算も増大し

た。この一環として，本研究で扱うシティズンシップ教育も導入される。その一方で，中央政府は教育行政の中央集権化を一層強めることとなった（トムリンソン，2005）。従来の政府が指摘しなかったような学校経営やカリキュラムに対する細かい政策を打ち立てるようになり，例えば，法的拘束力はないものの，詳細なカリキュラム案であるスキーム・オブ・ワークやTeachers' TV が国家から提供されるようになった。その一方で，教育水準をあげるために，じっくりとした精査が行われないままに矢継ぎ早に新しい政策が導入され，実践現場が対応しきれていないこと，などが課題としてあげられるようになった（大田，2010）。

　従って，新労働党政権下で教育が社会福祉政策の一環としてみなされ，重視されるようになった結果，これまでよりも詳細な「意図したカリキュラム」が作成されるようになり，「実施したカリキュラム」への関与が強まったといえる。しかし，佐貫（2002）によれば，日本に比すれば，イングランドの「実施したカリキュラム」は依然自由な状況にあるといわれる。実際，各学校は，予算や教員の採用といった運営面や，独自の教科の設定や，教科書を含む教材の選定についても，各学校の自由裁量が認められている。このように1988年教育改革法を転機として，大きく「意図したカリキュラム」「実施したカリキュラム」の関係性は変化しており，「意図したカリキュラム」の制約は強まっている状況にあるといえる[11]。

第3節　イングランドの学校シティズンシップ教育をめぐる制度の変遷

　第2節を受けて，本節では特に学校シティズンシップ教育をめぐる焦点をあて，それらがどのように導入されるに至り，どのように変容しているかについて説明していきたい。先述したように，2002年以前はイングランドにおいてシティズンシップ教育は導入されていなかった。本節第1項で述べるよ

うに，イングランドは「古典人文主義者」(the old humanists) を是とする伝統があり，実学的な学問・教科を低く見る傾向があった。シティズンシップ教育も直接教示するのではなく，あくまで歴史科を通した間接的な教授を中心としていた。これが社会や政治と密接な関わりを持つシティズンシップ教育を低い地位に置くことに繋がってきたといえる。また，相対的に安定した社会であったため，政治化・社会化を意図的に行う必然性もなかった。しかし，社会が変容していくにつれて，多様な試みが行われるようになり，それらが現在の学校シティズンシップ教育カリキュラムに影響を及ぼすことになった。ここでは，第1期：系統主義中心の伝統（1970年以前），第2期：実用主義運動の起こり（1970〜1990年代），第3期：学校シティズンシップ教育導入への高まり（1990年代後半〜2002年），第4期：学校シティズンシップ教育の正式導入（2002年以降）と4期に分けて，展開を考察していきたい。

第1項　系統主義中心の伝統：1970年以前

Davies et al. (1999) によれば，現行の学校シティズンシップ教育の起こりは1970年代の政治的リテラシー教育運動であった。それ以前は，Heater (2001) が指摘するように，イングランドのシティズンシップ教育カリキュラムは，伝統的に低い地位に置かれていた。6人の研究者への聞き取り調査の結果，その理由として Heater (2001) は政治・社会・教授的側面から次のように指摘する。

- 政治的側面：ブリテンにおける民主主義の本質の限定性，成熟したシティズンシップ意識の欠落，学校が不安定な教え込み機関となることへの不安
- 社会的側面：教育制度での再生産される階級格差の問題[12]，特に若者の間にある政治的な事象に関する無関心・嫌悪
- 教授的側面：特別なプロとしての教育を受けた教師の欠落，バイアスや教え込みへの批判を招きそうな教科を扱うことへの緊張感（筆者訳，

p. 104)

　こうした理由により，1988年までの各学校完全自由裁量のカリキュラム開発のもとでは，イングランドは伝統的にリベラルな人文主義・学問の系統性が重視され，社会に資する直接的な学問は軽視されていたと判断できる。従って，1988年以前は，主に歴史学などの人文学を通して暗示的にシティズンシップを育成していたと判断できる。

　しかし，1960年以前に，必ずしもそれを必要と唱える人がいなかったのではなく，1940年代から当時教師であった Hemming が中心となって起こした「社会科運動」「新・社会科運動[13]」などは，現代社会における生活について，また生活に向けて明示的に教育することの重要性は指摘されており，シティズンシップ教育の走りと位置づけることもできる。ウィッティ（2009）は，このヘミングの社会科の目的・理念を次のように説明する。

> 　イングランドの教育システムに浸透しているエリート主義に反対し，より「健全な」社会に向ける途を開くオルタナティブを提起していた。その主張によれば，社会科はより専門的な学習の下地となり，「すべての子どもが人類の過去から現在までの闘争と成果とに自分が密接に結びついていると感じ，一人ひとりが未来の進歩に何らかの貢献をしていると感じる」ことを可能にするはずのものとされた。(pp. 260-261)

　その具体的なアプローチは，知的な学問系統を重視するリベラルな人文主義に対抗し，社会科学を基盤とし，「社会の価値に対する批判的アプローチ」を育成することをめざすものであった。つまり，社会科学が提示する社会構造と社会過程についての真の知識を獲得することで，社会現実を批判的に考える基礎を提供すると考えられたのである（ウィッティ，2009）。

　このようなヘミングの活動は，「やや叙事詩的であるようなロマン的な性質」に影響された「非現実的な主張によって先導された」（ウィッティ，2009：260）ものであり，リベラルな系統主義を重視する教育関係者にも受け入れられなかった。そのため，学校カリキュラムに影響は及ぼしたとは言い

難いものであり，このアプローチを導入した学校においても，予想していた
目的を達成できなかった。だが，このヘミングの試みは，それまでリベラル
な人文主義の学問体系を重視するイングランドの学校教育の基本的な考え方
とは異なるものであり，政治・社会との関わりを重視するという点で学校シ
ティズンシップ教育の考え方の萌芽であった[14]と評価することはできる。一
方，学校教育は，依然として，リベラルな人文主義中心で進められており，
シティズンシップ教育もその一環として暗示的に教示されていた。

第2項　実用主義教育運動のおこり：1970年代～1990年代

　1970年代から1990年代にかけては，まだ学校シティズンシップ教育は正式
教科としては導入されていなかったが，いくつかのが見られるようになって
きた。Davies et al. (1999) に基づき，ここでは1970年代：政治的リテラシー
教育運動，80年代：「新教育」運動，90年代期：保守党政権期のクロス・カ
リキュラムテーマとしての導入，これらの試みについて概要を説明していく
こととしたい。

（1）政治的リテラシー教育運動：1970年代

　政治的リテラシー教育運動[15]は政治学者であり，現行のシティズンシップ
教育にも大きな影響を与えた Crick によって牽引され，1970年代に盛んにな
った運動であった。
　1970年代の，政治的リテラシー運動の背景として，Davies et al. (1999) は
次の3点を指摘する。
- 1970年に選挙権が18歳に引き下げられたこと
- 学校の教科書及び教科書の有する潜在的な可能性に関する調査などを通
  して，特に子ども達の政治的社会化に関する研究が重要視されるように
  なったこと
- 政治家によって子ども達の政治的無関心が問題視されてきたこと

こうした背景的要因を基に，政治的リテラシー運動は，批判的意識を喚起し，将来社会生活に能動的に関わることで，真の民主主義の実現をめざすものであった（Crick & Porter, 1978）。

政治的リテラシー教育の用いたアプローチについて，Davies et al. (1999) は，それ以前の教育と比べて4つの相違点を指摘する。

①問題ベース型

②より広義の概念の使用

③手続き的概念の重視

④子ども達の行動を促すために知識や態度と同様にスキルも発達させる

また，この運動は，政治学会（The political Association）と共にナフィールド財団と学校総合評議会[16] から資金を受けたハンサード協会（the Hansard Society[17]）を基盤に展開された。これは，最終的に，教師達だけでなく，政治学者や政治家からの支持も得られなかった Hemming の運動とは異なる傾向を持つことになった。ウィッティ（2009）は，この政治的リテラシー教育運動の支援団体に政府関連団体であった学校総合評議会が入った理由として，Davies et al. (1999) の3点に加えて，不況であった社会状況を加え「政治教育運動が経済危機の時代において社会の現状を維持し，それに対する尊敬を強めるのを助けるものだという政治家たちの信頼と関係していただろう」（p. 274）と述べている。こうした背景もあり，政治的リテラシー教育運動は，アカデミックな「政治学」の学問系統よりも実用主義的なアプローチを重視する傾向にあった（ウィッティ，2009）。

政治的リテラシー教育運動は，1970年代終わりの頃には一定の影響力を有していたが，人文主義中心の「実施したカリキュラム」を変革するには至らず，1980年代終わりには次の「新教育」運動にとって代わられることとなった（Davies, et al., 1999）。

（2）「新教育」運動：1980年代

　「新教育運動」は，1980年代に盛んになったが，先述の政治的リテラシー
教育運動とは異なり，共通した理論的指導者のもとで，共通したアプローチ
や方針が示されているのではなく，現代論争問題に関する多様なトピックに
関する運動の統一体としての名称である。Davies et al.（1999）は，これらの
トピックを平和，ジェンダー，開発，人種の4つの領域に分けている。この
4領域はそれぞれ社会正義に関わるものであり，それぞれ現代のトピックに
隣接するものであるといえる。こうした「新教育運動」の背景には，戦争や
移民の急増といった社会変容や女性学のような新しい学問領域の発展なども
あげられる。

　Davies et al.（1999）は，1970年代の政治的リテラシー教育運動と比較して，
次の相違点を指摘している。政治的リテラシー教育は伝統的な政治学体系を
基に発展させたために，一定の政治家や研究者からの支持を得ることに成功
した。しかし，「新教育運動」は特定の問題に特化したものであったために，
同様な援助を受けられなかったという点である。

　一方で，これらのトピックは，学校環境をめぐる社会の動きとの関連性が
より強いものであったため，一部の教師達によって強く受け入れられ，
LEAによって積極的に提案されることになった。その結果，こうした団体
に属していた教師達によって，この時期に，教材パック，教科書，指導書，
スキーム・オブ・ワークなどが開発されている[18]。これは，それまでの系統
主義中心の学校カリキュラムを，より現行の社会状況に対応させるものへ，
実用主義的なものへと変容させることになった。これらの「新教育運動」は
現在に至るまで，多くの学校で受け入れられ，様々な教材が新たに開発され
ているほどにインパクトのあるものであった。

　しかし，この「新教育運動」については，その問題点も多く指摘されてい
る。それは，この問題の背景と授業で実際に行う問題解決活動との間の齟齬
である（Davies et al., 1999）。例えば，平和や開発，人種といったトピックは，

個別の問題を考察するだけで解決できるものではなく，こうしたトピックは相互関連するものといったことがあげられる。また，ワールドスタディースの教材が特定の政治理念に結びつき，政治的教化を招くという批判も行われている（Scruton, 1990）。

　このように，新教育運動は，シティズンシップ教育の「実施したカリキュラム」で扱うような現代の論争問題を扱う土壌を提供することになった。また，シティズンシップ教育カリキュラムを開発する際の考察するポイントも明確にした点で，この運動の意義が指摘されている（Davies et al., 1999）。

（3）保守党政権期のクロス・カリキュラムテーマとしての導入：1990年代

　保守党政権期に入り，これまでのLEAを中心とした各学校独自のカリキュラム開発から，教育水準の向上という目的のもと，中央集権的なカリキュラム開発へと移行すべく1988年教育改革法によってナショナル・カリキュラムが開発された。この内容は，基礎10教科を中心にした系統主義に基づく，伝統回帰の性質を有していた。これは，先述の新教育運動などで，実用主義教育を受け入れるようになってきた教師達からの反発を招くものであった。ロートン（1998）は，1988年に作成されたナショナル・カリキュラムについて，次のように批判している。

　　　ナショナル・カリキュラムは，過度に学問的，教科中心的であって，市民権（原文：citizenship[19]-引用者註），道徳教育，経済的理解などの重要なニーズをないがしろにしている。さらに，それは内容を詰め込みすぎたカリキュラムであり，細部に及んで過度に規定的な，教師の専門職性に対する敬意を欠いたカリキュラムである。(p. 111)

　実際，この時期に行われた批判には，ナショナル・カリキュラムの基礎10教科では，発達や経験を行う上で重要な側面が補われず，不十分であるという指摘があった。つまり，この時期までには新教育運動などによって，各学校では，実用主義的なカリキュラムがとられていたのである。

　それを受けて，ナショナル・カリキュラムの開発団体である NCC（ナショ
ナル・カリキュラム協議会；National Curriculum Council）は，全体カリキュラム
を構成するクロス・カリキュラム・テーマを設定した。そこには，経済理
解・健康教育・職業・環境，そしてシティズンシップである。この結果，
1990年に『シティズンシップのための教育』（Education for Citizenship）を設
定した。

　Osler & Vincent（2002）によって指摘されているように，保守党政権下で
出された『シティズンシップのための教育』の目的は，「積極的に参加する
市民性の重要性を明らかにし，参加へのモチベーションを与える。市民性を
身に付ける上で必要なスキル，価値や態度を発達させるための基礎となる重
要な情報を，生徒が習得・理解するのを支援する。」とされる。ここでめざ
されている「能動的シティズンシップ」とは，つまり，役割が削減された国
家を前提として，「市場」で自らの責任を果たすことで，権利を初めて主張
できるというものであった。これは裏を返せば，「市場」で責任を果たせな
い人，あるいはそもそも「市場」にあがれない人々はシティズンとしてみな
されないということにもなるだろう。ここに当時の保守党政権のめざした市
民共和主義的シティズンシップに基づく社会観がよく表れている。

　しかし，このクロス・カリキュラム・テーマとしての実施とはどのような
ものかが曖昧であり，また，シティズンシップ教育実践というものの統一見
解が教師達の中でなかったこともあり，教育現場で実際に受け入れられてい
たとは言い難かった。そのため，Whitty は5つのテーマの中でも特にシティ
ズンシップは最もないがしろにされていたテーマであると報告している
（ロートン，1998：51より引用）。

　実際，1996〜1997年，IEA 調査の一環として Kerr, D. が行ったイングラ
ンドの調査によれば，調査を行った173の学校の内，79％が時間上の問題を，
51％が教材を購入する財政的な問題，31％のスタッフはこうしたトピックを
教示することに自信がないという結果が出ている（Torney-Purta et al., 1999）。

このように，実質的に当時の学校シティズンシップ教育実践には課題が大きいものとなっていた。

　以上のように，1970年代から次第に社会との関わりを密接に持つ実用主義的教育が，学校現場に受け入れられるようになった。特に，1980年代の「新教育運動」は賛否両論あるとはいえ，学校現場に与えたインパクトは大きいものであったといえる。こうしたシティズンシップ教育への関心の高まりを受け，1990年にクロス・カリキュラム・テーマとしてシティズンシップ教育は導入されている。しかし，この時点では，実施の有無も判断もできないほどに多様な実践が行われており（大田，2010），導入は成功したは言い難いものとなっていた。

第3項　学校シティズンシップ教育導入への高まり：1990年代〜2002年

　先述したように，現行の学校シティズンシップ教育は，ブレア労働党政権下において初めて正式な法定教科として導入された。これは，保守党政権下でのシティズンシップ教育の失敗に対する反省と共に，この時期の社会状況が，より一層シティズンシップ教育の必要性を強めていたことに起因するものでもあった。DfEE/QCA（1998）をまとめれば，次の3つの状況の変化が指摘される。

- 現行の民主主義制度の危機
- 若者の非行・失業問題
- 多民族・多文化化と国民国家の揺らぎ

民主主義の危機は投票率の低下に表れている。伝統的にイングランドを含むイギリスの総選挙は高い投票率を誇っていたが，1990年代から低下が見られ，特に18〜24歳の若年層の落ち込みが大きいと報告された。British Election Study によれば，1992年の総選挙は18〜24歳の25％が投票しておらず，1997年は32％以上が投票していないという結果であった。1997年の総選挙前に行われた調査では，初投票を迎える18歳の内，28％が投票しないだろう，

55%は関心がないと述べ，17%の人々は選挙が変化をもたらさないと述べ，10%は政治家を信頼していないという結果が出た。また別の調査でも，政党の支持率が低下しているという報告がなされており，こうした一連の若者の政治離れが問題視されるようになった（DfEE/QCA, 1998）。

　若者の非行問題は，1990年代の先進国に共通して指摘されていたが，イングランドでも問題化していた。怠学・破壊・暴力行為・犯罪，不法薬物利用・煙草・いじめなどが問題となっていた。また，同時に若年失業率の増加も大きな問題として受け止められるようになっていた。

　多民族・多文化化は，人々の移動と国内における多様な民族の意識化である。旧植民地からの移民受け入れ政策はサッチャー政権時に制限する措置がとられるようになったが，依然として90年代をエスニック・マイノリティの数は増加し続けることになった。国勢調査によれば，1991年に300万人であったエスニック・マイノリティは，2001年に460万人と53%増加している（窪田，2009）。また，1992年のマーストリヒト条約以降のEU発足により，国民国家の枠を超えた統合化の動きも見られるようになった。

　これに加えて，イギリスはナショナル・アイデンティティをめぐる特殊な事情もあった。2004年の統計では，白人のイギリス人の内，自分を「イングリッシュ（イングランド人）」「スコティッシュ（スコットランド人）」とする人々は60%，「ブリティッシュ（イギリス人）」と答える人々は30%前後という結果が出されている。グローバル化の進展と共に，こうしたイギリス・イングランドをめぐる事情も相まって，アイデンティティをめぐる状況が一層問題視されるようになったといえる。

　さらに，前節で述べたように，こうした社会状況の変化と問題に対して，教育を用いて，積極的に関与する方針をとっていた。この一環として，1997年11月19日に教育政策文書として，「学校におけるエクセレンス（Excellence in Schools）」を公表し，その中で教育・雇用大臣であったBlanketは，シティズンシップのための教育と学校における民主主義教育の強化を求めるよう

になり，この目的のために審議会を設置することになった。それが，先述した政治的リテラシー教育運動の先導を行った Crick を座長としたシティズンシップ諮問グループであった。

　その最終報告書が，先述した通称クリック報告書（正式名称：学校におけるシティズンシップのための教育と民主主義の教授，*Education for citizenship and the teaching of democracy in schools*）である。

　クリック報告書は３つのパートから構成されており，パート１では，シティズンシップ教育の意味や重要性が示される。パート２では，シティズンシップ教育の義務化の提言や学校教育全体におけるシティズンシップ教育の位置づけなどが示された。パート３では，具体的な目標や目的，教育内容などが提言されている。このように，クリック報告書はその理念から実現の方向性，具体案まで貫く非常に実践的なものとなっていた。

　この報告書内で提示された，シティズンシップ教育全体を通底する軸として提案されたものが，先述した「社会的道徳的責任」「コミュニティへの参加」「政治的リテラシー」からなる３つのストランドであった[20]。

　ここでは，実際に教育目標におけるストランドの機能を検討する。クリック報告書では，シティズンシップ教育の目標・目的を次のように提示している。

　　学校教育段階のシティズンシップ教育の目標とは，参加民主主義の本質と実践に関連する知識・スキル・価値を保障し高めることである。それは，また子ども達が能動的市民へと発達するために必要な権利と義務の自覚や責任感の意識を高めることでもある。そして，行動するために，地域コミュニティやそれより広いコミュニティにおいて，個人と学校と社会とが関連することの価値への重きを高めることでもある。
　　議会・参事会・政党・圧力団体の仕組みを含めた民主的な制度・実践・目的については，地域レベル・国家レベルの双方で理解されなければならない。それはまた正規の政治活動というものが，イギリス（United Kingdom）・ヨーロッパという文脈での市民社会へどう関与するかを示し，同時に国際問題や地球的課題へ

表 3-1　「シティズンシップ教育の目標・目的」に見られるストランド

	教育目標	ストランド
1	能動的市民へと発達するために必要な権利と義務の自覚や責任感の意識を高めること	社会的道徳的責任
2	行動するために，地域コミュニティやそれより広いコミュニティにおいて，個人と学校と社会とが関連することの価値への重きを高めること	コミュニティへの参加
3	参加民主主義の本質と実践に関連する知識・スキル・価値を保障し高めること	政治的リテラシー

の理解や関心を高めることにもなる。また，税制や公的支出の仕組みといったものを含め経済的生活に対してのある種の理解も必要になるのである。(DfEE/QCA, 1998: 40)

　ここから，シティズンシップ教育の目標は，3つのパートに分かれるといえる。つまり，(ア)参加民主主義の本質と実践に関連する知識・スキル・価値を保障し高めること，(イ)能動的市民へと発達するために必要な権利と義務の自覚や責任感の意識を高めること，(ウ)行動するために，地域コミュニティやそれより広いコミュニティにおいて，個人と学校と社会とが関連することの価値への重きを高めることである。これはそれぞれ政治的リテラシー，社会的・道徳的責任，コミュニティへの参加，に対応する。目標とストランドとの関係を示したものが，表 3-1 である。

　目標において，ストランドは目的・目標を構成する3つの要素として独立し，クリック報告書で示された教育目標・内容を貫くものとして機能していたといえる[21]。

　しかしながら，この報告書で示されたシティズンシップ教育の特質は，この3つのストランドに貫かれた「能動的シティズンシップ」であったといえる。それは報告書の冒頭の文に端的に示されている。

　　私たちの目標は，まさしく，この国の政治文化を国全体においても地方におい

ても変えることである。人びとが自分たちのことを，公共生活に影響を及ぼそう
とする意志を持ち，その能力を有し，またその技能を備え，発言したり行為した
りする前に事実に基づいて熟考する批判的能力を備えた，能動的な市民であると
考えること。(…) 子ども達 1 人ひとりがコミュニティへの新たな関わり方を大
胆に発見し，自身で行動してゆくようになること。(DfEE/QCA. 1998: 7-8)

　この文からも明らかであるように「能動的シティズンシップ」は，諸々の
権利に強調点を置いた「自由主義的シティズンシップ」ではなく，Crick 自
身も認めるように (クリック，2004)，責任に重きをおいた「市民共和主義的
シティズンシップ」に基づくものである (ヒーター，2002)。この点で先述し
た保守党政権時の「能動的シティズンシップ」と共通するともいえるが，責
任を特に強調し，権利は市場に任せた保守党政権とは異なり，クリック報告
書においては「権利」を認めた上での「責任」であるという点で異なるもの
とも捉えられる (クリック，2004)。

　このクリック報告書の答申を受けて，1999年にシティズンシップ教育の義
務化が打ち出された。この内，中等学校 (キーステージ 3・4) では法定教科
として，初等学校 (キーステージ 1・2) では PSHE と合同で非法定教科とし
ての導入であった。1999年版ナショナル・カリキュラムの詳細については，
第 4 章で述べていくことにする。

　第 2 節で述べた労働党の政治方針，社会変容に基づく社会的要請や保守党
政権時の失敗を背景としてクリック報告書が提示され，その結果，イングラ
ンドの学校シティズンシップ教育は導入されることになった。クリック報告
書で示されたように，このシティズンシップ教育は，政治的リテラシー教育
や新教育と同様，実用主義的側面を強く持つものであったといえる。この背
景には，社会的要請の高さと共に，先述した新教育運動の結果，受け入れる
学校側にその素地が既にあったことにも起因するだろう。しかし，後述する
ように，受け入れ当初は決して成功したとはいえず，暗中模索の状態にあっ
たことが報告されている。

第4項　学校シティズンシップ教育の正式導入：2002年以降

　先述した1999年版ナショナル・カリキュラムは2002年に導入されることになったが，それ以降も学校シティズンシップ教育をめぐっての政治的社会的状況は変容してきている。

(1) 政策の変化

　まず，学校シティズンシップ教育をめぐる政策面の要因について確認しておこう。前節で述べたように，新労働党は社会保障政策の一環として教育に注目し，その教育水準を上げるために矢継ぎ早に多様な政策を提示している。こうした政策の一部はその目的がシティズンシップ教育と重複するところがあり，「カリキュラムをどう提供するかだけでなく，学校全体の活動や学校とコミュニティのあり方にも影響を与えている（Kerr et al., 2007: 3）」とされる。

　学校シティズンシップ教育に影響を与えた政策として Kerr et al.（2007）は4つの政策（法令・ガイドライン・プログラム・アジェンダ）をあげている（pp. 3-4）。

①The Every Child Matters: Change for Children（HM Government, 2004）（プログラム）：このプログラムは，「全ての子ども達が「健康で，安全で，満足し，成功をおさめ，より良い貢献を行い，経済的に恵まれた状況に置かれるために」，政府・公的機関・ボランティア団体・私的機関・コミュニティセクターが「パートナーシップ」を結んで，連携して子どもへのサービスを供給するというものである。

②The Personalised Learning（DfES）（アジェンダ）：これは，学校教育が個々の生徒のニーズ・興味・適性に応じたものになり「すべての子ども達が可能な限り最高のレベルに達せる」ことを目的としたものである。このアジェンダは，「学習のための評価」（＝形成的評価）「効果的な教授

と学習」「カリキュラムの権利と選択」「学校の組織化」「教室を超えて」という 5 つの項目で構成されている。

③The 5 year Strategic Plan & National Strategies Programme（DfES, 2006）（プログラム）：このプログラムは，「子ども達の教育水準をあげ，全ての学校の教授・学習の質を向上させ，学校のリーダーシップと経営を向上させ，LA（Local Authority[22]）が各学校の状況に対して効果的に機能するため」に組織された，詳細な教育・指導プログラムである。このプログラムは，コア教科である英語・数学・科学・ICT に重きが置かれ，シティズンシップを含む基礎教科は軽視されている。しかし，教科指導と共に学校全体活動にも言及されており，地域参加といった関連項目も含まれている。さらに，このプログラムの目的には CPD（Continuing Proffesional Development：継続的な専門的資質の発達）も含まれているため，伝統的な対面式の教授法と共にオンラインやウェブベースの教材の使用なども盛り込まれている。

④Working Together（DfES, 2004）（ガイダンス）：これは学校側に対し，学校で起こった課題を子どもと一緒に解決する仕組みを作るよう要請したものである。子ども達に意思決定プロセスへ参加させることを促すものである。

こうした一連の法令は，子どもの参加の促進や地域との連携といった点で，従来の学校シティズンシップ教育カリキュラムと重複するものであったが，こうした法令とシティズンシップ教育との間連性は示されていない。また，③The 5 year Strategic Plan & National Strategies Programme（DfES, 2006）の説明箇所でも明らかであるように，そもそもシティズンシップ教育自体を軽視する傾向も見られるようになってきた。学校側はこのように次々に出される法令に対処せねばならず，シティズンシップ教師達はこうした法令と学校シティズンシップ教育カリキュラムとのバランスをとることが求められる状況にある。

（2）社会変化

　また，社会状況の変化として，人権や多様性がより社会問題化した点があげられる。この起因としては，2001年9月11日のアメリカで起こった同時多発テロ，2005年7月7日・21日のロンドンテロがあげられる。

　もともと，労働党は政権後，ヨーロッパ人権条約を受けた国内法「1998年人権法」や，「2000年改正人種関係法」などによって，多様性を積極的に受容する政策をとっていた（新井，2007）。しかし，一連テロに対する社会的要請を基に，ブレアは「2005年テロリズム防止法」などに表れるように，多様性擁護という点から見れば逆行する政策をとるようになった。このように，多様性とアイデンティティをめぐる問題はより切実に社会問題化することとなった。

　こうした社会的要請を基に2007年 *The Diversity and Citizenship Curriculum Review*（多様性とシティズンシップカリキュラムの見直し）（通称アジェグボ報告書）が出された。この報告書は，民族的・宗教的・文化的多様性をいかに教育するかという観点の下で，現行のシティズンシップ教育カリキュラムを，それに関わるステークホルダー（大臣，役人，政策決定者，コミュニティで働く人々，教科のスペシャリスト，教師，研究者，子ども達，両親）への聞き取りを基に見直し，提言を行うものであった。その結果，教師教育の問題点，「多様性とアイデンティティ」が軽視されていることといった問題点が出された。そのため，最終的に，教師教育の充実や教科の実施形態への提案と共に，従来の3つのストランドに加えて，4つ目のストランド「アイデンティティと多様性：UK で共生すること」の導入が提言されることとなった。これに加え，下院のシティズンシップ教育検討委員会の報告書においても，シティズンシップ教育のさらなる充実への提言と共に，アジェグボ報告書で示された「アイデンティティと多様性」の重視に同意する内容が見られる（House of Commons, 2007）。

　これを踏まえ，2007年版ナショナル・カリキュラムが開発され，4つ目の

ストランド「アイデンティティと多様性」が組み込まれた。このカリキュラ
ムは2008年以降順次導入されている。

　以上のように，2002年の学校シティズンシップ教育導入以降の教育政策を
めぐり，学校教育は混乱状況にある一方で，学校シティズンシップ教育をめ
ぐっては教師教育の充実や「アイデンティティと多様性」の学習が重視され
るようになり，社会状況に対応した変容が求められているといえる。

第4節　学校シティズンシップ教育の実践現場のインパクト

　第3節では，主に政策や制度面の転換から，学校シティズンシップ教育に
ついて検討してきた。では，こうした導入に対して，学校現場はどのような
反応を示したのか，また現行の実施の状況について検討する。本論部第2章
で検討していく学校現場実態について共通理解をはかるため，第4節ではい
くつかの先行研究の成果をまとめながら，現場の状況を考察しよう。

　OFSTED（Office for Standard in Education：教育水準局）は，保守党政権下
の1992年教育法によって成立した各学校への視察・報告を行う準国家機関で
ある。OFSTED の視察は，シティズンシップ教育だけでなく，学校教育全
般に渡り，（1）学校における教育の質，（2）教育水準，（3）予算運営，（4）
生徒の精神的・道徳的・社会的・文化的発達が主な視察内容となっている[23]。

　中でも OFSTED は特定の教科に関する調査・報告も行っており，学校シ
ティズンシップ教育の実施状況に関しては，OFSTED (2006). *Towards con-
sensus? Citizenship in secondary schools*（2006年報告書）及び OFSTED
(2010) *Citizenship established?: Citizenship in schools 2006/09*（2010年報告
書）の2つの報告書が提示されている（2010年8月現在）[24]。これらの報告書は，
通常の各学校への視察結果と共に90校程度の抽出学校へのシティズンシップ
教育の実施調査から得られたデータを基にしたものである。2006年報告書は
2002年から2006年，2010年版報告書は2006年から2009年の状況について取り

上げている。ここでは，各報告書の「主要な結果（key findings）」を基に，学校現場での実施状況を明らかにしておこう。

第1項　暗中模索の状況：2006年報告書

2006年報告書で強調されたことは，報告書のタイトル（Towards consensus?：合意に向かっている？）に表れるように，各学校で実施状況が著しく異なる点であった。その結果として学校シティズンシップ教育の実施について各学校で向上は見られるが，課題が多く指摘されていた。

主要な調査結果として次の点があげられている（Ofsted, 2006: 2-3）。

- シティズンシップ教育の目的，カリキュラム全体にシティズンシップ教育をいかに組み込むか，については各学校で一致は見られない
- 全ての学校ではないが，知識・理解の側面は比較的軽く捉えられる傾向にある。また，3つのストランドやそれらの関係性，ナショナル・カリキュラムの理解にはしばしば誤りが見られる
- 多くの学校で，今日の地域・国家・世界の問題やそれに対する政治家の反応に対する言及が重視されていない
- 最も成功しているアプローチはスペシャリストの教師達[25]によって，シティズンシップをコア教科として教示している場合である。しかし，多くの教師達は教授に必要な知識に欠けており，また教授に関するトレーニングを受けていない
- 全体として，シティズンシップ教育の達成状況は望ましいとは言い難いものであり，向上の状況というものは不安定なものである。

このように，2006年報告書では学校シティズンシップ教育導入以後，各学校で実施をめぐり，混乱が生じていたことが窺える。また，教師教育が十分でない状況が指摘されていたため，今後の勧告として，認可された教員養成コースの設置や教授・学習・評価に関する学習を行える機会の提供を行うといったシティズンシップ教育に関する教師教育の必要性を指摘していた

（p. 4）。

第2項　シティズンシップ教育の進展：2010年報告書

　2010年報告書では，まず「（2006年報告書）から，いくつかの進展が見られるようになった（p. 4）」として，その実施状況やカリキュラム内での位置づけが向上したことが示されている。しかし，依然としてシティズンシップ教師として十分なトレーニングを受けていない教師が受け持つことも多く，課題が多く指摘されている。

　この調査の主要な結果としては，次の点が指摘されている（OFSTED, 2010: 5-7, 筆者訳）。

- 全体として，生徒の達成成果は向上している。学校カリキュラム全体におけるシティズンシップの位置づけは安定するものとなった。学校の中では非常に低い位置づけも見られるが，ほとんどの学校では安定している。
- 半数以上の学校で生徒の達成状況は良い，最も良いという結果が出た。一方，10の学校では十分とはいえない状況であった。これらの学校は，特に政府や政治といったトピックに関する生徒の知識・理解，探求の深さや参加のレベル，責任ある行動といった点で違いが見られた。これは教授とカリキュラムの双方が不十分な状況にあることに起因する。
- 「アイデンティティと多様性」に着目すると，ほとんどの学校では良好な状態で実施されていた。
- 論争問題を扱う知識が不十分な教師の場合，不適切な実施状況にある傾向がある。そのため，さらなる教師教育の充実がめざされる。
- カリキュラムが良い，最も良い，という結果となった学校は半数以下であった。こうした良好な学校ではシティズンシップ教育はコア教科として，また他教科と連携した形で見られた。これらの学校では，シティズンシップ教育の目的がよく理解されており，見識あるビジョンと実践が

見られた。

　以上を踏まえ，OFSTEDはさらなる教師教育の必要性を提案していた。しかし，2006年報告書と比べると半数以上の学校が良好な実施形態を示し，教師自身の教授の知識も向上しているといえるだろう。以上から，導入当初は暗中模索の状況であったが，本研究の一環として調査を行った2008〜2010年度は，学校シティズンシップ教育の導入が落ち着き，教師教育も充実してきた時期であったといえる。

―――――――――

1 ここでの「現在」とは2011年1月現在のものとする。
2 イングランドは就学することだけが義務教育とみなされている訳ではなかったため，ホームスクーリングなど学校以外の場での教育も認められている（大田，2010）。実際，Education otherwiseというホームエデュケーションに関する最大の支援団体は，イングランドとウェールズで20000人の子ども達が，就学以外の方法で教育を受けていると報告している。（http://www.education-otherwise.org/，2010年12月ダウンロード）
3 Aレベル試験，ASレベル試験とはイギリスの大学入学志望者が受けなければならない試験であり，大学入学に必要な資格の一つにもなっています。高得点であればあるほど高いレベルの大学へ入学できる可能性がある。
4 PSHEEとは本稿で出てくるPSHEが改訂されたものである。
5 本節はあくまで教師の役割に注目して考察している。そのため，サッチャー政権下以前の教育行政の状況については，大田（1992：2010）。ブレア・ブラウン期の詳細な教育行政改革については，清田（2005）・大田（2010）を参照のこと。また，一連のイングランドのカリキュラムをめぐる論争については，ロートン（1998），木村（2006），ウィッティ（2009）を参照していただきたい。
6 大田（2010）によれば，教育内容の国家統制が廃止された理由については，未だ論争となっているという。
7 1944年教育法で規定された中等教育保障に関して，その後，1960年代まで英国で支配的であったコース分化的な中等教育学校制度とその下での学校教育制度のこと。1944年教育法は，全ての子どもに中等教育を保障するという画期的な法律であったが，実現においては，初等教育修了の段階で「11歳試験」を行い，その結果によって大学に繋がるグラマースクール進学と，高等教育に繋がらないテクニカル・スクールとセ

カンダリー・モダン・スクールとにコースを分ける早期選別型の教育制度であった。このように3種類の中等学校に分かれることから「三分岐制」と呼んだ（ウィッティ，2009）。

8 例えば，ロートン（1998）は「ナショナル・カリキュラムは，過度に学問的，教科中心的であって，市民権，道徳教育，経済的理解などの重要なニーズをないがしろにしている。さらに，それは内容を詰め込みすぎたカリキュラムであり，細部に及んで過度に規定的な，教師の専門職性に対する敬意を欠いたカリキュラムである」（p. 2）「一貫性にかける妥協であった。ナショナル・カリキュラムは，理論的審問に耐えうるものではなく，現実にも破綻をきたした。」（p. 19）として，当時のナショナル・カリキュラムを強く批判している。

9 清田（2005）やトムリンソン（2005）は，このLEAの役割の転換に注目して考察を行っている。新労働党政権はLEAの見直しをはかり，ある意味役割を強化した。しかし，それは，保守党政権期前の教育行政の中心権力として学校を統制するLEAではなく，「中間権力」としてのものである。LEAは地域の学校の自律的運営を調整したり，査察・助言を行う立場としての権限を委譲した。それは「国家機関と個々の学校の両方とのパートナーシップを効果的なものとするため」（清田，2005：115）としている。

10 これを大田（2002）は「ブレアは『サッチャーの息子』と揶揄されるほどサッチャーの路線を引き継いでいる」とした（pp. 220-221。清田，2006より引用）

11 現在，2010年5月に実施された総選挙により，保守党政権へと転換した。その結果，2010年から導入予定だった初等ナショナル・カリキュラムは凍結し，ナショナル・カリキュラムなどの作成を行うカリキュラム資格局QCA（現在のQCDA）も解体されることが決定している状況にある。

12 これは，栗原（2001）が指摘する「それぞれの階級に期待される役割に応じた資質を学ばされることが求められるのであって，一般に市民として必要とされる資質を身につけさせる教育を行うことにはならない」（pp. 26-27）ことも含まれるだろう。

13 ヘミングの社会科運動，新社会科運動に関する主要文献としては，Hemming, J. (1949). *The teaching of Social Studies in Secondary Schools*. London: Longman, Hemming, J. (1980). *The betrayal of youth: secondary education must be changed*. London: Marian Boyars. などがあげられる。

14 このヘミングの運動は，その目的が「社会における子どもの位置づけ」を重視するところにあるように，道徳的側面が強く，現在，シティズンシップ教育の起こりとしてではなく，道徳教育・PSHEの萌芽とみなす見方が多数である。しかし，従来の人

文主義中心のアカデミックな学問中心の学校教育に一石を投じ，社会との関係性を重視した点では PSHE よりもシティズンシップ教育との関係性が強いと思われる。

15 当時の政治的リテラシー教育の詳細な内容は，Crick & Porter（1978）を参照のこと。なお，この本は前半部に理論編（第 1・2・3 章），後半部（第 4 章）に実践編の結果が示されている。

16 学校総合評議会は，1964 年に教育省によって創設され，カリキュラムと試験に関する責任を請け負っていた。メンバーは教員の組織を含む多様な教育関連団体の代表からなり，委員会や作業部会に分かれて，カリキュラムや試験に関するさまざまなプログラム開発や研究を行った（ウィッティ，2009：209）

17 ハンサード協会（Hansard Society）は議会制民主主義を強化し，人々の政治への参加を促すことを目的とした政治に関する研究・教育を行う独立無派閥の団体である。詳細は，ハンサード協会ウェブサイトを参照のこと（http://www.hansardsociety.org.uk/，2011 年 1 月ダウンロード）

18 その事例として，Davies et al.（1999）では，Hicks, D.（1988）. *Education for peace. Issues, principles and actions in the classroom*. London: Routledge. やパイク，G. & セルビー，D.（1997）『地球市民を育む学習』明石書店，などをあげている。

19 旧来 citizenship は自由主義的な側面が強く，日本語訳としては「市民権」が主に用いられてきた。ロートンの訳が「市民権」となっているのも，この影響であると推察される。しかし，2000 年以降，新しいシティズンシップ教育の影響を受け，市民権は本研究で用いるように「シティズンシップ」と片仮名表記されるようになっている。そのため，この「シティズンシップ」と「市民権」は同義である。

20 ストランドの定義は次の通り。

　社会的道徳的責任：子ども達（children）は，初等教育段階の初期段階から，教室の内外で，また権威者や互いに対し，自信を持ち，社会的道徳的に責任ある行動をすることから学ぶ。（これは，有効なシティズンシップの前提条件である）

　コミュニティへの参加：生徒（students）は，コミュニティへの参加とコミュニティへのサービス活動を通した学習を含めて，生活やコミュニティの問題に対して助け合い関わりあうことについて学ぶ。

　政治的リテラシー：生徒（pupils）は，知識・スキル・価値を通して，公共生活において自分達が有効な役割を果たす方法について学ぶ。

21 クリック報告書とストランドとの関連性は，川口広美（2007）「イングランドのシティズンシップ教育におけるストランドの機能と構造：クリック報告書を手がかりとして」『教育学研究紀要』第 3 号，pp. 258-263 を参照のこと。

22 LA とは以前の LEA の改称したものである（大田，2010）。

23 OFSTED の視学官による各学校の報告書は全てウェブサイトで公開されている。詳細は OFSTED ウェブサイトを参照のこと。(http://www.ofsted.gov.uk/　2011年1月ダウンロード)

24 2013年に2009年から2012年までの状況を調べた新しい報告書が出されている。OFSTED (2013) Citizenship Consolidated? A survey of citizenship in schools between 2009 and 2012. London: HMI

25 シティズンシップ教師はコア教科である数学・英語などとは異なり，特別な訓練を受けた専門教師（スペシャリスト教師）でなくても受け持つことが認められている。

第Ⅱ部 イングランドの学校シティズンシップ教育 カリキュラム研究

第Ⅱ部は，第Ⅰ部の研究デザインに基づいて調査・分析が行われ，その結果から引き出された研究成果を提示する。

研究課題に基づき，図3-1に示した，［段階１：意図したカリキュラムの内容構成と開発法の解明］，［段階２：実施したカリキュラムの内容構成と開発法の解明］，［段階３：カリキュラムの全体構造の解明］という３段階で構成され，［１］⇒［８］の順に進んでいく。

段階１は，［１］ナショナル・カリキュラム，スキーム・オブ・ワークを教育目標・内容・方法と内容構成軸の視点から分析，内容構成を抽出し（２節），［２］関連文献から開発過程を抽出（３節）した後に，［３］内容構成と開発法を整理（章のまとめ）する。段階２は，［４］２種類のデータを教育目標・内容・方法と内容構成軸の視点から分析，内容構成を抽出し（２節），［５］インタビュー・データから開発の過程を抽出（３節）した後に，［６］内容構成と開発法を整理（章のまとめ）する。段階３は，［７］「意図した」「実施した」カリキュラムの内容構成を共通の分析視点で検討した後に，各カリキュラムとシティズンシップ像の特質を引き出し（２・３節），［８］「意図した」「実施した」カリキュラムの関連性から，カリキュラムの全体構造を解明（４節）する。

［段階１］［段階２］では「意図したカリキュラム」・「実施したカリキュラム」の双方の内容構成と開発法を５つの分析視点から帰納的にカリキュラムの内容構成と開発法を描き出す。これに対して，［段階３］では，イングランドの学校シティズンシップ教育カリキュラムの全体構造を解明する。そのため，まずは［段階１］と［段階２］の分析の結果を参照し，両カリキュラムに共

段階 1　「意図したカリキュラム」内容構成と開発法の説明（第 4 章）		
［1］NC・SOW を教育目標・内容・方法と内容構成軸の視点から分析，内容構成を抽出（2 節）	［2］関連文献から開発過程を抽出（3 節）	［3］内容構成と開発法を整理（章のまとめ）

段階 2　「実施したカリキュラム」内容構成と開発法の説明（第 5 章）		
［4］2 種類のデータを教育目標・内容・方法と内容構成軸の視点から分析，内容構成を抽出（2 節）	［5］インタビュー・データから開発の過程を抽出（3 節）	［6］内容構成と開発法を整理（章のまとめ）

段階 3　イングランドの学校シティズンシップ教育カリキュラムの全体構造の解明（第 6 章）	
［7］「意図した」「実施した」カリキュラムの内容構成を共通の分析視点で検討し，各カリキュラムとシティズンシップ像の特質を解明（2・3 節）	［8］「意図した」「実施した」カリキュラムの関連性から，イングランド学校シティズンシップ教育カリキュラムの全体構造の解明（4 節）

図 3-1　分析の手順

通する分析の観点を抽出する。

　次に，その視点を用いて，「意図したカリキュラム」と「実施したカリキュラム」を分析し直し，比較・検討することで，各カリキュラムの特質と関連性を導き出す。最終的に，それらを総括することで，学校シティズンシップ教育カリキュラムの全体構造を導き出すことになる。

第4章　意図した学校シティズンシップ教育
カリキュラム研究

　本章は「意図したカリキュラム」に着目し，学校シティズンシップ教育カリキュラムとして，自国の社会の担い手として必要なゆるやかな結びつき・統一を求めながらも，学校現場での多様性を保証できるようなカリキュラムをどのように開発したかという問題に焦点をあてる。

　第Ⅰ部で述べたように新労働党政権下のもと教育行政の中央集権化は進行してきたが，依然として学校にカリキュラム構成の自由度が多く与えられており，教科「シティズンシップ」の場合においても，その特性もあいまって，実践現場では多種多様なカリキュラムが開発されている。これを受けて，第4章・第5章は，統一と多様性の保証という観点から，「意図したカリキュラム」と「実施したカリキュラム」に共通した研究課題である「どのようなカリキュラム内容を構成しているか」（カリキュラム内容構成）「それらの内容をどのような方法・手順で開発・構成しているか」（カリキュラム開発法）というものに答えることにする。第4章では特に「意図したカリキュラム」のカリキュラム内容構成と開発法に注目することとしたい。

　その際の分析視点は，先述したように，①教育目標・②内容・③方法・④構成に影響を与える要因・⑤①〜③を構成する軸，という5つの観点とする。それらを組み合わせることで，直接の分析課題は，次の3点，つまり，カリキュラム内容構成に関しては，a）「どのような教育目標・内容・方法があるか」，カリキュラム開発法に関しては，b）「教育目標・内容・方法はどのような軸で構成されているのか」c）「教育目標・内容・方法の選択・構成には何がどのように影響し，それらを基にどのように作成されたか」におきかえることにする。

　分析成果を説明する前に，まずは第１節で「意図したカリキュラム」について概要を説明し，本章で示すカリキュラムの教育目標・内容・方法とは何をさすのか，を確定する。その上で，第２節で３点の分析課題のうち特にａ）ｂ）であるカリキュラム内容構成について述べ，第３節でｃ）に基づき，カリキュラム開発法について説明することとする。

第１節　学校シティズンシップ教育における
「意図したカリキュラム」の概要

　本節は，「意図したカリキュラム」について説明すると共に，次節以降で説明するカリキュラムの教育目標・内容・方法は何かを確定する。イングランドの「意図したカリキュラム」というものは，教育目標・内容・方法の構造やその法的拘束力の有無をめぐって複雑な様相を提示している。このことこそが，本章で求める現場の多様性を保証する国家統一カリキュラム成立の１要件と考えられる。

　本節で概説する「意図したカリキュラム」とは，先述したように，「国家または教育制度の段階で決定された内容」である。従って，「意図したカリキュラム」とは，国家（正確にいえば準国家機関であるQCA）が作成したナショナル・カリキュラム及びQCA版スキーム・オブ・ワーク（以下，スキーム・オブ・ワークとする）をさす。

　ナショナル・カリキュラムは法的拘束力を持つ「学習プログラム」及び「到達目標」を含んだものであり，スキーム・オブ・ワークは，法的拘束力は持たないが学校で実施できるような具体的なカリキュラムの形で提示したものである。以下の第１項では，（１）でナショナル・カリキュラム，（２）でスキーム・オブ・ワークを取り上げ，それぞれ①カリキュラムの種類・収集方法，②目的，③章構成を説明し，（３）でそこから見える「意図したカリキュラム」の構造を提示したい。

第1項　ナショナル・カリキュラム

（1）カリキュラムの種類・収集方法

　2002年から導入されたナショナル・カリキュラムには2010年現在，1999年版・2007年版の２つが存在していた[1]。教師への調査を行った2008/09年度は，７学年の生徒のみが2007年度版を適用される年度であり，各学校で移行段階にあった[2]。従って，この２つのカリキュラム対象とした。

- QCA（1999）The national curriculum: Citizenship: Key stage 3-4
- QCA（2007）Citizenship: programme of study for key stage 3
- QCA（2007）Citizenship: programme of study for key stage 4

　これらのナショナル・カリキュラムはウェブサイト（http://curriculum. qcda.gov.uk/, 2010年５月ダウンロード）から入手した。

（2）作成の目的

　ナショナル・カリキュラムは，国家[3] によって作成された全国の各学校の教育課程に対する基準として，法的拘束力を有したカリキュラムである。この点は日本の学習指導要領と共通した部分である。ただし，その役割・性質に若干の違いがある。端的にいえば，ナショナル・カリキュラムは学習指導要領よりもよりゆるやかな形態をとっている。

　この特質は，編成の単位とその記述内容との２つから見ることができる。まず編成の単位が，学年ではなくキーステージであるという点である。先述したように，キーステージとは２〜４つの学年を横断した単位である。従って，中等段階であれば，キーステージ３は７〜９学年（11〜14歳）であり，キーステージ４は10・11学年（15・16歳）である。学年でなくキーステージに基づいて構成されることで，各学年での教育内容の構成に自由度を与えている。

　こうした背景には，第Ⅰ部で示したように，イングランドは1944年教育法

以降，1988年にナショナル・カリキュラムが導入されるまで，学校カリキュラムは教師達の自由裁量に完全に委任されていた点をあげることができる。また，1999年版/2007年版ナショナル・カリキュラムを作成したQCA（当時）は，教師たちや学校・他の様々な機関と連携をとっており，内容決定に至るまでの過程で，一般の教師達にウェブサイトなどで広く意見を収集した後に，決定するという点も特色である。以上のような背景もあり，ナショナル・カリキュラムは，学習指導要領と比べてもよりよりゆるやかな形態をとっており，より現場の多様性を踏まえた内容を構成しようとしているといえる。

（3）章構成

　先述したようにナショナル・カリキュラムは法的拘束力を有しているが，全ての項目が拘束力を有しているのではなく，その中の「学習プログラム」と「到達目標」に限定されている。QCA（1999a）によれば，「学習プログラム」とは「教科で生徒に教授すべきとされるもの」（＝教育内容），「到達目標」とは「それぞれのキーステージにおいて最終的に習得をめざす知識・スキル・理解」（＝特殊目標[4]）である。また，「学習プログラム」においても，法的拘束力をもつ部分ともたない解説部分とが含まれている。ここでは，特に法的拘束力をもつ部分について説明する。というのも，法的拘束力をもつ箇所が1999年版と2007年度版とで異なっており，それがナショナル・カリキュラムの役割の変容をもたらしているためである。なお，この法的拘束力を持つ部分は他教科とも共通した構成がとられている（カリキュラムの訳は巻末資料1・2を参照のこと）。

　2007年版への変容のポイントはいくつかあるが，QCA（2007c）自身は「より個々の学習者のニーズに応えられるよう，学校側により多くの自由度（flexibility）を提供できるように」（p.4）変更したと述べている。具体的には，ナショナル・カリキュラムの「学習プログラム」は，1999年版の知識内容基

盤（content-based）から2007年版の概念基盤（concept-based）に移行したとい
う点があげている。教育内容を知識内容ではなく概念を明示することで，教
師の解釈の可能性の幅を広げようとした意図が感じられる。1999年版・2007
年版の全体像は資料1・2でそれぞれ提示した。以下では1999年版・2007年
度版カリキュラムにおける「学習プログラム」の構成要素について説明して
おこう。

①1999年版ナショナル・カリキュラム

　1999年版での「学習プログラム」における法的拘束力をもつ箇所は次の2
つである（DfEE/QCA, 1999: 10）。

- 知識・スキル・理解（knowledge, skills and understandings）：そのキース
  テージの間において，各教科で教えなければならない内容
- 学習の幅（breaths of study）：知識・スキル・理解を教授する際の学習の
  文脈・活動・領域，経験の幅

以上のように示されており，「知識・スキル・理解」が扱う教育内容，「学
習の幅」が教育方法の方向性を説明するものとなっている。ただし，シティ
ズンシップ教育は新教科であるため「学習の幅」がない。そのため，1999年
版については，教育内容の分析しか行えない。

②2007年版カリキュラム

　2007年版での「学習プログラム」における法的拘束力をもつ箇所は次の5
点である（QCA, 2001a）。

- 重要性：なぜその教科が重要であるか，どのようにその教科が全体のナ
  ショナル・カリキュラムに貢献するかの記述
- キー概念：その教科を通底する大きな観念（idea）
- キー・プロセス：その教科の主要なスキルとプロセス
- 幅と内容：知識・概念・スキルを高めるために，教師が達するべき教材

（subject matter）

●カリキュラムの機会：ナショナル・カリキュラム全体と関連付けるとい
　った学習をより増進・強化するための機会

　以上から，重要性が全体の一般的目標，キー概念・キー・プロセスが教育
内容である。教材と学習活動からなる教育方法は，幅と内容が教材，カリキ
ュラムの機会が学習活動に該当する。先述した1999年版では，知識・スキ
ル・理解の内容と一括されて示されていたが，2007年版ではキー概念，幅と
内容に分けて示されている。このことから，2007年版では教育内容と教材を
より明確に分けようとしていると解釈できる。

　また，変更点としては，巻末資料１から窺えるように，以前は補足的な役
割で示されていた「重要性」が明確にナショナル・カリキュラムで位置づけ
られるようになり，一般目標の役割が明示化された。また，教育内容の記述
方法を，以前のような知識内容基盤型から概念基盤型へと移行したことで，
学校現場の解釈の自由度を増加させようとし，教材と教育内容とをより明確
に分離しようとした。

第２項　スキーム・オブ・ワーク

（1）カリキュラムの種類・収集方法

　キーステージ３と４のスキーム・オブ・ワークは，次の３種類からなり，
1999年版カリキュラムを基に2001年に作成された[5] ものである。

●教師ガイド（A teacher's guide）

●学習単元例（exemplar teaching units）

●能動的シティズンシップのためのアイディア集（a booklet of ideas about
　active citizenship）

　そのため，この３つの内，キーステージ３・４の学習単元例を扱う。なお
事例集を含んだスキーム・オブ・ワークは The standard site（http://www.
standards.dfes.gov.uk.schemes3/?version＝13，2010年５月ダウンロード）から入手

した。

（2）作成の目的

　スキーム・オブ・ワークは QCA と DfES（Department for Education and Skills：教育技能省）とが共同で作成した。作成にあたっては，「多くの教師，個人・学校・地方教育委員会・他の様々な機関」の協力のもとで作成されている。また，シティズンシップ教育に限ったものではなく，他教科でも開発されている。

　スキーム・オブ・ワーク「シティズンシップ」の目的と対象について，教師ガイド（QCA, 2001a）を参照しながら説明していこう。スキーム・オブ・ワークで提示されたユニットは，「2002年8月から，全学年を対象として導入されるシティズンシップ教育への準備を行う際の学校の手掛かりとなるよう作成された」（QCA, 2001a: 3）ものである。そのため，特定の地域や学校を想定したものではなく，イングランドの全学校を対象としている。

　特にこのスキーム・オブ・ワークを使用するのは「シティズンシップを提供するのに責任を有する全ての教師と，学校全体アプローチをとる際に責任を有するシニア・マネージャーを対象とする」（QCA, 2001a: 3）とされている。そのため，このスキーム・オブ・ワークは教師用指導書という役割を持っている。

　以下の章構成で示すが，スキーム・オブ・ワークは，ナショナル・カリキュラムとは異なり教材・学習活動に至るまで詳細に提示されている。イングランドではこうした詳細なスキーム・オブ・ワークが提供されたことはなく，学校現場の受け止め方は賛否両論である[6]。日本の教科書が持つような強い拘束力を持つものではない。しかし，国家が作成した詳細なカリキュラム案として見ればナショナル・カリキュラムをどのように具体化することを，国家としてめざしていたか，その特質を明確にするためには有効な分析対象となるだろう。

（3）単元構成

　スキーム・オブ・ワークはキーステージ3・4用がある。この両者の関係については次のように説明されている。

　　　キーステージ4のシティズンシップは，キーステージ3で得た知識・スキル・理解の延長という以上の意味をもつものである。それは将来への基盤固めとしてのものである。子ども達はシティズンシップのスキルを発展させ，自分達が能動的シティズンになるために学習したことを現実に適用する機会も増加することになる。キーステージ4のスキーム・オブ・ワークはキーステージ3に基づいている。教師にとってみれば，キーステージ4の学習プログラムの文言に相当する学習機会を提供することになるし，生徒達はより学術的・職業的・自主的な活動に従事することになる。(QCA, 2001c: 2)

　従って，この両者の関係性として，作成者の意図は，キーステージ4が3と比べて，知識・理解が深まることと共に，より活動的・能動的側面が促進される点にあるといえる。

　それぞれの単元構成は 表4-1 の通りである。表4-1 から分かるように，スキーム・オブ・ワークは多様なトピックを用いて単元で構成されている。また，キーステージ3用の単元1・19を除き，各単元はキーステージに基づいて，7〜9年あるいは10・11年という幅が設けられている。従って，教師達はその中で自由に組織することを容認されている。さらに，キーステージ3用の単元10〜13は他教科との連携，14〜18は学校全体アプローチを基に構成されているというようにその実施形態についても開かれたものとなっている。

　以上のように，スキーム・オブ・ワークは予めその構成の段階から，教師が自由に組織し直すことを想定した上で内容が構成されていた。また，各単元は10項目（タイトル，目的，単元について，単元が該当しているところ，教材，リテラシーと言語，他教科との関連，可能な教授活動，学習結果，留意点，学習対象）で構成される。この内，以下の分析で扱う教育目標を「目的」，教育内

表4-1　キーステージ3・4スキーム・オブ・ワーク「シティズンシップ」単元構成

KS	学年	単元	単元の主題	KS	学年	単元	単元の主題
3	7	1	シティズンシップ：何のためのもの？	4	10〜11	1	人権
	7〜9	2	犯罪			2	犯罪：若者と自動車犯罪
		3	人権			3	人種差別や差別に立ち向かう
		4	ブリテン：多様な社会なの？			4	法律はいかになぜ作られるのか？
		5	法が動物を守る方法			5	経済の働き
		6	政府，選挙，投票すること			6	ビジネスと起業
		7	地方民主主義			7	参加する：コミュニティのイベントを計画する
		8	地域における余暇とスポーツ			8	ニュースを作る
		9	社会におけるメディアの重要性			9	消費者の権利と責任
		10	シティズンシップと地理：グローバル問題について議論すること			10	労働の世界での権利と責任
		11	シティズンシップと歴史：今日，なぜ平和を保つのがそんなに難しいか？			11	ヨーロッパ：誰が決める？
		12	シティズンシップと歴史：なぜ，女性と男性はイギリスの投票のことで争わなくてはならないのか？今日の投票のポイントとは何か？			12	グローバルな問題，ローカルな行動
		13	我々は争いをいかに扱うべきか？				
		14	民主的参加のスキルを向上させる				
		15	犯罪と安全の自覚				
		16	人権を賛美すること：学校全体アプローチ				
		17	学校間のつながり				
		18	学校のグラウンドを向上させる				
	9	19	復習単元：発展を評価すること達成度に気付くこと				

(KS＝キーステージ)

容を「単元について」，教育方法を「可能な教授活動」としている。このように，スキーム・オブ・ワークは，単元に基づき教育内容や方法が詳細に示されているが，教師が柔軟に用いることを想定して，その学年の幅・実施形態・用いる単元の順番などは開かれたものとなっている。

第3項　「意図したカリキュラム」の構造

　以上のような点から，ナショナル・カリキュラムとスキーム・オブ・ワークからなる「意図したカリキュラム」の構造は図4-1のように示すことができる。

　ナショナル・カリキュラムは一般的目標・特殊目標・教育内容・教育方法（教材・学習活動）の方向性が示されている。それぞれの項目は，スキーム・オブ・ワークで具体的な単元案として提示される目標（特殊目標）・内容・方法の方向性を決定づける役割を持つ。

　このような構造の考察から，「意図したカリキュラム」が開発される段階で，「意図したカリキュラム」はどのようにゆるやかさを保ち，実践現場の

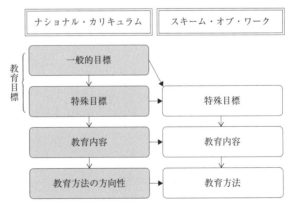

図4-1　「意図したカリキュラム」の構造（筆者作成）
（網掛け部分は法的拘束力を有している部分。ただし，1999年版
ナショナル・カリキュラムでは，教育方法については言及していない。）

多様性を保証しようとしているだろうか。その特質として次の３点があげられる。

　[１]ナショナル・カリキュラムの記載事項：目標・内容・方法のそれぞれは抽象的で解釈可能性のある概念や事象の羅列で構成されており，目標・内容・方法の関連性も曖昧である。これらをどのように用いるかは教師自身の解釈と適用に委ねられる。

　[２]ナショナル・カリキュラムの教育内容の記述事項の変化：1999年版の知識内容基盤から2007年版では概念基盤型へと変容している。これによって，教師の解釈の幅が増加し，

　[３]スキーム・オブ・ワークの記述内容：各単元について詳細な学習活動が示されているが，実践形態・順序・学年の幅などの点で開かれている。具体的には，独立教科としての実施，学校全体で行う特別活動として，歴史・地理などの伝統教科を通した実施なども想定され，その利用方法は教師に委ねられる。また，単元においても，１つの教育内容に１つの教育方法として対応されるのではなく，多様な教育方法（学習活動や教材）が選択肢として提示されており，教師自身がそこから選択する余地を含みこんでいる。

　「意図したカリキュラム」はこのようにその開発の段階から既に，学校の自由裁量を前提にしたものであった。それでは，カリキュラム内容は具体的にどのようなものか。また，どのようにして，抽象的な枠であるナショナル・カリキュラムと，具体的なカリキュラム案であるスキーム・オブ・ワークに一定の共通性を保っているのか。次節でこれらの問いについての検討を行いたい。

第２節　「意図したカリキュラム」のカリキュラム内容構成

　第１節で示したように，「意図したカリキュラム」では，実践現場に多く

の解釈を保証するような構成が行われている。しかし，そうした実践現場の多様性にばかり目を向けていては，「統一カリキュラム」としてのナショナル・カリキュラムやそれを反映されたカリキュラムとしての「意図したカリキュラム」の役割として不十分である。「意図したカリキュラム」が統一性を保つためには，構成の軸・原理が必要になる。

　実際，大田（2010）や Kerr（1999）が指摘するように，サッチャーの保守党政権下で伝統がないシティズンシップ教育を学校現場に導入した際には，その実施自体の有無の判断もできないほど，多様性に富む実践が行われた。そのため，教科としてのシティズンシップ教育が導入においては，ある一定程度の軸が求められることになった。本節では，「意図したカリキュラム」とは，どのような内容であり，カリキュラム内容全体を貫く軸は何かを探求したい。

　クリック報告書によれば，カリキュラムを通底するものとしてオリジナルの3つ，あるいは「アイデンティティと多様性」を含めた4つからなるストランドを軸があげられ，教育目標・内容・方法を抽出・構成されているというものである。具体的にどのようにこのストランドがナショナル・カリキュラム，スキーム・オブ・ワークで機能しているかを示すことで，内容構成の軸はどのように示されているかを明らかにしよう。

第1項　ナショナル・カリキュラムにおけるカリキュラム内容構成

　本項ではナショナル・カリキュラムにおけるカリキュラムの内容構成を解明するために，ストランドに注目することにする。一般的目標・特殊目標・教育内容・教育方法（教材・学習活動）におけるストランドの機能を検討したい。

（1）一般的目標の分析

　一般的目標というものは，1999年版/2007年版共に「シティズンシップの

重要性」に示されている。一般的目標がどのような内容か，またどのような
構成の軸で貫かれているかを確認したい。

①1999年版ナショナル・カリキュラム

　1999年版ナショナル・カリキュラムでの「シティズンシップの重要性」
は表 4-2 のように，6 つの項目から構成されている。

　まず，教科全体の方針として，シティズンシップ教育がローカル・ナショ
ナル・グローバルの各レベルで有効な役割を果たすための知識・スキル・理
解を提供すること（項目 1）や，義務と権利を自覚した上で，見識があり・
思慮深く・責任ある市民になる手助けをすること（項目 2）を説明する。

　次にこの方針を具体化した，教育内容の方針に関連する項目として，生徒
達に①教室内外の双方でより多くの自信と責任を持たせて，道徳的・社会
的・文化的成長を促進させること（項目 3），②学校・近隣地域・コミュニテ
ィで有効に働けること（項目 4），③経済と民主的組織と価値観について教授

表 4-2　1999年版ナショナル・カリキュラムのシティズンシップの重要性とストラン
　　　　ドとの関連性

	1999年版ナショナルカリキュラム「シティズンシップの重要性」	ストランド
1	シティズンシップは生徒たちにローカル・ナショナル・グローバルの各レベルで有効な役割を果たすための知識・スキル・理解を提供する。	（能動的シティズンシップ）
2	シティズンシップは，生徒達に，義務と権利を自覚した，見識があり・思慮深く・責任ある市民になる手助けをする。	
3	シティズンシップは，教室内外の双方でより多くの自信と責任を持たせ，生徒達の道徳的・社会的・文化的成長を促進させます。	社会的・道徳的責任
4	シティズンシップは，生徒たちが学校・近隣地域・コミュニティ，そしてより広い世界にける生活の中で有益な働きを行うことを奨励する。	コミュニティへの参加
5	シティズンシップはまた，生徒達に経済と民主的組織と価値観について教授し，異なる国籍・宗教・人種的アイデンティティを尊重することを奨励し，問題について反省でき，議論に参加する生徒の能力を育成する。	政治的リテラシー
6	シティズンシップはキーステージ 3・4 の PSHE（Personal, Social and Health Education）と相互補完関係にある。	（なし）

し，異なる国籍・宗教・人種的アイデンティティを尊重することを奨励し，問題について反省でき，議論に参加する生徒の能力を育成すること（項目5）を提示している。

　最後に，シティズンシップとPSHE（Personal, Social and Health Education）と相互補完関係にあることが示されている（項目6）。シティズンシップ教育の全体的な方針とその内容の方向性を示すことで，シティズンシップ教育カリキュラムの概要を提示している。

　この内，教科における教育内容を表した項目3～5の内容を検討すると，3は道徳的・社会的側面に，4は学校・地域社会の側面に，5は公共生活に関しての知識やスキルにそれぞれ着目している。これは表4-2で示したように，ストランドの「社会的・道徳的責任」，「コミュニティへの参加」，「政治的リテラシー」の各項目の説明に対応することが分かる。

　このように，1999年版ナショナル・カリキュラムの「シティズンシップの重要性」では，全体的な教科の方針を具体化する教育内容の箇所において，ストランドがそれぞれ選択の視点として示され，機能しているといえる。

②2007年版ナショナル・カリキュラム

　2007年版ナショナル・カリキュラムの「シティズンシップの重要性」は，4項目で示されている。1999年版とは異なり，より具体的な教育内容の方針からより抽象的な方針へと移行して示されている。

　まず，第1の項目は，シティズンシップ教育は，公共生活において効果的な役割を果たすための知識・スキル・理解を子ども達に提供すること。その際，時事的論争問題に興味を持ち，ディスカッションやディベートに参加し，権利・責任・義務や自由，法律・正義・民主主義について学習すること。さらに，子どもは意思決定のプロセスへの参加の仕方，また多様な行動の種類についても学習し，実際に学校・近隣・コミュニティで，能動的でグローバルなシティズンとして役割を果たすこと。これらが求められることである。

　第2の項目は，異なる国・宗教・民族的アイデンティティに敬意を払うこと。具体的には，批判的な参加を通して，多様な考え方・信念・文化やアイデンティティ，UK シティズン共通の価値観を探求する。加えて，UK・ヨーロッパや世界のレベルでの社会変化状況を理解することが求められる。

　第3の項目は，社会正義・人権・コミュニティの団結・グローバルの依存関係などに関連した問題を学習し，不正義・不平等・差別などに立ち向かう必要性を自覚することである。その際，子ども達は，批判的スキルを高め，

表4-3　2007年版ナショナル・カリキュラムにおける一般的目標とストランドとの関連性

2007年版ナショナル・カリキュラム「シティズンシップの重要性」項目	ストランド
1　シティズンシップ教育は，公共生活において効果的な役割を果たすための知識・スキル・理解を子ども達に提供する。シティズンシップ教育において，子ども達は時事的な論争問題へ興味を持ち，ディスカッションやディベートに参加する。また，子ども達は，権利・責任・義務や自由，法律・正義・民主主義を学習する。	政治的リテラシー
さらに，彼らは意思決定のプロセスへの参加の仕方，また多様な行動の種類についても学習する。子ども達は，学校・近隣・コミュニティやより大きなレベルのコミュニティでの生活において，能動的でグローバルなシティズンとして役割を果たすことになる。	コミュニティへの参加 社会的な道徳的責任
2　シティズンシップ教育は，異なる国・宗教・民族的アイデンティティに敬意を払うようになる。子ども達は，批判的に参加しながら，多様な考え方・信念・文化やアイデンティティ，UK に住むシティズンが共有する価値観について探求する。子ども達は，UK・ヨーロッパやより広い世界のレベルで社会がどのように変化し，また現在しているかを理解し始めることになる。	アイデンティティと多様性
3　シティズンシップ教育は社会正義・人権・コミュニティの団結・グローバルの依存関係などに関連した問題を伝えると共に，子どもたちに不正義・不平等・差別などに立ち向かうよう促す。子ども達は，批判的スキルを高め，様々な政治的・社会的・民族的・道徳的な問題を探求し，自分自身の意見や考えを探求することになる。子ども達は情報を評価し，見識ある判断を行い，現在・未来の自らの行動の結果を振り返る。子ども達は，自分達自身と同様に他者に代わって問題について主張し，問題となっている事柄について発言する。	政治的リテラシー
4　シティズンシップ教育は，子ども達に効果的で民主的な参加に必要な知識やスキルを提供する。それによって，子ども達は見識があり，批判的で，能動的な市民となるのである。その市民とは，自信があり，共同作業や活動や自分達のコミュニティやより広い世界で変化を起こせるようになる。	コミュニティへの参加，社会的道徳的責任

様々な政治的・社会的・民族的・道徳的問題を探求し，自分自身の意見や考えを探求する。さらに，情報を評価し，見識ある判断を行い，現在・未来の自らの行動の結果を振り返ると共に，他者に代わっても問題について主張し，問題の事柄について発言するようになる。

　第4の項目は，シティズンシップ教育は，子ども達に効果的で民主的な参加に必要な知識やスキルを提供する。それによって，子ども達は見識があり，批判的で，能動的な市民となるのである。その市民とは，自信があり，共同作業や活動や自分達のコミュニティや世界で変化を起こせるようになる。

　こうした内容を吟味すると，項目1の前半と項目3で，公共生活に関する知識・スキルに，項目1の後半と項目4で参加や道徳的側面に，項目2でアイデンティティの側面に特に注目していることが窺える。これは，表4-3で示したように，「政治的リテラシー」，「コミュニティへの参加」と「社会的道徳的責任」，「アイデンティティと多様性」説明に対応することが分かる。

　このように，2007年版ナショナル・カリキュラムの一般的目標を示す「シティズンシップの重要性」においては，各パートの項目についてそれぞれストランドが視点となって内容が抽出されているということができる。

③まとめ

　従って，ナショナル・カリキュラムの一般的目標は，1999年度版でも2007年度版でも，ストランドが内容を選択する際の基準として機能していることが分かる。特に，2007年版の場合は，カリキュラム作成者自身が自覚的に行っているといえる。それは，次のように補足（Explanatory notes）の部分からも窺える。

　　シティズンシップの重要性：これは *Education for Citizenship* をまとめた「学校におけるシティズンシップのための教育と民主主義に関する諮問グループ」によって設定された効果的なシティズンシップ教育の3つのストランドに依拠したものとなっている。それは，シティズンシップは，社会的道徳的責任，コ

ミュニティへの参加，政治的リテラシーによって育成すべきというものである。
(QCA, 2007b: 27)

　この文章から，カリキュラムにおける一般的目標を設定する際に，実際に
ストランドを視点として設定したということが明らかだといえる。

（2）特殊目標の分析

　特殊目標については，1999年版/2007年版共に「到達目標」に該当する。
「特殊目標」がどのような内容か，またどのような構成の軸で貫かれている
かを確認したい。

①1999年版ナショナル・カリキュラム

　1999年版ナショナル・カリキュラムでの「到達目標」は表4-4のように4
項目に分けられる。

　到達目標の項目〈1〉〜〈4〉をその内容に基づいて整理すれば，〈1〉は①市
民の権利・責任・義務②ボランティア組織の役割③政府や公共サービスの役
割④刑事システムと司法制度といった事柄について，事例に即して広い知
識・理解を習得することである。〈2〉はメディアの活用の仕方と意見形成・
表明の方法を学習し，実際に活用できることである。〈3〉は社会で変化を起
こすための方法とその理由を学習し，評価することである。〈4〉は，学校や
地域の活動に参加し，責任を果たすと共にその活動を評価することである。

　こうした内容を吟味すると，〈1〉〜〈3〉は公共社会で必要な知識・スキル
を，〈4〉は実際の参加で必要なスキルや社会的・道徳的責任を果たすことを
含みこんでいる。これは，表4-4で示しているように，それぞれ〈1〉〜
〈3〉は「政治的リテラシー」，〈4〉は「コミュニティへの参加」，のストラ
ンドに対応することが分かる。

　このように，1999年版ナショナル・カリキュラムの「到達目標」に示され

表4-4　1999年版ナショナル・カリキュラムにおける特殊目標とストランドとの関連性

キーステージ3「到達目標」の項目	キーステージ4「到達目標」の項目	ストランド
〈1〉　生徒は，市民の権利・責任・義務やボランティア組織の役割，政府の形態，公共サービスの提供，そして刑事システムと司法制度など，彼らが学習する時事的な出来事について幅広い知識・理解をもつ。	〈1〉　生徒は，シティズンの権利・責任・義務やボランティア組織の役割，政府の形態，刑法・民法の裁判システム，そして司法や経済システムなど，彼らが学習する時事的な出来事について包括的な知識・理解をもつ。	政治的リテラシー
〈2〉　生徒は，一般の人たちがメディアを含め，何を通してどのように情報を得るか，またどのようにして意見を形成し，表明しているかを説明できる。	〈2〉　彼らは，意見を作成し表現するために，メディアを含め様々な種類の情報を獲得・利用する。	
〈3〉　生徒は，どのようにまたなぜ，社会に変化が起こるのかについて理解できる。	〈3〉　彼らは様々なレベルの社会に変化をもたらすための色々な手法の有効性を評価する。	
〈4〉　生徒は学校や地域の活動に参加し，自分たち自身と他人に対して，個人としてあるいは集団としての責任を発揮することができる。	〈4〉　子ども達は，参加への意思をしめしながら，学校やコミュニティの活動に積極的に参加すると共に，それらの活動に対して批判的に評価するようにする。子ども達は，自分たち自身と他人に対して，個人としてあるいは集団としての責任を発揮することができる。	コミュニティへの参加，社会的道徳的責任

ている特殊目標の内容を決定する際に，ストランドが選択の視点として機能しているといえる。

②2007年版ナショナル・カリキュラム

　2007年版ナショナル・カリキュラムの到達目標は巻末資料に示している。巻末資料内の2007年版ナショナル・カリキュラムの到達目標を参照すると，従来，他の教科において示されてきたものと同様に，8つのレベルで提示されるようになった。この8つの尺度はキーステージ1～4までで共通しており，各キーステージ終了時の生徒の状況が各レベルのどこに位置づいているかで評価を行うものとなっている[7]。それぞれのレベルは多様な行動・理解

目標で構成されており，レベルが上がるにつれ，より多様で複雑な行動が求められるようになっている。そのため，ここでは最も低いレベルであるレベル 1 と高いレベルであるレベル 8 を基にその内容と内容構成を確認したい。

　レベル 1 は 3 つのパート，レベル 8 は 5 つのパートで構成されている。レベル 1 では，第 1 にシティズンシップの問題について考察し，他者と自分との意見交換を行う。第 2 に，グループ・コミュニティでの多様性とその背景

表 4-5　2007 年版ナショナル・カリキュラムにおける特殊目標とストランドとの関連性

レベル		2007 年版ナショナル・カリキュラム「到達目標」	ストランド
レベル 1	1	生徒たちは提示されたシティズンシップの問題について話すことができる。生徒たちは質問したいと思う問題を考え，質問に答える手助けをしてくれる人を識別する。生徒たちは自分の意見とは何かを熟考し，他者と自らの意見を共有する。	政治的リテラシー
	2	生徒たちは自分たちの属するグループやコミュニティについて説明し，自分たちのコミュニティで人々が異なっていることを認識する。生徒たちは必要性がどのように要求と異なるかを説明し始める。	アイデンティティと多様性
	3	生徒たちは，自分達及び自分達のコミュニティに影響を及ぼすような決定に関与する。	コミュニティへの参加
レベル 8	1	生徒たちはシティズンシップの争点や問題や事象に関する詳細な知識を用いたり，応用したりして，世界の異なった地域のグループやコミュニティにいかに影響を与えているかを分析する。	政治的リテラシー，アイデンティティと多様性
	2	生徒たちは異なったソースから引き出した情報と自身の経験とを繋げ，鋭敏な観察を行う。	政治的リテラシー
	3	生徒たちはシティズンシップのキー概念である正義・権利・責任・アイデンティティ・多様性，そしてそれらがどのように変化しているか，等について詳細に理解している。	政治的リテラシー，アイデンティティと多様性
	4	生徒たちは様々なタイプのリサーチを行い，代替行動を仮定し，それらの行動がどのように実行されるかを探求する。生徒たちはこれらの活動を自分たちのコミュニティにおいて試し，分析し，それらのインパクトや限界についての結論を導き出す。生徒たちは市民が民主的なプロセスや様々な活動を通して社会を変えようとする動きにどのように参加しているかを理解する。	コミュニティへの参加，社会的道徳的責任
	5	生徒たちはチャレンジングな質問を行い，様々な場所で正義や法や政府が機能する方法や市民が社会を形成する上で果たすことのできる役割について探求する。	政治的リテラシー，コミュニティへの参加

について考察する。第3に，コミュニティの意思決定に参加する。

　レベル8では，第1は，シティズンシップに関する事象の詳細な知識を活用し，世界の異なった地域のグループやコミュニティにいかに影響を与えているかを分析する。第2は，多様なソースの情報と自身の経験とを繋げ，鋭敏な観察を行う。第3は，正義・権利・責任・アイデンティティ・多様性の概念とその変容について理解している。第4は，様々なリサーチを行い，代替行動を想定・実行・分析・評価する。これを通じて，市民が社会を変化させるためにどのように活動しているかを理解する。第5は，生徒たちはチャレンジングな質問を行い，様々な場所で正義や法や政府が機能する方法や市民が社会を形成する上で果たすことのできる役割について探求する。

　レベル1と8に関して内容を精査すると，表4-5で示したように，ストランドの「社会的道徳的責任」「政治的リテラシー」「コミュニティへの参加」「アイデンティティと多様性」に対応することが分かる。ただし，レベル1の場合は，個別のストランドがそれぞれ対応するが，レベル8の場合は，個別のストランドが関連しながら，内容抽出の視点として機能するという特質が見られる。

　このように，2007年版ナショナル・カリキュラムの特殊目標を選択する際にも，ストランドがそれぞれ選択の視点として機能しているといえる。

（3）教育内容の分析

　教育内容は，1999年版ナショナル・カリキュラムでは「知識・スキル・理解」に，2007年版では「キー概念」・「キー・プロセス」に示される。教育内容がどのような内容で成り立っているか，またどのような構成の軸で貫かれているかを確認したい。

①1999年版ナショナル・カリキュラム

　「知識・スキル・理解」は「見識ある市民になることに関する知識と理解」

「調査とコミュニケーションのスキルの育成」「参加と責任ある行動のスキル
の育成」の3つから構成される。ここでは表4-6で示したようにキーステー
ジ3・4を通して説明を行うこととしたい。

●見識ある市民になることに関する知識と理解

　まず，法的な権利・人権と社会を支える責任，及び司法制度と若者との関
連性，UKにおけるアイデンティティの多様性および相互尊重と相互理解の
必要性の学習が示される。次に，中央と地方政府の理解と公共サービスと財
政運営方法。政府の活動への貢献の機会，議会制度・関連機関，選挙制度と
投票の重要性の学習が求められる。

　さらに，地方・国家・世界レベルのボランティアグループの働きや紛争の
公正的な解決やメディアの重要性の学習が想定される。加えて，政治上・経
済上・環境上・社会上でのグローバル・コミュニティの意味と欧州連合・英
連邦・国連の役割，キーステージ4ではこれに持続可能な開発などの世界的
依存関係や責任に関する幅広い問題や課題についての学習が求められること
になる。

　このように，公共生活（public life）で必要な知識が示されている。

●調査とコミュニケーションのスキルの育成

　時事的，政治的，精神的，道徳的，社会的，文化的論点や問題・事象につ
いての多様な情報分析による考察，またそうした論点や問題，出来事につい
ての個人的意見を口頭と文章で表現・正当化・弁護すること。さらには，グ
ループやクラスの予備協議に貢献すると共に，公式なディベートに参加する
ことが想定されている。このように，公共生活で必要なスキルが示されてい
る。

●参加と責任ある行動のスキルの育成

　他人の経験を考える上で自分の想像力を活用し，自分自身のものではない
見解について考え，表現し，説明すること，また，学校とコミュニティレベ
ル双方の活動で交渉し決断し責任を果たし，反省することが求められる。こ

表4-6　1999年版ナショナル・カリキュラムの教育内容とストランドとの関連性

		キーステージ3	キーステージ4	
見識ある市民になることに関する知識と理解	a	社会を支えている法的権利や人権，責任及び刑事裁判システムの基本的仕組みがどのように若者に関連しているかということ。	社会を支えている法的権利や人権，責任とそれらがどのようにシティズンに関連しているのか，および民事刑事裁判システムの役割と機能。	政治的リテラシー
	b	UKにおける国籍，地域，宗教，人種的アイデンティティの多様性および相互尊重と相互理解の必要性。	UKにおける多様な国籍，地域，宗教，人種的アイデンティティの起源と適用，および相互尊重と相互理解の必要性。	
	c	中央と地方政府，提供する公共サービスとそれらの費用をまかなう方法。政府の活動に対する貢献の機会。	法律を作成・形成する際の国会，政府，裁判所の働き。	
	d	議会制度およびその他の政治機関の主要な特質。	民主的な投票プロセスにおいて積極的な役割を果たすことの重要性。	
	e	選挙制度と投票の重要性。	ビジネスや金融サービスなど経済の働き。	
	f	地方レベル，国家レベル，世界レベルのボランティアグループの働き。	地方レベル，国家レベル，世界レベルでの社会変化をもたらす個人やボランティアグループの機会。	
	g	紛争を公正に解決することの重要性。	自由出版物の重要性，情報の提供や意見に影響を与える際の，インターネットを含めたメディアの役割。	
	h	社会におけるメディアの重要性。	消費者・雇用者・雇用主の権利と責任。	
	i	グローバル・コミュニティとしての世界，そのことについての政治上・経済上・環境上・社会上の意味合い。欧州連合・英連邦・国連の役割。	EUを含めたヨーロッパとUKの関係性，英国連邦や国連とUKとの関係性。	
	j		持続可能な発展やローカルアジェンダ21など世界的依存関係や責任に関する幅広い問題や課題。	
調査とコミュニケーションのスキルの育成	a	情報とICTベースのソースを含めた情報の内容・情報源を分析することで，時事的，政治的，精神的，道徳的，社会的，文化的論点や問題，出来事について考えること。	統計の利用と誤用についての言及を含めながら，情報とICTベースのソースを含めた情報の内容・情報源を分析することで，時事的，政治的，精神的，道徳的，社会的，文化的論点や問題・事象について考えること。	
	b	論点や問題，出来事についての個人的意見を口頭と文章で正当化すること。	論点や問題，出来事についての個人的意見を口頭と文章で表現・正当化・弁護すること。	
	c	グループやクラスの予備協議に貢献し，ディベートに参加すること。	グループやクラスの予備協議に貢献し，公式なディベートに参加すること。	
参加と責任ある行動のスキルの育成	a	他の人の経験を考える上で自分の想像力を活用し，自分自身のものではない見解について考えたり，表現したり，説明したりすること。	他人の経験を考える上で自分の想像力を活用し，自分自身のものではない見解について考えたり，表現したり，説明したりすること。	コミュニティへの参加，社会的な道徳的責任
	b	学校とコミュニティレベル双方の活動で交渉し決断し責任を果たすこと。	学校とコミュニティレベル双方の活動で交渉し決断し責任を果たすこと。	
	c	参加のプロセスについて反省すること。	参加のプロセスについて反省すること。	

のように，実際の参加に必要なスキルや責任を果たすことが示される。

　以上の内容については，1999年版ナショナル・カリキュラム到達目標を具体化したものである。そのため，表4-6にあるように前半2つ「見識ある市民になることに関する知識と理解」「調査とコミュニケーションのスキルの育成」は，「政治的リテラシー」，後半の「参加と責任ある行動のスキルの育成」は「コミュニティへの参加」と「社会的道徳的責任」に対応したものとして示される。

②2007年版ナショナル・カリキュラム

　2007年版の「キー概念」，「キー・プロセス」は，それぞれ「民主主義と正義」・「権利と責任」・「アイデンティティと多様性」及び「批判的思考と探求」「主張と表現」「見識があり責任ある行動をとること」から構成されている。表4-7の通り，キー概念はキーステージ3・4で共通であり，キー・プロセスでは若干の違いはあるが，キーステージ3・4でほぼ同一の形式である。従って，キーステージ3・4を通して説明を行う。

● キー概念

　「民主主義と正義」では，様々な意思決定や投票活動に能動的に参加すること，正義が民主社会の根本であることを理解した上で法令の役割を探求すること，民主主義・正義・多様性・寛容さ・敬意・自由の民主社会において人々にどのように価値づけられるかを熟考すること，政府・政権の維持のためのシティズンと国会の役割を理解し，探求することがあげられる。このように，公共生活の原則である民主主義と正義の関係性の学習がここでの内容である。

　「権利と責任」では，様々な権利と義務と，いかに個人とコミュニティに影響を及ぼすかを探求すること，個人・組織・政府が権利の調整・援助・抵抗を保証するために責任を果たしていることを理解すること，権利が対立し紛争を引き起こす方法を探求し，調整には困難な決定を行わねばならないこ

表4-7　2007年度版ナショナル・カリキュラムの教育内容とストランドとの関連性

	キーステージ3	キーステージ4	
1．キー概念	**1.1. 民主主義と正義** a. 公共生活に影響を与えるために，様々な意思決定や投票活動に能動的に参加すること。 b. 様々な状況下における公平/不公平を判断し，正義が民主社会の根本であることを理解し，秩序保全・紛争解決の際の法令の役割を探求すること。 c. 民主主義・正義・多様性・寛容さ・敬意・自由が，変化している民主社会において異なる信仰・背景・伝統を有した人々にいかに価値づけられるかを熟考すること。 d. 説明できるように政府・政権の維持をする際のシティズンと国会の役割を理解し，探求すること。		政治的リテラシー
	1.2. 権利と責任 a. 様々な種類の権利と義務，またそれらがいかに個人とコミュニティに影響を及ぼすかを探求すること。 b. 個人・組織・政府が権利の調整・援助・抵抗を保証するために責任を果たしていることを理解すること。 c. 権利が対立し紛争を引き起こしているか，その方法を探求し，これらを調整するためには困難な決定を行わねばならないことを理解すること。		社会的道徳的責任
	1.3. アイデンティティと多様性：UK に共生すること a. アイデンティティとは複雑なものであり，その時々で変化し，UK においてシティズンの意味が様々な理解されていることを深く理解すること。 b. 多様な国家・地域・民族・宗教文化および，UK における様々な集団やコミュニティと繋がりを探求すること。 c. UK と他のヨーロッパ諸国・世界との間の相互関連性を熟考すること。 d. コミュニティの団結と時間と共にコミュニティに変化をもたらす多様な影響を探求すること。		アイデンティティと多様性
2．キー・プロセス	**2.1. 批判的思考と探求** a. 時事的な論争課題や問題を探求する際に，様々な考え・意見・信念・価値観に向き合い・検討する。 b. 多様な情報やソースを用いて，課題や問題をリサーチし，計画し，調査を行う。 c. 様々な価値観・考え方・立場に疑問を持ち，バイアスを認識しながら，使用しているソースを分析・評価する。	d. 多様な文脈（地域や世界まで）で，視点から行動の間の繋がり・関係性を探求しながら，様々な立場を評価する。	政治的リテラシー
	2.2. 主張と表現 a. 議論・公的なディベート・投票の際に，他人に自分自身の意見を表現し，説明する。 b. 多様な立場を考慮し，リサーチ・行動・ディベートを通じて学習したことを活用しながら，意見を交わす。	a. 必ずしも同意できないような様々な考えや視点を批判的に評価する。 b. 公的なディベートや投票といった，リサーチ・ディスカッション・行動を通して学んだことから自分の視点を説明し，結論を引き出す。	
	c. 他者が再考したり，変更したり，支持するために他者を説得しようとするように，理由を提示しながら，自分自身の意見の正当性を主張する。		
	d. 自分自身が賛成・不賛成の立場にある他者の考えについて表現する。		

	2.3. 見識があり責任ある行動をとること	
2・キー・プロセス	a. 予め意図した目的が達成できるように問題や課題に対して行動が起こせるようなクリエイティブな方法を探求する。	
	b. 時間や材料を適切に用いながら、他者に影響を与えたり、変化をもたらしたり、望ましく変化に反発できるよう、個人あるいは他者と共にシティズンシップの課題へ交渉・計画・行動するように活動する。	b. 個人また他人と共に、シティズンシップの課題を伝えるためにリサーチしたり、提案したり、行動を起こしたりする。
	c. 現在あるいは将来のコミュニティや世界レベルでの行動の影響を分析する。	c. 時間や材料を適切に用いながら、他者に影響を与えたり、変化をもたらしたり、望ましくない変化に反発できるよう、個人あるいは他者と共にシティズンシップの課題へ交渉・計画・行動するように活動する（キーステージ3のb）。
	d. 自分自身が学んできたこと、うまくいったこと、直面した課題、異なる可能性などを評価しながら、自分達が進展してきたことを反省する。	d. 自分達の行動がコミュニティやより広い世界に現在・未来に与える影響を批判的に評価し、さらなる行動に対して、他者へ勧告を行う。
		e. 行動によって引き起こされた予期した・予期しなかった結果から学習したことを評価しながら、自分達の進展を振り返り、自分自身と同様に他者の貢献についても振り返る。
		コミュニティへの参加

とを理解することがあげられる。このように、社会生活を営む上での権利と責任の関係性とその重要性を学習することが求められる。

　「アイデンティティと多様性」では、アイデンティティの複雑さと UK においてシティズンの意味が多様であることを深く理解すること、多様な国家や宗教を理解した上で、UK 内での様々な集団やコミュニティと関係性を探求すること、UK と他のヨーロッパ諸国・世界との間の相互関連性を熟考すること、コミュニティの団結とコミュニティに変化をもたらす多様な影響を探求することである。このように UK 内外のアイデンティティと多様性の持つ意味の学習が想定されている。

　これらの3つの概念は表4-7で示されているように、それぞれ「政治的リテラシー」「社会的・道徳的責任」「アイデンティティと多様性」のストランドの説明に対応するものとなっている。

●キー・プロセス

　「批判的思考と探求」では、時事的論点や問題・事象についての多様な情報分析による考察、情報ソースの吟味が含まれる。これにキーステージ4で

は，様々な立場を評価することが求められる。また，「主張と表現」では，そうした論点や問題，出来事についての個人的意見を口頭と文章で表現・正当化・弁護すること，リサーチ・行動・公式なディベートに参加・主張すること，またその際他者の立場を考慮することが求められる。このように「批判的思考と探求」「主張と表現」では，公共生活に必要なスキルが求められる。

「見識があり責任ある行動をとること」では，課題に対して目的を立て，その目的について他者と共にコミュニティで行動し，さらにそれらの自己・他者の行動を評価し，今後の行動計画をたてる学習が想定されている。このような社会参加に関するスキルの学習である。

以上のように，キー・プロセスは「政治的リテラシー」と「コミュニティへの参加」が対応する。

ナショナル・カリキュラムの教育内容においても，ストランドが内容を選択する際の基準として機能していることが分かる。

（4）教育方法（教材・学習活動）の方向性の分析

教育方法（教材・学習活動）は，前節で述べたように，2007年版ナショナル・カリキュラムのみの記述であり，「幅と内容」が教材，「カリキュラムの機会」が学習活動をそれぞれ示す。教育内容がどのような内容で成り立っているか，またどのような構成の軸で貫かれているかを確認したい。

「幅と内容」は，キー概念を学習する際の教材の事例を提示したものであり，「カリキュラムの機会」は教育活動を示したものである。キーステージ3・4は表4-8に示されるように，各項目は，キーステージ4が3と比較するとより複雑・多様になっているだけであり，キーステージ3・4でほぼ同一の形式である。従って，キーステージ3・4を通して説明を行う。

●幅と内容

まず，法的な権利・人権と社会を支える責任，及び司法制度の学習が示さ

表 4-8　2007年版ナショナル・カリキュラムにおける教育方法（教材・学習活動）と
　　　　ストランドとの関連性

	キーステージ3	キーステージ4	
幅と内容	a. シティズンの政治的・法的・人権と責任。	地域から世界に至る様々な文脈におけるシティズンの政治的・法的・人権と責任。	政治的リテラシー ＊キーステージ3のd、i、及びキーステージ4のf、lはアイデンティティと多様性に関する
	b. 法律や司法制度の役割と，子ども達との関連性。	刑法や民法や司法制度の役割と機能。	
	c. 投票や選挙といった，UK の各区域あるいは地域レベルでの議会民主主義や政府の主要な特徴。	国会，政府，裁判所の機能など，どのように人々やプロセスによって，法律が作られ・形成されてきたか。	
	d. 言論の自由と見解の多様性，世論を伝え影響を与えるメディアの役割，説明のために権力を把握していること。	地域・国家・それを超えたレベルで，決定に影響を与えるために，市民が参加可能な民主的投票のプロセスへの行動。	
	e. コミュニティや環境に影響を及ぼしながら，意思決定に影響を及ぼす個人・グループ・組織が果たせる行動。	UK における議会民主主義の機能と，UK 以外での，民主主義的・非民主主義的双方の様々な形態の政府の機能。	
	f. 地域あるいは国家レベルでの不一致や対立に対処できるストラテジー。	UK における多様な種類の権利と自由（言論，団結，参政）の発展と，それらをめぐる争い。	
	g. 地域コミュニティのニーズとそれらが公的なサービスやボランティア・セクターを通じてどのように適合するか。	メディアまた圧力団体・利益団体からの情報などを含む，公的ディベートや政策過程における情報の利用方法。	
	h. 公的資金がどこからきて，誰がどのように使用方法を決定しているのか，といった経済的な意思決定の方法。	ボランティアのセクターでの仕事を含む，コミュニティに対しての個人，団体での行動のインパクトとその結果。	
	i. 考え方・信仰・文化・アイデンティティ・伝統・視野・共有する価値観の多様性など，UK 社会の本質の変化。	持続可能な発展のための政策と実践，そしてその環境に関するインパクト。	
	j. UK へ・から・内での移民とその理由。	公的資金の回収・配分についての意思決定を含む，シティズンシップに関する経済。	
	k. EU と他のヨーロッパ諸国・英国連邦・国際連合・グローバルコミュニティとしての世界と UK との関係性。	消費者・雇用主・雇用者の権利と責任。	
		多様性の起源や実際，また共有され，常識化されている視点や価値観といった社会の本質の変容，移民とアイデンティティ・グループ・コミュニティでの統合による影響。	アイデンティティと多様性に関する
		ヨーロッパ，EU，英国連邦，国連における UK の役割。	
		不平等・持続可能性・世界のリソースに関しての世界的な不同意・対立・議論といったグローバル・コミュニティが直面している課題。	

カリキュラムの機会	a. グループ・クラス全体での議論，子ども達に関連性のあるような時事的かつ論争的な問題でディベートする。 b. シティズンシップのスキルを使用・適用しながら，シティズンシップの知識理解を高める。		政治的リテラシー
	c. 多様な役割や責任を負いながら，個人・グループで働く。		コミュニティへの参加
	d. 学校やコミュニティを基盤としたシティズンシップの活動に参加する。		
	e. 意思決定やキャンペーンといった様々な個人，集団行動に参加する。		
	f. 可能であれば，様々なコミュニティの関係者と働く。		
	g. 様々な政治的問題・課題における法的・道徳的・経済的・環境的・歴史的・社会的側面を考慮に入れる。		（その他）
	h. 色々なトピックに関する学校・地域・地方・国家・ヨーロッパ・国際・世界といった多様なコンテクストを考慮に入れる。		
	i. 情報ソースやアイディアを交換する手段として，様々なメディアやICT（情報通信技術）を利用・適用する。		
	j. シティズンシップと他の教科やカリキュラム全体での学習との間にリンクを作る。		

れる。次に，中央と地方政府といった議会制民主主義の理解，政府の活動への貢献の機会，議会制度・関連機関，選挙制度と投票の重要性の学習が求められる。さらに，地方・国家・世界レベルのボランティアグループの働きや紛争の公正的な解決やメディアの重要性の学習が想定される。加えて，政治上・経済上・環境上・社会上でのグローバル・コミュニティの意味と欧州連合・英連邦・国連の役割，キーステージ4ではこれに持続可能な開発などの世界的依存関係や責任に関する幅広い問題や課題についての学習が求められる。このように，基本的には，公共生活に関するトピックが基盤となる。

　キーステージ3のd/i，キーステージ4のf/1で見解や信仰の多様性に関する事象や問題が取り上げられている。表4-8に示されているように，基本的には「政治的リテラシー」が選択の視点となり，そこに「アイデンティティと多様性」が関係する構成となる。

　●カリキュラムの機会

　ここでは，まず，グループ・クラス全体での議論や時事的かつ論争的な問題でディベートすること，またシティズンシップのスキルを適用することが

取り上げられている。次に、個人・他者と協力しながら学校・コミュニティレベルでの活動に参加することがあげられている。最後に、学習を行う上での注意事項として、情報ソースの使い方やトピックの扱い方、シティズンシップ教育の授業の開発方法に関する事柄があげられている。

　表4-8に示されているように、最後のカリキュラム全体に関わる事柄（g〜j）を除き、「カリキュラムの機会」の前半は「政治的リテラシー」、後半は「コミュニティへの参加」に関する教育活動が選択される。

　従って、ナショナル・カリキュラムの教育方法（教材・学習活動）においても、ストランドが内容を選択する際の基準として機能していることが分かる。

（5）ナショナル・カリキュラムにおけるストランドの役割

　以上において考察したように、ナショナル・カリキュラムでは、教育目標・内容・方法のそれぞれで知識・スキル・態度といった複雑なカリキュラム内容で構成されていたが、これらは全て3つのストランドを軸にしたカリキュラム構成がとられていた。この場合、1つのストランドが独立して内容選択の視点となることもあるが、時に複数のストランドと組み合わさって、教育内容を抽出することもある。

　このようにナショナル・カリキュラムがシティズンシップ教育カリキュラムを構成するとき、目標と内容を関連させるためにストランドを用い、カリキュラム内容を抽出する際の視点として機能させているのである。

第2項　スキーム・オブ・ワークにおけるカリキュラム内容構成

　本項では、スキーム・オブ・ワークのキーステージ3を取り上げ、教育目標（特殊目標）・教育内容・教育方法（教材・学習活動）におけるストランドの機能を検討することとしたい。その際、教育目標・内容は全体を取り上げることとし、教育方法（教材・学習活動）については単元1を事例として抽出し、検討することとしたい。

（1）教育目標・内容の分析

　キーステージ３のスキーム・オブ・ワークは，19の単元から構成されている。教育目標・内容の検討し，教育内容をより詳細なものとして提示したものが教育目標であるため，教育目標と内容とを同時に検討していくこととしたい。

　表4-9について説明する。まず，単元１では「能動的市民」の定義を理解し，単元２で犯罪と人々やコミュニティへ及ぼす影響を探究し，単元３で人権と責任について学習する。さらに，単元４でアイデンティティと多様な国家・文化・宗教・地域・民族アイデンティティについて熟考すると共に，単元５で動物の健康をめぐる法律の問題を扱い，単元６で地域・国家・国際レベルの法律の特色と役割を導入する。このように，単元１〜６では，基本的には公共生活に関する問題を扱い，同時に犯罪や人権といった生活で果たす責任や道徳観に関する事象・問題も扱っている。

　単元７では，政府の役割や投票システムとその重要性について学習し，単元８では地域コミュニティの問題と地方議会の役割を，単元９では供給に関連した問題と公共娯楽施設の利用について理解する。単元10では地域・国家・国際的な文脈におけるメディアの役割や重要性を学習する。単元11は地理的文脈でグローバルな問題について，単元12は歴史的な問題で現在も継続する問題について学習する。単元12は歴史的なブリテンにおける投票システムや政府の特徴について学習すると共に，単元13は，紛争とその解決方法について探究する。このように，単元７〜13は公共生活に関する事象を扱い，それと同時に多様なレベルのコミュニティへの参加方法も学習する。さらに，責任ある活動についての学習も行う。

　単元14〜18では，クラス・学校や地域単位で課題や目的をたて，それに対して参加することが求められる。その際，以前の単元で扱っている民主主義といった項目についても関連付けが見られる。このように，単元14〜18では具体的な参加活動を通して行う学習が見られる。

表 4-9　スキーム・オブ・ワークの教育目標・内容とストランドとの関連性

単元名	教育目標	教育内容	中心となるストランド
1．シティズンシップ	大多数の生徒は，権利と責任を有した能動的市民とは何かを理解する。生徒は，学校・家庭・コミュニティにおける法や民主的な意思決定の重要性を理解する。生徒は，学校やより広いコミュニティにおける日常的な問題について調査し，議論する。生徒たちは小グループやクラスにおけるディスカッションやディベートに貢献する。	能動的市民とは何かに関する理解を促進するための中心的な考えを生徒に導入する。	
2．犯罪	大多数の犯罪的な行動とは何かを判断し，法律が被疑者をどのように扱うかについて説明する。彼らは，犯罪を犯すピークの年齢が18歳である理由を判断する。彼らは「犯罪者の責任」概念を理解し，若者が犯罪行為に対して責任をとるべきと考えていない理由を提示する。彼らは，若者をめぐる法システムの基本的構造を概説する。彼らは，被害者と加害者の公平性をめぐる問題を議論し，全ての人にとって平等な裁判であることの重要性を理解する。	犯罪と，犯罪が若者や犯罪被害者やコミュニティへ及ぼす影響について探究する。	社会的道徳的責任
3．人権	学校やより広いコミュニティにおける基本的人権を知り，権利と責任を理解する。彼らは1998年の人権運動の重要性を理解し，それが日常生活の一部とどう関連させるかを理解する。彼らは個人と団体の権利が時に対立することに気付き，権利の調節が重要であることに達する。彼らは人権が侵害・無視された時に何が起こるのかを理解し，地方・国家・国際レベルでの事例を調査する。	学習と自分自身の経験とを関連させながら，人権と責任について学習する。	
4．ブリテン	ほとんどの生徒は自分自身のアイデンティティを理解し，地域レベル・国家レベルで多くの異なるアイデンティティがあることを理解する。自分達の属するコミュニティと異なるコミュニティを判断し，多様な社会に暮らすことの利益と課題を熟考する。地域・国家・国際レベルの異なるコミュニティの相互依存関係を理解し，それらの全てを尊重することの重要性を理解する。	生徒たちのアイデンティティと自分達のコミュニティやアイデンティティとは異なる国家・文化・宗教・地域・民族アイデンティティについて熟考する。	政治的リテラシー
5．法が動物を守る方法	ほとんどの生徒は，地域レベルの法と国家・国際レベルの法といった異なるレベルの法律について，その重要性の幅広い理解とそのレベル分けを行う。彼らは法律を振り返りながら，国会の役割やUKで法律が通過する際のプロセスを理解する。彼らは，個人や国会以外の団体が法律に影響を与える方法を判断し，説明する。彼らは，法的プロセスに影響を及ぼすメディアや世論の役割，また法律と日常生活との関係性を正確に把握する。彼らは，生じた問題について調査し，議論し，彼らの意見を表明し，他者の意見を自分達の意見に反映させる。	動物の健康をめぐる法律の問題を扱い，地域・国家・国際レベルの法律の特色と役割を生徒に紹介する。	
6．政府，選挙，投票すること	ほとんどの生徒は国会と，民主的プロセスや国会議員といった他の形式の政府の重要な特徴について知る。彼らは，政府がどのように予算を確保し，社会に影響を与えられるかという方法を理解する。彼らは民主主義における投票の重要性を理解し，政治的な投票の本質や政党のキャンペーンの方法について正確に理解する。彼らは投票を運営するための異なるやり方を知り，代議制の利益・不利益を反映させることができる。彼らは選挙における参加について考究し，投票放棄する人の理由を探究する。	政府の役割や，投票システムや民主社会における投票の重要性に焦点を当てる。	

7．地方民主主義	ほとんどの生徒は，地方政府によって提供される幅広いサービスに気付き，地方政府の予算確保の方法を知る。彼らは，提供されたサービスに反映されるような優先順位があることを理解する。彼らは地方政府の法的責任の理解を説明する。彼らは，地域における生活の中で，自分自身を含む異なった価値観や態度が，ある問題や出来事に対する意見と異なった参加の方法に結びつくことを正確に理解する。彼らは簡潔に結論を提示するために明らかにしたことや探求したことを用い，地方を向上させるための提言を行う。彼らは人々の意見が影響を及ぼす方法や，提言がときに拒否される理由に反映させる。	地域コミュニティをめぐる問題を探究し，日常生活における地方議会の役割を見る。	社会的道徳的責任	
8．地域コミュニティにおける余暇とスポーツ	ほとんどの生徒は，スポーツや娯楽施設を提供する際の地方政府の役割を理解する。彼らは資金確保の方法を知り，資金と要求が対応しなかった場合の選択方法に気付く。彼らはこの問題に関する模擬ディベートで異なる意見を主張する。彼らは，必要性と施設とが一致しているかを見るために，自分達の地域を見直す。彼らは，接触型のスポーツのフェアプレーの重要性と，保護するための参加の権利を理解する。彼らは，スポーツ活動を支えるための法律の必要性を理解する。	供給に関連した問題と公共娯楽施設の利用についての知識を与える。		
9．社会におけるメディアの重要性	ほとんどの生徒は異なる考え方を提示するという点でのメディアの役割の重要性に関する重要性の知識を証明する。彼らはメディアに示されたトピック問題がどのように示されるかや，スポーツイベントといった他のイベントがどのように示されるかについて理解する。彼らはメディアが主義を促進するために使われることができることを知る。彼らは，メディアが個人の権利や責任に関連していることを自覚する。	異なる地域・国家・国際的な文脈におけるメディアの役割や重要性を見る。		政治的リテラシー、コミュニティへの参加
10．グローバルな課題について議論すること	（シティズンシップの目標に限定）ほとんどの生徒は，特定の観点からのアマゾンの熱帯雨林破壊の結果を調査する。彼らは，調査や自分達自身の考えを示すためにICTを用いる。彼らはグループの他のメンバーと共に活動し，首尾一貫したプレゼンテーションを行う。彼らは模擬公共会議において，提示された問題についてディベートをする。	ブラジルのアマゾンの熱帯雨林といったシティズンシップに関連したグローバルな問題について教える。（地理とシティズンシップとで組織されている）		
11．なぜ平和を保つことはそんなにも難しいのか？	（シティズンシップの目標に限定）ほとんどの生徒は，世界で起こっている重要な出来事や現在の紛争状況の問題を知る。彼らは，主要な政治的・軍隊的紛争における人権の影響を理解する。彼らは，グローバルな問題に関連した理解に対して，メディアがどのように伝え・影響を与えたかについて評価する。問題状況を生んだ多様性をめぐる問題について正確に把握する。彼らは他者の経験を熟考し，彼ら自身のものでは必ずしもない考え方について熟考する。彼らは状況を理解するために，歴史感覚が不可欠であることを正確に理解する。彼らは，政府や国際的な組織が国際法の設立をどのように求めているかについての理解を示し，複雑な状況の調停の実現の困難さを認識する。彼らは，国際的なボランティア団体の仕事内容について知る。	歴史的文脈の中から，現在起こっている問題について学習する。（歴史とシティズンシップとで組織されている）		
12．なぜ女性と男性は投票のことで争わなくてはならないのか？	（シティズンシップの目標に限定）ほとんどの生徒は代議制政府の重要な特徴について知り，理解する。彼らは投票することの特徴を説明し，選挙権が与えられていないことや，現代ブリテンにおける今日も除外されるための基準について認識する。彼らは現代問題に歴史的知識を適用する。彼らは今日のブリテンの民主主義のあり方について議論し，選挙改革について賛否の異なる意見を提示する。彼らはグループワークやディベートに参加し，正当な貢献を行う。	ブリテンにおける投票システムや政府の特徴について学習する。（歴史とシティズンシップとで組織されている）		

13. 我々は争いをどのように扱うべきか	ほとんどの生徒は様々なタイプの紛争を理解する。彼らは、寛大さや紛争といった点でキリスト教や他の宗教を理解する。彼らは、寛大さということは常に簡単なことではないということ、またそれは時に調停を必要とすることを理解する。彼らは、不寛容が更なる紛争を引き起こすことを理解する。彼らは、エルサレムや他の紛争地域における主要な聖地について知る。彼らは、宗教の中には信念や価値を共有しており、アイデンティティ・伝統・紛争や平和について疑問を有していることを説明する。彼らは、紛争・寛大さ・調停・和解についての意見をディスカッションし、知識に基づいた解答を行うことができる。	紛争とその解決方法について探究する。（シティズンシップか宗教教育で組織される）	
14. 民主的参加のスキルを向上させる	ほとんどの生徒は決定するための様々な方法や文脈を理解する。彼らは民主的プロセスについての自らの知識を活かしながら、意思決定活動のグループ活動に貢献する。彼らは会議を有効なものとするために必要なものごとに判断する。彼らは、リーダーシップの質や学校やコミュニティプロジェクトを運営する際に、こうした質がいかに手助けとなるかに関する理解を示す。	生徒は民主的な集団で意思決定プロセスを高めるために協働的な活動を行う。	
15. 犯罪と安全への自覚	ほとんどの生徒は、地元の地域の犯罪についての議論に参加し、イベントの企画や意思決定に積極的に参加する。彼らは、外部の人と共に学校活動に責任を持って参加する。彼らは他者の立場で経験を考えるために想像力を活用し、犯罪が犯罪者や被害者に影響する事柄について話し合うことができる。彼らは、自らが考える原因や少年犯罪の影響、刑事裁判に関わる組織の役割に対して明確に理解していることを提示する。	生徒はあるイベントを組織化したり企画したりする活動に参加する。	
16. 人権を賛美するということ	ほとんどの生徒は、「人権の日」についてグループやクラスで行う議論に貢献し、その目的を理解する。彼らは人権問題について知る。彼らは、どのように活動を企画すべきかに関する意思決定に貢献し、自分の役割で交渉し、学校の活動に責任を持って参加する。	学校は年に一度の特別行事について企画する。	コミュニティへの参加
17. 学校間のつながり	ほとんどの生徒は、それが「良い」か「悪い」かではなく、他国における文化や経験が自国のものと異なっていることを理解する。異なる地域の人々が自国に対しての理解する際には、固定観念や偏見よりも経験に基づくようにする。彼らは、グローバルな文脈で、社会・経済・政治的問題について気付く。彼らは、EUやイギリス連邦や国際連盟のような国際組織の役割を認識する。	生徒は、学校間で、グローバルな事柄に関する活動を行う。	
18. 学校のグラウンドを向上させる	ほとんどの生徒は、学校のグラウンドの調査に着手する際の、地理的スキルの使い方を知る。彼らは、関係するグループや人々と結果について議論し、発見したことを分析する。彼らは改善のためのストラテジーを考案し、責任を持って同意した計画を実行する。彼らは自分達の行動を振り返り、うまく行った点とうまくいかなかった点とを判断する。彼らは、自分達のグラウンドについてどのような問題が起こっているのかを理解し、そのプロジェクトを実行する際の異なるアプローチを判断することができる。	生徒は、自分達の学校のグラウンドを向上させるよう、責任ある計画・工夫・施行を行う。	
19. 発展を評価することと達成度に気付くということ	ほとんどの生徒は、彼らが学習した象徴的な出来事についての幅広い知識と理解を有している。例えば、シティズンが有している権利と責任と義務、ボランティア団体の役割。政府の形態、犯罪と裁判のシステムなどがある。彼らは、人々が情報を得る方法やメディアを通じて意見が形成され、表明される方法を理解する。彼らは、学校やコミュニティを基盤とした活動に参加し、彼ら自身や他者への態度において、個人や集団の責任を果たす。	KS3の間の生徒の達成度に関する発達と認識を積極的に評価することを促進する活動をする。	

　このように，スキーム・オブ・ワークが示す単元の教育目標・内容においては，「政治的リテラシー」と「コミュニティへの参加」のストランドを中心に編成されており，政治的リテラシーからコミュニティへの参加へと進む流れとなっている。「社会的・道徳的責任」は随時教育目標・内容に取り込まれることとなっている。

（2）教育方法（教材・学習活動）の分析

　教育方法の分析では，単元1「シティズンシップ」についてその教材と学習活動を検討してみることとしたい。単元1の教育方法（教材・学習活動）を示したものが表4-10である。単元1は授業1〜4で構成され，能動的市民とは何か，学校・家庭・コミュニティにおける法や民主的な決定の重要性を理解することを目標とする点で，政治的リテラシーを基盤とした授業となっている。

　授業1「学校とはどんなところ？」では，「学校コミュニティで既に市民の一員であることを認識する」（QCA, 2001a: 4）ために，グループで小学校時代について尋ね合い，リストを作成する。その際，議論を行ったり，学校という公共生活のことが教材として論点となったりしている。授業2では，「何が議論を助け/危険に陥らせるか，また全ての生徒達が議論に貢献できるために必要なルールとは何かを知る」「シティズンとして能動的な役割を担うために重要な問題や望ましい方法について理解する」（QCA, 2001a: 5）ために，ペアで公共生活に重要な議論の基本ルールのリスト作りをし，意思決定方法自体をクラスで吟味する学習活動がとられる。その際，責任を行う際はどのようにするかを吟味する。

　授業3は，コミュニティについて民主的な意思決定の重要性を理解するために，生徒のクラスの活動への主体的な学習活動を用いている。その際，民主主義や公正といった公共生活に重要な概念を学習することが想定されている。授業4は，シティズンとして責任ある行動とはどのようなものかを学習

表 4-10　スキーム・オブ・ワークの教育方法とストランドとの関連性

単元名	授業名	学習方法
シティズンシップ―それは何についてなの？	1．学校とはどんなところ？	・グループになり，小学校時代について尋ね合う。 ・学校・あるいはクラスなど，学校生活の中での様々な経験や，困難な経験についてリストを作る。 ・議論の結果をフリップ・ボードにまとめ，良い点・悪い点に分ける。 ・学校をより良いところにするために必要な行動のリストを作り，どの行動が適切かをクラスで合意する。
	2．議論の基本ルールって何？	・ペアでクラスサイズの議論を行う際に問題になることについて話し合い，それらをクラスでまとめてリストを作る。リストを利用して，全員が議論に参加するには何が必要かを認識する。 ・席替えなどの問題の具体事例に基づいて，どのように意思決定を行うかについて話し合う。 ・小学校ではどのような意思決定が行われていたかに答える。全ての子ども達が学校の政治の振り返り・発展させるにはどうすればよいかを熟考する。 ・地域・国のニュースから問題を 1 つ選び，ボードでリストを作成する。そして，これらの問題が興味を引く理由やどのように重要かを考察することで，質問の方法を学ぶ。
	3．民主的なコミュニティって何？	・グループで，ある集団が協力し合わないと生き残れないような困難な状況に置かれているような「砂漠の島」のシナリオを作成する。その状況下では何をすべきで，それはなぜかを答える。 ・クラス単位で，共通点と相違点を導き出す。 ・子ども達は，個人とコミュニティ全体の権利について，ついで他者よりもより多くの犠牲をはらうような状況を考察する。 ・クラス単位で，生き残った人々が公正に生きていくためには，どのような方法が必要かを考察する。 ・コミュニティにおける民主主義とは何かを考察する。
	4．年をとったら何が変わるの？	・新生児が持つ権利・責任とは何かを答える。 ・ペアで，今から 19 歳になるに従って，権利と責任がどのように変容していくか，時間軸に沿った表を作成する。 ・子ども達は，どのようなルールが存在し，そのルールの背景にはどのような権利と責任があるかを考察する。 ・子ども達は，ナショナル・カリキュラムの「学習プログラム」を読み，学校やコミュニティで能動的な役割を果たすため，また課題を解決したり選択・決意をするために，示されたスキルや知識がどう機能するかを考察する。 ・導入時の授業で行った小学校時代の頃を振り返り，小学校で学習したことと何が同じで何が異なるかを振り返り，ポートフォリオに記入する。

することが求められる。

　以上のように教育方法においては，必ずしも１つのストランドのみが１つ
の授業の教育方法を対応するのではなく，１つの授業を構成する学習活動に
ついて３種類のストランドが関連しながら，選択基準として機能している。

　スキーム・オブ・ワークの単元においても，ナショナル・カリキュラムと
同様に，３つのストランドを軸にしたカリキュラム内容構成が行われている。
教育方法では，ナショナル・カリキュラム以上に，複数のストランドと組み
合わさりながらより複雑な形態で機能しているのである。

第３項　小括：カリキュラム内容構成の特質

　第１項でナショナル・カリキュラム，第２項でスキーム・オブ・ワークに
ついて，それぞれ教育目標・内容・方法の観点から分析を行った。その結果，
明らかになったことは，次の２点である。

［１］教育目標・内容・方法のそれぞれで知識・スキル・態度を含みこむ複
　　　雑な形態をなしている点である。例えば，1999年版ナショナル・カリ
　　　キュラムでは，知識・２種類のスキルを組み合わせながら，教育内容
　　　とすることが目指された。一方，2007年版ナショナル・カリキュラム
　　　では，教育内容・教材がわけられ，より教師自身の自由度を増やす試
　　　みがなされた。具体的には，教育内容として「キー概念」「キー・プ
　　　ロセス」として複数の概念とプロセスが示された。また，その教育内
　　　容の獲得のために，「幅と内容」で教材として多様な現代の社会事象
　　　や問題が，また「カリキュラムの機会」で学習活動がそれぞれ提示さ
　　　れていた。

　　　　実際，これらを組み合わせたスキーム・オブ・ワークも，概念のみ
　　　を中心に学習が構成されているのではなく，社会問題の名前や学習活
　　　動それ自体が単元名となっている場合もあった。このように，学校シ
　　　ティズンシップ教育カリキュラムの内容は非常に複雑な形態をなして

いた。

　　[2]［ 1 ］で表したように，複雑な形態をなしてはいるが，こうした教育目
　　標・内容・方法は，一定の軸で結びつけられる点である。
　　　1999年版/2007年版ナショナル・カリキュラム，及びスキーム・オ
　　ブ・ワークにおいては，カリキュラム構成の基盤となる教育目標・内
　　容・方法は，クリック報告書で提示された 3 つのストランド―社会的
　　道徳的責任・コミュニティへの参加・政治的リテラシー―を軸として
　　結び付けられる。ストランドは独立したり，関連付けたりすることで
　　カリキュラム構成の軸として機能していた。教育目標などにおいては
　　独立した要素として機能することも多かったが，実際の単元や授業に
　　おいては，単一のストランドが機能するのではなく，複数のストラン
　　ドの組み合わせによって教育方法が選択されていたことが明らかにな
　　った。

　このように，「意図したカリキュラム」はストランドを中心として構成さ
れていた。それはクリック報告書で示されたオリジナルの 3 つ，あるいは
「アイデンティティと多様性」を含めた 4 つからなるストランドを軸として，
教育目標・内容・方法を抽出・構成されているというものであった。

　では，なぜこうしたカリキュラム構成がとられることになったか。学校シ
ティズンシップ教育カリキュラムを構成する方法としては，その方法はどの
ような意味があるのか。次節で検討したい。

第 3 節　「意図したカリキュラム」のカリキュラム開発法

　前節では，「意図したカリキュラム」は，一般目標―到達目標―教育内容
―教育方法が複雑な形態を示しているが，それらがストランドを軸として，
結びついていることを明らかになった。それでは，そもそもストランドはど

のようにして導き出されたのか。その歴史的背景を検討していくことで，学校シティズンシップ教育における「意図したカリキュラム」の開発法とそこにみられるストランドの機能を解明していきたい。導入時の1999年版ナショナル・カリキュラムについて，その成立過程を記した Kerr[8]（1999：2003）の記述を基に，上の課題に対して，イングランドがとった実際的な解決方法を論理的に解明することにしよう。

第1項　学校シティズンシップ教育カリキュラムとしての課題

　イングランドがシティズンシップ教育カリキュラムを開発するにあたって直面していた課題とは何か。Ross[9]（2002）を参考に，理論的に整理しよう。Ross の論は，イングランドを含む英国での伝統的なカリキュラム開発法における論理を中心に類型化したものである。これを基に考察を深めることで，カリキュラム一般に対するイングランドの考え方が整理でき，かつ，学校シティズンシップ教育についてのナショナル・カリキュラムで直面した課題も明らかになる。

(1) イングランドの伝統的カリキュラム開発法

　表4-11 は，Ross の理論をまとめたものである。Ross は３つのタイプ，内容論理主導型・目標論理主導型・方法論理主導型に類型化し，主張の前提・重視する点・教科の枠（フレーム）に対する姿勢・知識に対する態度・構成について整理している。

　内容論理主導型は，古典的人文主義者の立場にたち，教育の目的を既存の知識体系の獲得に置くカリキュラム構成である。そのため，カリキュラムは採用する学問体系の論理によって貫かれ，目標及び方法も基本的に学問体系の論理に基づいて決定される。さらに，この型は教師―生徒の教育関係にも影響を及ぼす。教育とは教師が選択した学問体系の論理を教授することをさすためである。従って，「何を教えるか」が最大の課題となる。目標論理主

表 4-11　カリキュラム開発法の類型化

	内容論理主導型	目標論理主導型	方法論理主導型
主張の前提	古典的人文主義者	社会改造主義者	進歩主義者
重視する点	知識体系を重視	能力育成を重視	学習方法を重視
教科の枠への姿勢	教科の枠は強固	教科の枠は比較的強固（社会変化に応じて流動）	教科の枠は存在せず（子どもによって流動）
知識に対する態度	知識の獲得こそが教育の目的。知識は独立体系を有し，階層的構成ができるとみなされる。	知識は能力の一部であり，単なる有用な道具である。	獲得する知識より，どう学ぶかを重視する。
構成の軸	学問体系	（現代）社会の要請	子どもの学習過程

導型は，社会改造主義の立場にたち，既存の社会を自らで作り変えることのできる子どもの育成を教育の目的とする。そのため，広義の社会化[10] に必要な総合的な能力育成を第一に置くカリキュラム構成である。そのため「何を教えるか」（input）よりも「結果どうなったか」（output）を重視する。従って，目標の論理を中心に，内容や方法が選択されるという形式をとる。

　目標論理主導型を内容論理主導型との関わりから，Ross は次のように述べる。

　　　結果として，教育内容が，内容論理主導型に近くなるだろう。しかし，カリキュラム構成の意図や過程は全く異なる。（…略）（カリキュラム）は社会の中で合意に至った結果や手順に関連付けて計画・組織化される。（…略）教育内容は学問的価値や教科内容的価値に基づく必要はなく，現代社会で必要としたものを選択すればよい。従って，教科間の境界は明確である必要はなく，枠は依然残っているが，内容論理主導型よりも弱まることになる。（Ross, 2002: 54-55 より引用）

　つまり，目標論理型に基づけば，教育内容・方法は学問体系に基づく必要はない。そのため，内容の枠組みはあるが，社会の合意を得られれば変容できる。この合意は，現代社会で必要とされたもの，即ち社会の要請を意味するためである。また一定の妥当な合意のプロセスを経れば変容できるため，

理論的には社会の変容に対応して内容・方法を構成することが可能になるだろう。

　第3の方法論理主導型は，学習のプロセスに重きを置き，しばしば子どもの思考体系やニーズを優先して，教育内容・方法を組織するため「児童中心主義」型カリキュラムといえる。他の型との関係性については，学問の体系性を否定するという点で内容論理主導型とは相対することになる。この点で，目標論理主導型とは共通点も見られる。しかし，「社会」を重視する目標論理主導型とは異なり，この型は「個」の児童のニーズに基づいている。そのため，その内容・方法の流動性の度合は最も高いものとなる。

　以上のように，Ross の理論整理は目標・内容・方法のどの論理を主導してカリキュラム開発を行うかによって，カリキュラムが持つ意味自体も変化することを示している。Ross 自身はこれらの3つの類型について，時代で移行したものとは捉えておらず，「学校教科の歴史で繰り返されているカリキュラムのスタイル」(p.53) であるとしている。従って，イングランドのカリキュラムは一般に内容・目標・方法のいずれかの論理を基本として，これまで開発されてきたといえる。

（2）新しいシティズンシップ教育カリキュラムの課題

　Ross の3つの類型から新しいシティズンシップ教育カリキュラムが抱える課題を整理しよう。

　内容論理主導型・方法論理主導型に基づき，新しいシティズンシップ教育カリキュラムを考察するには課題があった。なぜなら，新しいシティズンシップ教育では，目の前の子どもに全面的に依存したカリキュラムはとれず，普遍的に価値ある教育内容は存在しないためである。つまり，ナショナル・カリキュラムは理論的には目標論理主導型に基づき，カリキュラムを構成する必要にせまられたといえる。目標論理主導型のカリキュラムは，社会の要請の論理に基づき，知識・スキル・態度を横断的に構成でき，知識体系・子

どもの思考体系にカリキュラムの軸を置くものでもないからである。

　以上から，カリキュラム構成上の課題は次の 4 点になる。

　　［1］知識のみでなく，知識・スキル・態度を横断的に扱うカリキュラムと
　　　　する。

　　［2］学問体系でも子どもの思考体系でもなく，社会の要請に対応できる新
　　　　たなカリキュラム構成にする。

　　［3］急激に変容する社会に応じて見直しや改革が容易に行えるカリキュラ
　　　　ムにする。

　　［4］学校が作成するカリキュラムの多様性を保証できるカリキュラム構成
　　　　にする。

　Ross の理論整理はあくまで理論的レベルに留まっていた。そのため，実
際，どのように目標論理主導型でシティズンシップ教育カリキュラムを構成
すればよいかの課題には答えるものではない。それゆえ，ナショナル・カリ
キュラムを実際に目標論理型で行うためには，目標論理でより具体的な目
標・内容・方法を構成する方略を実際的に確立することが課題として残され
ることになったといえる。

第 2 項　解決法の実際

　次に，実際の作成過程を基にしながら，目標論理主導型のカリキュラム開
発をどのように実現したかを明らかにしていく。説明としては，まず，カリ
キュラム開発で初めに作成されたストランドとはそもそもどのようなものだ
ったか，そしてストランドは，なぜ/どのように作成されたか述べていくこ
とで，ストランドが設定されるにあたって与えられた役割と機能を明らかに
し，それを基に目標論理主導型のカリキュラム開発方法を明確にしていきた
い。

（1）ナショナル・カリキュラムのカリキュラム構成の軸としてのストランド

　カリキュラムを作成する際に Kerr（1999）は，ナショナル・カリキュラムの原案を作成した「学校におけるシティズンシップのための教育と民主主義に関する諮問グループ」（以下，諮問グループと略記）がカリキュラム構成を検討する際に行った最初の活動を次のように説明している。

　　　シティズンシップを定義するに際して，過去の実践や関連文献，報告書において，最も良いとみなされてきた事例を熟考するところから始めた。（…中略）最終的にグループは「効果的なシティズンシップ教育の要件」を決定した。これらの3つのストランドは，関連づきながらも独立しており，さらにシティズンシップ教育全体を構成するものとしてあわせて機能することとなった。（Kerr, 1999; 279-280。下線部は筆者による）

　下線部の「効果的なシティズンシップ教育の要件」とは「3つのストランド」のことであり，これらの「3つのストランド」とはカリキュラムを貫く軸として機能させようとしていることを示唆している。

（2）ストランド設定の背景

　では，なぜカリキュラム構成の軸としてストランドが設定されるに至ったか。

　ストランドは，元々イングランドにおいてシティズンシップ教育という新教科の「定義」を表すものとして用いられた。Kerr（2003）によれば，これには過去のシティズンシップ教育の試みからの教訓が反映されている。前章で詳細を説明したように，サッチャー政権以前，イングランドにおいては，シティズンシップ教育に相当する教科はなく，シティズンシップは歴史教育を中心に育成されてきた（松尾，1984）。あくまで歴史学の学問体系を軸にする内容論理主導型カリキュラム構成がとられていた。しかし，その後，福祉国家の反省を基に誕生した保守党政権下において，新たなシティズンシップ

育成の必要性が認識され，クロス・カリキュラム・テーマの1つとして「シ
ティズンシップ」が導入されたが，この試みは実践現場に浸透したとはいえ
ず，失敗と評価された。

　この結果，指摘された課題として，Kerr（2003）は次の2点を提示してい
る。第1の実践的課題は，クロス・カリキュラムの1テーマとして導入した
が，法的拘束力を有していなかった点。これに加えて，第2の根本的課題は，
そもそもイングランド学校教育におけるシティズンシップ教育の基盤の脆弱
さである。導入の際には，現場でシティズンシップ教育の伝統がなかったた
め，シティズンシップ教育において扱われるべき内容・方法はどのようなも
のか，というゆるやかな見解もなかった。つまり，法的拘束力を持たず，合
意が欠落していたという事態が失敗を招いたとみなされたのである。

　この過去の教訓を乗り越えるべく，諮問グループは，新教科「シティズン
シップ」を成立する際に「より強い基盤」を構築する必要性に迫られた。そ
れは，イングランドのシティズンシップ教育の育成すべき内容・方法からな
るシティズンシップ教育像を新たに構築することであった。この新たに構築
されたシティズンシップ教育像が3つのストランドであった（Kerr, 2003）。

　しかし，現在，この3つのストランドは，2つの意味で用いられている。
1つは，目標である「イングランドで育成すべきシティズンシップ」（Ajeg-
bo et al., 2007: 78）そのものを表すもの，2つめは「効果的なシティズシップ
教育の要件」という内容・方法（QCA, 1998: 40）の意味である。ストランド
は，目標と内容・方法の双方を表すものなのである。

第3項　ストランド作成過程

　では，ストランドはどのように作成されたのか。Kerr（2003）によって説
明されたストランド作成の過程は次の通りである。

　まず諮問グループは，育成するシティズンシップの全体像を決定した。そ
れが，基本的には市民共和主義の伝統に立脚する「能動的シティズンシッ

プ」（active citizenship）の育成，というものである。

　続いて，この全体像をより具体のレベルにおとしたシティズンシップ及びシティズンシップ教育の定義を決定した。これが「社会的・道徳的責任」「コミュニティへの参加」「政治的リテラシー」，即ち３つのストランドである。Kerr（2003）は次のように決定に至る過程を説明している。

　　　諮問グループは，シティズンシップ教育の定義，またそれらが学校で果たすべき機能を明らかにするために，イングランドにおける過去の様々な事例を注意深く検討した。最終的に，シティズンシップ教育の定義は，協議の結果，現代の民主主義社会のニーズに応じるためという目的に集約され，決定されるに至った。決定された定義は「市民共和主義」（civic republican）を基盤とした「市民的参加」（civic participation）に立脚している。言い換えれば，シティズンシップの２つの解釈である「自由個人主義者」と「コミュニタリアン」の間の「第三の道」ともいえる。また，マーシャルの古典的定義（市民・政治・社会的シティズンシップ）にも基づいている。なぜなら，1990年代のサッチャー政権下での「能動的シティズンシップ」の定義では無視されてきた２番目の権利である政治的シティズンシップの再評価が行われたためである。さらに，「市民的義務感」を基にした価値観の育成やコミュニティでの活動なども同時に強調されたものとなった。（Kerr, 2003: 4より引用。下線部は筆者による）

　この説明から，ストランドの持つ２点の特色を指摘できる。第１は，ストランドは，学問体系は含んではいるが，特定のものに立脚するものではなく，あくまで「協議の結果として」成立したということ。第２は「現代民主主義社会のニーズに応える」ために決定したことである。

　次にこの３つのストランドが選ばれた背景を探りたい。「政治的リテラシー」の決定については諮問グループ議長であったCrickの学問的背景の影響が強く窺える。Crickは，前章で述べたように，政治的リテラシー教育を提唱し，運動を牽引していたためである。しかし，ストランドの決定は，必ずしもCrickの学問的背景のみに基づいたわけではない。なぜなら，Crickの自身は残り２つのストランド「社会的・道徳的責任」「コミュニティへの参

加」に対しては公的忠誠心を無批判的にあおる可能性が大きいとし，懐疑的な立場をとった（添谷ほか，2004；Kiwan, 2008）ためである。

　従って，政治的リテラシー以外の2点の起源としては，福祉国家からの脱却をめざし経済的自立を説いたサッチャー以後の保守党政権以後のボランティア活動重視や「新教育運動」の傾向や，「市民的義務感」の重視を説いたブレア以降の新労働党政権の影響など，各政権の教育政策・社会政策の政治的影響が窺える（Arthur, 2005）。

　以上から，3つのストランドが設定された背景には，過去の取り組みの教訓から基盤強化のために，具体的なカリキュラムとなる教育内容・方法の決定以前にイングランドで統一したシティズンシップ教育観・シティズンシップ観を作り，そこからカリキュラム開発を行おうという考えがあった。その際のアプローチとして，特定の学問体系に頼るのでもなく，学習者となる子ども達の活動に依存するのでもなく，学問的・政治的・社会的背景を基に，現代社会の要請として，シティズンシップ教育の基本目標と条件について協議し，集約された。

　ここにストランドを基にカリキュラムを構成すると決定されたのである。ストランドを目標とすり合わせ，協議の結果決定し，これを要件にして内容・方法を決定する。このようにストランドを目標から内容・方法への繋ぎとして設定し，カリキュラムを開発することにした。これはRossの示した目標論理主導型カリキュラムの基本プロセスに当たるものである。

　では，ストランド型カリキュラム開発法はシティズンシップ教育カリキュラムとして，どのような役割・意味を持つのか，検討したい。

（1）目標と内容の繋ぎとしてのストランド

　ナショナル・カリキュラムはカリキュラム構成を目標論理主導型に位置づけた。それは，現代民主主義社会のニーズに対応した「能動的シティズンシップ」としての能力育成を目的に内容を構成するためである。

　従来から，日本においても，「行動する市民」「知識ある市民」など多様な
理想・目標が掲げられた教育カリキュラムは存在する。しかし，その際，設
定された目標を達成するために内容をどう抽出するかの道筋は曖昧なままで
あった。そのため，完成したカリキュラムは，「〜する市民」という目標を
掲げてはいるが，実態は既存の知識体系にその根拠を求める内容論理主導型
か，生徒の興味や思考体系に基づく方法論理主導型がとられてきた。

　こうした課題に対して，ストランドが理論的には図4-2のようにストラ
ンドを掲げられた最も抽象的な一般的目標と教育内容・方法を論理的に結び
付ける繋ぎとして設定された。ナショナル・カリキュラムを検討した結果，
実際，ストランドは「能動的シティズンシップ」という目標を具現化したも
のであり，内容を抽出する視点として機能していた。

　ここで，ナショナル・カリキュラムがとったストランド型カリキュラム開
発法は，シティズンシップ教育カリキュラムの開発法として2点から評価で
きる。

　第一は，教育内容が知識体系や子どもの論理に依拠しなくても教育内容構
成を可能にする点。従来のカリキュラムはこのどちらかに依拠していたが，
イングランドのシティズンシップ教育で決定されたストランドは，その背景
特定の学問体系の論理やまた子どもの思考体系によらない，現代社会の要請
を軸としていた。こうした現代社会の要請は，協議の結果として得られたも

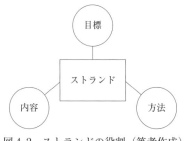

図4-2　ストランドの役割（筆者作成）

のであった。

　第二は，知識体系に依拠しないため，知識・スキル・態度など幅広い視点
から教育内容を構成することを可能にする点である。現在の変容する社会で
は，既存の社会の後継者としてだけでなく，既存の社会を批判し，再形成し
ていく能動的なシティズンシップの育成が求められる（ヒーター，2002）。イ
ングランドのナショナル・カリキュラムで用いられたストランドは，知識の
みではなく，内容・方法を包括する広い概念が用いられていた。ここから内
容を抽出することによって，新しいシティズンシップ教育に必要な多元的な
教育内容が保証できる。ストランド型カリキュラム開発法は，ゆるやかなシ
ティズンシップ教育カリキュラムのフレームづくりを可能にするという点か
らも評価できる。

（2）社会の変容に対応できるカリキュラム開発法

　先述したように，教育内容を選ぶストランドは，社会的・学問的・政治的
背景を基に，協議の結果，選定された。

　シティズンシップ教育で内容論理主導型のカリキュラムをとる場合，その
正当性の根拠を歴史や空間的な文脈を超えた普遍的価値に置くことがある。
これは，真の教育とは，現実の政治や経済とは独立したものであるべきとす
る立場からも肯定されてきた。しかし，こうした立場は，「普遍的」価値を
有するがゆえに，現実社会との乖離を招いてきたともいえる。

　イングランドのシティズンシップ教育の場合，政治的影響を否定せず，逆
に，協議の過程に意識的に取り込んでいる。この結果，社会の変容に応じて，
カリキュラム変更を，柔軟にかつ論理的に行えるようにしたともいえる。

　この点を明確にするために，ナショナル・カリキュラムはどのようにスト
ランドを基にカリキュラムを変更したか，2007年度版ナショナル・カリキュ
ラムへの改訂について，本研究で取り扱った1999年版から考察しよう。

　前章で述べたように，2007年度ナショナル・カリキュラムを作成する前に，

Ajegbo をリーダーとしたカリキュラム刷新グループが作られ，1999年以降の社会状況と1999年版ナショナル・カリキュラムとの関係性についての見直しが行われた。報告書（Ajegbo et al., 2007）では，2001年のアメリカの同時多発テロ・2005年のロンドンテロなどの事件が主要な課題として取り上げられ，その結果として，4つ目のストランド「Identity & Diversiy: living together in UK（アイデンティティと多様性：UK で共生すること）」を新たに加える必要性を提起した。この結果を踏まえて，2007年版ナショナル・カリキュラムの改定が行われており，その結果，教育内容の1つとして，「キー・コンセプト」に「アイデンティティと多様性」が含まれている。

　社会の変容に応じて，学問・政治・社会的背景を踏まえ，ストランドを見直し，再提示する。それに基づいて内容や方法を再構成する。このように，ストランドを目標と内容・方法との繋ぎ目として用いることで，社会変化に対応できるシティズンシップ教育カリキュラムが開発されたのである。

第4項　小括：ストランド型カリキュラム開発法

　本節では，1999年版のイングランドのナショナル・カリキュラムの開発過程を基に，ナショナル・カリキュラムが採用した，ストランド型カリキュラム開発法という新しい構成法の意味を明らかにした。

　その特質と有効性は3点から指摘できる。

①目標論理主導型カリキュラムを実現できる点：ストランドは目標概念を示し，教育内容を選択する視点になることができる。

②社会の変容に対応するカリキュラムを可能にする点：ストランドは，現実社会のニーズに応じるという目的のもと，学問的・社会的・政治的背景から協議の結果導き出された。そのため，ストランドは普遍的に「よい」とする公準ではない。現実が直面している状況を押さえた上で，将来の社会をどう構築するかというプラグマティックな立場で作成されている。そのため，多元性をできるだけ保証しながら，複雑かつ変容が激

しい現実社会に必要なシティズンシップを統一的に育成するカリキュラ
ムを可能にする。

③開かれたカリキュラムを実現できる点：ストランドは，独立したり，関
連付けたりしながらカリキュラムを構成する軸として機能する。そのた
め，ゆるやかな統一性を持ちながら，多様な教育内容・方法構成を可能
にする。これは学校現場で作成される「実施したカリキュラム」の多様
性を保証することにもつながる。

※第 4 章のまとめ※

　第 4 章では「意図した」カリキュラムの内容構成とカリキュラム開発法を
解明し，統一的なシティズンシップ育成を行いながらも，現場の多様性を受
容するゆるやかな枠としての「意図したカリキュラム」のあり方を提示した。
　意図したカリキュラムとは，法的拘束力を持つ1999年版/2007年版ナショ
ナル・カリキュラムと，拘束力のない QCA 版スキーム・オブ・ワークをさ
す。3 種類のカリキュラムの考察の結果，ゆるやかな枠としての「意図した
カリキュラム」の内容構成・開発法の特質は次の 4 点である。
　第 1 は，「意図したカリキュラム」は学校の自由裁量を前提にした構成で
あった点である。ナショナル・カリキュラムは，目標・内容・方法のそれぞ
れで抽象的で解釈可能性のある概念や事象の羅列で構成されており，教育目
標・内容・方法の関連性も曖昧である。スキーム・オブ・ワークは，ナショ
ナル・カリキュラムを具体化した詳細な単元・授業案となっているが，各単
元の対象学年は教師に委ねられ，単元の順序性も規定されていないなど，教
師自身の選択の余地を含むものとなっている。
　第 2 は，教育目標・内容・方法のそれぞれで知識・スキル・態度を含みこ
む複雑な形態をなしながらも一定の軸で結びつけられる点である。カリキュ
ラム構成の基盤となる教育目標・内容・方法は，クリック報告書で提示され
たストランド―社会的道徳的責任・コミュニティへの参加・政治的リテラシ

ーーを軸として結び付けられる。ストランドは独立したり，関連付けたりすることでカリキュラム構成の軸として機能する。

　第3は新しいカリキュラム開発法を示す点である。設定された3つのストランドはシティズンシップ教育の最終目標である「能動的シティズンシップ」という抽象的な概念を，より具体的な目標や学習と結び付けるため作成された。従来，抽象的な目標から具体的な内容・方法に落とすストラテジーがなく，目標論理主導型カリキュラムの実現は困難であった。結果，開発の根拠を学問体系におく内容論理主導型や子どもの興味や思考に基づく方法主導論理型が用いられていた。これに対して，イングランドは，目標を体現するストランドを軸にカリキュラムを構成するというストランド型カリキュラム開発法を用いることで，真の目標論理主導型のカリキュラムを達成しようとした。

　第4は，このカリキュラム開発法は特定の原理や理論に依拠せず，時々の社会状況に対応したカリキュラム開発や修正を行える柔軟なものである点である。ストランドの決定は，普遍的な公準から引き出されたものではなく，現実・未来社会の構想のもとで，学問・社会・政治的背景を基に関係者の協議の結果決定された。これは，普遍性をもつ原理に依拠できない，揺れ動く社会に対応した新しいシティズンシップ教育の考え方に合致するものであった。実際，2007年版ナショナル・カリキュラムでは4つ目のストランドとして。「アイデンティティと多様性」が採用され，内容が変更された。以上の手順によって，多様性を包含する統一した「意図したカリキュラム」の開発が可能となった。

---

1 2014年に Department for Education より新しいナショナル・カリキュラムが発表された。Department for Education（2014）Citizenship programme of study for keystage 3 and 4. London: DfE

2 2007年度版ナショナル・カリキュラム導入の詳細は次の通りである（2009年9月現

在)

 2008年9月〜　7学年に「学習プログラム」導入

 2009年9月〜　8・10学年に「学習プログラム」導入

 2010年9月〜　9学年に「学習プログラム」導入

 2011年夏　「到達目標」に基づく評価の実施

[3] ただし，ナショナル・カリキュラムは「イングランド」「ウェールズ」といったUK内の地域を基準としている。

[4] これは，タイラーやブルームの目標分析モデルに基づく，目標の構造であり，「一般的目標」「特殊目標」に分類できるという考え方に基づくものである。「一般的目標」はより抽象的なものであり，それを具体的な形式に落としたものが特殊目標である。

[5] シティズンシップ教育に関しては，2007年版に基づいたスキーム・オブ・ワークは，2010年現在作成されておらず，2001年に作成されたものを参考にするようにとされている。

[6] 筆者の調査した学校では，QCA版スキーム・オブ・ワークは全校で所有されていたが，実際に使用していると答えた教師は6人中1人に留まった。このことからも学校現場の受け止め方が窺えるだろう。

[7] 開発の目安として，キーステージ3終了時点で，レベル5・6に到達することが想定されている。

[8] Kerr, D. は1996年からUK最大の教育研究機関であるNFER（National Foundation for Educational Research）のシティズンシップ＆人権教育担当の研究員であり，シティズンシップ教育に関する7年の継続研究CELS（the Citizenship Education Longitudinal Study）の責任者を務めている人物である。

[9] Ross, A. は，現在，ロンドンメトロポリタン大学の名誉教授であり，研究団体「ヨーロッパにおける子どものアイデンティティとシティズンシップ」（CiCea）の前代表で主要メンバーの1人である。

[10] 広義の社会化とは，社会適応・順応のみを意味する狭義の社会化ではなく，いわゆる「対抗社会化」をも包括する概念である。

第5章　実施した学校シティズンシップ教育
カリキュラム研究

　第5章は「実施したカリキュラム」に着目し，先に述べた「意図したカリキュラム」を受けて，学校現場ではどのようにどのような多様なカリキュラムが開発されたか，に注目する。

　「意図したカリキュラム」が柔軟な枠を提供したとしても，学校現場の教師自身がそれを活用して，独自のカリキュラムを開発できなければ多様なカリキュラムは成立しない。これに対し，イングランドは，もともと各学校で，学問体系に基づく新しい知見や各学校のカリキュラムの歴史を基にして，独自のカリキュラムを開発する伝統があった。だが，シティズンシップ教育カリキュラムの場合は他教科とは異なり，ほとんどの学校での伝統がなく，統一された学問体系も存在しない。そのため，先行の調査から学校現場ではより多様な実践が行われていることが明らかになってきた[1]。

　では，各学校ではどのように多様なカリキュラムが開発されているのだろうか。ここでも，第4章・5章に共通した研究課題である「どのようなカリキュラム内容を構成しているか」（カリキュラム内容構成）「それらの内容をどのような方法・手順で開発・構成しているか」（カリキュラム開発法）に答えていきたい。

　その際の分析視点は，①教育目標・②内容・③方法・④構成に影響を与える要因・⑤①〜③を構成する軸，という5観点とする。それらを組み合わせることで，直接の分析課題は，次の3つの問い，つまり，カリキュラム内容構成に関しては，a）「どのような教育目標・内容・方法があるか」，b）「教育目標・内容・方法をどのような軸のもとで構成しているか」カリキュラム開発法に関しては，c）「教育目標・内容・方法の選択・構成には何が

どのように影響し，それらを基にどのように作成したか」におきかえること
にする。

　分析に際しては，それを行う以前に，データを全て可視化できるように，
インタビューを文字起こしする。そして，次の順序で分析を行った（分析の
詳細については巻末資料5を参照のこと）。

　　［1］カリキュラム案と共に，文書記録の要所にその内容を要約した小見出
　　　　しをつける「オープン・コーディング」（佐藤，2008）を行う
　　［2］教師A～Fのカリキュラムを教育目標・内容・方法の各視点から比較
　　　　し，共通の分析観点（カテゴリー）を抽出する
　　［3］分析観点を基に，教師A～Fのカリキュラムの教育目標・内容・方法
　　　　の各視点から比較し，それぞれの共通点・相違点を抽出する
　　［4］教育目標・内容・方法を通し，教師A～Fのカリキュラムを比較し，
　　　　共通点・相違点を抽出し，対象教師の作成したカリキュラムの特質を
　　　　確定する

　共通点・相違点を導き出す際は，①類似発言を行った人数（回答者数），②
類似発言数，③仮に数回でもユニークであると考えられる発言の数，という
3点から検討した。

　以下で，まずは第1節で対象となった教師達の背景を具体的に述べる。そ
の上で，第2節で3点の分析課題のうち特にa）であるカリキュラム内容構
成について述べ，第3節でb）c）のカリキュラム開発法について説明する。

第1節　調査対象者の背景

　第1部で述べたサンプリングの結果，調査対象者・対象学校の特色を簡潔
にまとめた表5-1に基づき，抽出された対象者・対象者の学校の背景につ
いて簡潔に紹介する。表5-1は，調査対象者の背景について，シティズンシ
ップ教育専門の教師教育を受けたかという専門資格，シティズンシップ・コ

ーディネーターとしての経験年数（学校教師としての総年数ではない）から述べ，学校についてその設置場所，規模（生徒数），特質の観点に分け，まとめたものである。

　以下では，調査対象者・調査対象の学校に分けて，その背景を述べていこう。

第1項　調査対象者

- 立場：全てシティズンシップのコーディネーター（カリキュラム構成に責任を持つ）。

- 経験年数：コーディネーターとしての経験は，10年以上の経験を持つ教師D以外，1～2年程度と浅い。ただし，教員経験自体は，F以外は全て10年以上。

- 背景：教師Fのみが，専門教育を受け，シティズンシップ教師の専門資格を持つ。

表5-1　調査対象者・学校の背景

教師	調査対象者の背景		調査対象者の学校		
	専門資格	年数	場所	生徒数	特質
A	無	5年	都市	1000-1500人	・イングランド北部にある都市の学校。成績優秀校として知られている。
B	無	1年	郊外	1000人未満	・99%がイギリス生まれの白人が占めている。シティズンシップ教育についての理解はあまりない。
C	無	8年	都市	1500人以上	・都市部の学校。技術教育に力を入れている。
D	無	10年以上2	郊外	1000-1500人	・ヨーロッパ他国の生徒を常時数パーセント受け入れる学校の方針，校長がシティズンシップ教育を専門とする。
E	無	1年	都市	1000人未満	・中規模都市。ビジネス教育に力を入れる。
F	有	2年	都市	1000人未満	・生徒の人種・民族が特に多様（生徒の母語は40以上）。貧困層の多い地域。男子校。

第2項　調査対象の学校

- ●対象学校はイングランドに属する公立の中等学校（11〜16歳または11〜18歳）。
- ●A〜Eの学校は共学。Fは男子校。
- ●D・Fの学校は独立教科として週に1時間程度実施。C・Eの学校はPSHEとの合同教科として実施。Aの学校は学校設定科目「個人の発達」の一部として，Bの学校は朝HRの時間，年1回の特別活動として実施している。
- ●D・Fの学校は生徒の民族的・人種的背景が多様。ただし，学校の方針の関係でヨーロッパ系の生徒が多数を占めるDの学校と比較し，Fの学校では40の母語を持つ生徒がいるなどより多様であり，60％が英語を母語としない生徒である。A，C教師は中程度の多様性である。一方，Bの学校は99％がイギリス生まれの白人が占めている。
- ●Dの学校長は，自らが携わっていたこともあり，シティズンシップ教育を非常に重視。シティズンシップ教師の専門資格を持つ教師を2人，シティズンシップ担当教員として採用している（イングランドでは稀）。

第2節　「実施したカリキュラム」のカリキュラム内容構成

　本節では，「実施したカリキュラム」はどのような内容であり，カリキュラム内容全体を貫く軸は何かを探求したい。その特質を，各教師の開発したカリキュラムの教育目標・内容・方法の共通点/相違点を抽出・検討することで導き出してゆくことにしよう。

第1項　教育目標

　各教師のシティズンシップ教育の目標論に関して，空間的視点（地方・国

家・世界）・シティズンシップの性質（社会的・道徳的責任，政治的リテラシー，コミュニティへの参加，多様性とアイデンティティ[3]）という分析の観点を抽出し，これに準拠して分析を行った。

表5-2は，教育目標に関する教師間の回答の要約と空間的特色，シティズンシップの性質の観点から分析した結果を示したものである。表5-2から，各教師の抱く目標観は異なる様相を見せているが，一定の共通点をとも見て

表5-2　各教師による教育目標の回答

	教師の回答	結果
A	・社会に関する多様な理解：特に政治・世界レベルを中心に。 ・世界・国家・地方レベルのシティズンとは何かについての探求。	〈空間〉世界・国家・地方 〈性質〉政治的リテラシー
B	・地方・国家・世界レベルのシティズンとは何かについての理解。 ・7学年は地方レベル，8学年は国家レベル，9学年は世界レベルに焦点化して取り扱う。 ・GCSE をパスすること。国家レベルの政治や政府組織についてのより深い理解。	〈空間〉世界・国家・地方 〈性質〉政治的リテラシー
C	・政治的リテラシー：政治的意識の喚起，王室の必要性の議論，政府の仕事やそこで有している責任の理解。 ・権利と責任：地方組織への意識の喚起，人々が参加できるようなキャンペーンの企画，世界的問題への関心とキャンペーンの理解。	〈空間〉世界・国家・地方 〈性質〉政治的リテラシー，社会的道徳的責任（コミュニティへの参加）
D	・子ども達の眼を世界に開くこと。 ・実際に市民としての役割を果たせるようにすること。 ・経済的市民生活，政治的リテラシー，国際問題を理解すること。	〈空間〉世界 〈性質〉社会的道徳的責任，政治的リテラシー，コミュニティへの参加
E	・住んでいる国，それらを取り囲む世界，文化的多様性，国家レベルの政治的・法的システムをよく認識すること。	〈空間〉国家，世界 〈性質〉政治的リテラシー，アイデンティティと多様性
F	・（学校や地域の）多様性を喜ばしく思えるようになり，促すようにできること。 ・子ども達が次のステップに進むための能力をつけること。	〈空間〉学校・地方 〈性質〉アイデンティティと多様性

とれる。例えば，シティズンシップを構成する知識・スキル・態度の内，強調する箇所はあるものの，いずれかに依拠するのではなく，それらをあわせた総合的な能力育成をめざしている点である。

　ただし，その内容項目は，6人の教師のシティズンシップ観は1つにくくってしまうことはできず，その内容項目は，教師間で異なる傾向を見せている。例えば，空間レベルで見れば，A〜C教師は地方・国家・世界といった多様なレベルの共同体を意識しているのに対し，D教師は世界レベル，E教師は国家や世界レベル，F教師は学校や地域レベルに特化している。

　また，シティズンシップの性質の関連からいえば，C・D教師は子ども達が自覚を持ち（社会的・道徳的責任），市民生活に必要な知識を持ち（政治的リテラシー），実際に社会に対して行動しようとする（コミュニティへの参加）子どもを育成しようとしている。一方，A・B・E教師は政治的リテラシー，中でも特に知識面に着目し，政治的制度や多様性の認識を形成することを中心に置く。さらに，F教師は，地方コミュニティでの多様性を理解し，ポジティブに捉えることに特に重点化している。

　以上から，教育目標観について各学校で総合的な能力を育成するというゆるやかなレベルでは共通するが，地方・国家・世界という空間レベルやその性質といった内容の強調点は各教師によって異なるものとなっている。

第2項　教育内容

　カリキュラムの教育内容については，インタビュー・データ及びカリキュラム案から全体構成と代表的な単元構成を引き出した。全体構成を概観した後，指導案に基づいて，1つの単元に焦点化し，そこでの構成原理を抽出する。

（1）類似する概念を用いた全体構成

　A〜F教師が作成したカリキュラム案から単元名を示したもの

表5-3　各教師による単元名の回答

	7年	8年	9年	10年	11年
A	コミュニティ，偏見	権利と責任，政府，グローバル・コミュニティ	刑事裁判の仕組み	消費者の権利，コミュニティ/アイデンティティ，国会での法律づくり，社会を支える法律/人権	政府の政策と経済
B	権利と責任，多様性，法の作成と形成，民主的な投票，経済原理，ボランティアの働き，社会でのメディア，消費者/雇用者/労働者，EU/英国連邦/国際連合，国際相互依存				
C	中央政府，権利と責任	地方政府，法的権利と責任	公的消費，機会の平等	被服産業，メディアの影響	グローバル問題
D	権利と責任，使い捨て社会	アイデンティティと多文化，人種差別，イギリス/世界での貧困，チャリティー	持続可能な発展，紛争解決，地方/国家政府，ローカルアジェンダ21，メディアの課題，犯罪	人権，グローバル・シティズンシップ，政治的プロセス，経済的シティズンシップ	政治的イデオロギー
E	シティズンシップとは何か，世界の環境，多様性のあるコミュニティ	地方政府	地方政府は何をするのか?，世界の視点から気付くことは何か?，法はいかに私たちに影響を及ぼすか?	罪と罰	（なし）
F	イギリスの多様性を探求する	多様性と移民，行動すること，異なる政治システム，ロゴ，環境問題	罪と罰，行動すること，民主主義，ロゴ，社会におけるメディア	人権と死刑，ロンドン東部の将来，圧力団体と抵抗への変化，若者と法	（なし）

が表5-3である。単元名が示唆するように，シティズンシップ教育の内容は，スキル・活動ではなく知識，中でもより汎用性の広い概念に基づいて構成されている。その際，単元名は政府や法など類似した概念が各学校で取り上げられている。これはほぼ2007年版ナショナル・カリキュラムの「キー概念」・「幅と内容」の内容である。

しかし，類似した単元名がどの学年に相当するか，その構成原理については教師ごとに異なる。例えば，B・F教師の場合単元名が各学年で繰り返し

用いられていた。一方，Ｃ教師は，キーステージ３（11〜14歳）では「政治
的リテラシー」と「権利と責任」を扱い，キーステージ４（14〜16歳）では
コミュニティへの参加に関連する「行動的シティズンシップ」を中心とした
内容を学習させると述べていた。一方，教Ａ・Ｄ教師は各学年で全く異なる
単元名で構成されている。

　また，教師独特の単元名も見られる。例えば，Ｃ教師における「被服産
業」，Ｄ教師における世界に関連した「グローバル・シティズンシップ」や
「イギリス/世界での貧困」，Ｆ教師における「ロゴ（これはロゴ作りを表す）」
や「ロンドン東部の将来」などである。

　従って，全体構成として，単元名はナショナル・カリキュラムを基に類似
した概念を用いる傾向にあるが，それをどのように構成するかは教師ごとに
異なり，さらに各学校で独自の単元名の設定も見られる。

（2）知識を基礎とした単元構成

　では，具体的に教育内容として，どのような知識・スキル・態度を取り上
げ，それをどのように組み合わせているのか。単元構成から明らかにしてい
きたい。ここでは，多岐に渡っていた単元の中でも，６人の教師の学校に共
通する単元である「政府」関連単元を取り上げて比較することで，単元構成
の特色を解明していく。

● Ａ教師の場合

　表5-4は，Ａ教師の単元「政府」の授業の流れである。本単元は①１〜３
時間目で民主的プロセスや学習に必要なスキルを獲得し，②４・５時間目で，
投票や政府概念・国家政府の仕事を学習し，それらを６時間目で活用する。
③７〜９時間目で地方政府とどのように関わるを学習し，10時間目で，政府
の概念を用いながら現代の社会問題解決を模擬的に実践するという流れにな
っている。

　全体的には，知識・スキル・態度獲得→活用が２回繰り返される形式であ

表 5-4　A教師の単元「政府」（全10時間）

（網掛け部分は調査データからの引用。それ以外は筆者作成）

時数	授業名	教育内容	内容構成の視点
3	投票とはいかに大切であるか？	・民主的プロセスに関心を持つ・探求＆コミュニケーションのスキルを発展させる。	動機づけ，関連スキルの獲得
1	政府への導入	・政府とは人々が国を動かすためにあるという見方を紹介する。 ・政府が有している権力を知る（法律の作成，税金の利用，個々人の権利を調整する，警察や軍隊の力を使用する）。	内容知識・態度の獲得
1	政府が何をしているのかを考える	・異なる政府組織の役割についての理解を深める。 ・地域ごとに政党が強調していることが異なることを自覚する。 ・政党が公約を通じて，有権者を魅了していることを理解する。	
1	ある日の首相	・政治に関する予算を立てる際の基本原理を理解する。 ・政府によって異なる意思決定がなされることを理解する。 ・マニフェスト公約と財政面のずれを認識する。 ・望ましい結果をもたらす意思決定プロセス案を発表する。	内容知識の相対化と関連スキルの獲得
1	地方政府ゲーム（コンピュータールームにて）	・異なるレベルの政府に影響を与える様々な課題を学ぶ。 ・キャンペーンに必要なタスクを学ぶ（ポスター作りなど）。 ・キャンペーンの成功に必要な考察や問題とは何かを学ぶ。	手続き的知識・スキル・態度の獲得
1	地方政府（バービカンの事例から）	・地方政府が供給したサービスとは何か理解する。 ・限りある資源内で出された結果を誇らしく思う。 ・キャンペーンを行う際に必要な手紙を書く方法を学ぶ。 ・このような比較的「乾いた」トピックについても興味を持つ。	
1	メディアと言論の自由	・現在進行中の事柄について興味を持つ。 ・現在進行中の事象をより良く伝える方法を実演する。 ・言論の自由や見解の多様性，世論を伝え影響を及ぼすメディアの役割，権力者が果たす説明に関しての理解を深める。	獲得した知識・態度の応用

る。前半部が政府の内容に関するもの，後半が政府に対しての関わり方についての手続きに関するものである。活用はあくまでこうした知識・スキルの定着・確認のために位置づけられている。

表5-5　B教師の単元「地方政府」（全2時間）
（網掛け部分は調査データからの引用。それ以外は筆者作成）

時数	授業名	教育内容	内容構成の視点
1	地方政府の紹介	・地方政府と連絡する方法を知る。 ・地方政府の政策がどのように決定されるかを理解する。 ・地方政府の組織を理解する。	内容的・手続き的知識の獲得
1	トレンガース・タウン・センター	・どのように争いが起こるか，それらが個人やコミュニティにどう影響するかを理解する。 ・投票のプロセスや様々なレベルの選挙について理解する。	

● B教師の場合

　表5-5はB教師の単元「地方政府」である。本単元は，①1時間目で地方政府に関して，②2時間目で投票や選挙についての2部構成である。①②は共に異なる種類の知識を獲得する。

　全体として，本単元は内容的・手続き的知識の獲得をめざしており，知識の獲得のみに焦点が当てられる知識伝達型の内容構成である。以上のように，B教師のカリキュラムでは，A教師と同様知識の獲得を重視しているが，それはスキルや活動とは切り離された形で教授することとなっている。

● C教師の場合

　表5-6はC教師の単元「地方政府」である。本単元は，①最初の2時間で投票や選挙を公的サービスに関して学習し，②3時間目で「公共生活に影響を及ぼすために投票する」活動を行う，2部構成となっている。知識を獲得し，それを転用して活動を行うという流れとなっている。

　全体的には，前半で内容的・手続き的知識やスキルを獲得し，後半で知識やスキルを活用して「公共生活に影響を及ぼすために投票する」活動を行う，投票に関する知識獲得→応用という流れで移行する。ただし，先の2人の教師の実践とは異なり，「参加すること」を手段でなく，内容として設定しているという点に特色がある。

表5-6　C教師の単元「地方政府」（全3時間）

（網掛け部分は調査データからの引用。それ以外は筆者作成）

時数	教育内容	内容構成の視点
1	・投票や選挙を含む地方政府の主要な特徴を認識すること。 ・地域のニーズがどのように公的サービスと合致しているかを認識する。 ・調査・計画し，幅広い情報や情報源を用いて問題を探求するようにすること。	内容的・手続き的知識の獲得
1	・投票や選挙を含む，地方政府の主要な特徴を認識すること。 ・地域のニーズがどのように公的サービスをと合致しているかを認識する。 ・シティズンの役割，政府が把握している議会や政府の座にある人を理解すること。	内容的・手続き的知識の獲得
1	・他者に再考を促したり，他者を変えたり，他者を援助する際の，自分が考える意見を認識すること。 ・様々な意思決定に主体的に参加し，公的生活に影響を与えるために投票をすること。	知識・スキルの活用（活動）

　C教師のカリキュラムは，知識やスキルを獲得し，それを用いて，実際の問題解決に参加させるという単元構成となっている。

● D教師の場合

　表5-7は，D教師の単元「国家/地方政府」である。本単元は，①1〜5時間目の国家政府に関わる部分，②6・7時間目の地方政府に関わる部分，③8時間目の評価活動，という3部から構成される。①で学んだ国家の政治システムをうけて②で地方レベルへと転用し，その知識・スキルを発達させ，最終的には単元を振り返るという流れになっている。

　全体的には知識理解が中心の前半部から，後半部は知識・スキルの双方の獲得へと移行する。また，マクロなシステムの理解から議員自体の学習というミクロレベルへと移行し，次第に子ども達に引きつけスキルを獲得させる活動へと向かっていく。何かの知識を獲得する手段・学習方法として活動を用いるのではなく，活動を通して得られる知識・スキルそれ自体が教育内容である。そのため，より効果的な知識・スキルを用いるためにも，その前提

表5-7　D教師の単元「国家/地方政府」（全8時間）

（網掛け部分は調査データからの引用。それ以外は筆者作成）

	教育内容	内容構成の視点
時 1	・UK 国家の政治システムを理解する（上院と下院，内閣）。 ・用いられる場所によって，法律がどのように異なったプロセスで使われるかを理解する。	内容的知識の獲得
1	・国会議員の仕事を理解する（選挙への出馬，議会の内部，選挙区/面会時間において）。 ・国会議員になりたいかを判断する。	
1	・国会議員を個人で調査し，ワークシートに記入する。 ・国会議員についてのホームページを作成する。	手続き的知識とスキルの獲得
1	・国会議員へ手紙を書く。 ・国会議員へ手紙を出す際に引き起こされる問題について議論する。	
1	・地方での意思決定。 ・地方政府について理解する。 ・予算ゲームを行い，地域の課題について予算を考える。	内容的知識とスキルの獲得
1	・予算ゲームを振りかえり，用いるお金がどこからきているのかを考える：税金か国の政府かビジネスからか。	
1	・評価活動を行い，単元を振り返る。	内容の振り返り

となる背景知識が必要であるためであろう。

　以上のように，D教師は，知識を獲得した後にそれを応用して活用する。さらに異なる事例に転用して実行するという単元構成となっている。

● E教師の場合

　表5-8は，E教師の単元「地方政府」である。本単元は，地方政府について，まず，①内容的知識・スキル・態度，②手続き的知識・スキル・態度を獲得し，③獲得した教育内容の復習が行われる。

　①②で獲得した知識を踏まえて，地方政府へ関与する活動への参加へと移行し，スキル・態度を獲得するといった流れとなっている。全体の学習は，知識理解が中心の前半部から，後半部はスキル・態度の獲得へと移行する。

表5-8　E教師の単元「地方政府」（全8時間）

（網掛け部分は調査データからの引用。それ以外は筆者作成）

	授業名	教育内容	内容構成の視点
1	政府のサービス	・コミュニティに提供されているサービスについて理解する。 ・どのようにこうしたサービスの予算がとられているかを理解する。	内容的知識の獲得
1	議員の役割	・議員の役割と彼らの生活を理解する。	
2	どのように議員は選ばれるのか？	・議員の選挙とはどのようなものかを理解する。	
1	どのように地方政府とコンタクトをとるのか？	・物事を動かすために，地方議員とどのようにコンタクトをとるかを知る。 ・変化を起こすために，社会で動く圧力団体の役割を理解する。	手続き的知識の獲得
1	運動場を守れ	・変化を起こすために行動する。 ・自分の権利と責任を知る。	スキル・態度の獲得，手続き的知識の応用
1	町計画に携わる際の問題	・町の計画に携わる際の問題を理解する。 ・議会への連絡のとり方及び圧力団体の役割を思い出す。	
1	地方政府について知っていることの全て	・これまでみてきた地方政府の事柄を思い返す。 ・説得力のある言葉で選挙リーフレットを作成する。	学習内容の応用

　流れはD教師と類似するが，知識の体系的習得より活動すること自体を中心におく。また，E教師の場合は制度に対して変化を起こすべく，批判的な態度の獲得も含まれる。

　以上のように，教師Eはより活動することを主軸とし，そのために必要な知識をまず獲得し，そこから変化を起こす活動を通してスキル・態度を一体的に獲得する単元構成となっている。

● F教師の場合

　表5-9は，F教師の単元「異なる政治システム」である。本単元は，まず，①導入として概念についての内容知識を獲得した後は，基本的に②民主主義と独裁主義とを比較する学習活動を通して，内容的/手続き的知識・スキ

表5-9　F教師の単元「異なる政治システム」（全6時間）

（網掛け部分は調査データからの引用。それ以外は筆者作成）

	授業名	教育内容	内容構成の視点
1	国を動かすための様々な方法	・代表民主主義の主要な特徴を認識する。 ・独裁主義が民主主義とどのように異なるかを知る。	内容的知識の獲得
1	民主主義に参加する	・人々が社会でどのように変化を引き起こせるかを説明する。	内容的知識・スキル・態度の獲得
1	イギリス政府の仕事	・イギリス政治システムを分析する。 ・システムを形作り，変化を起こすためのイギリス市民の役割を守る。	
1	ビルマ；変化の独裁主義	・独裁主義とは何かを判断する。 ・イギリス政府のシステムと独裁主義とを比較する。	
1	相互関連性	・イギリス市民がグローバル社会へ参加する際にどのように効果的かを判断する。 ・イギリスはどのようにグローバル・コミュニティの一部となるかを説明する。	手続き的知識・スキル・態度の獲得
1	様々な形態の政府	・民主主義と独裁国家を比較し，意見を作成する。	学習内容の応用

ル・態度を獲得するという流れになっている。

　全体的には知識獲得→応用としての活動をとるが，活動を重視する傾向がある。また，「市民の役割を守る」というような態度育成にも学習内容として踏み込んでいる。ただし，育成されるスキルや態度は，市民生活に対して客観的な立場から関わろうという意味が強い。

　以上のように，F教師の単元構成は，他の教師と比べると，基本的には活動を通して知識・スキル・態度を育成しようという意味が強い。また，育成されるスキルや態度も，社会システム自体の批判的検討という意味が強い。

　以上が，A～F教師の6人の同じ単元名であっても，教育内容である知識・スキル・態度の構成法は各教師で異なることが明らかになった。だが，全ての教師に共通して，基本的に知識を基盤としていたといえる。各教師の

開発した学校シティズンシップ教育カリキュラムスキル・態度を育成するために活動を多く取り入れる傾向にあるが，活動の重要性の判断材料として知識は重要な役割を担っていたためである。

第3項　教育方法（教材・学習活動）

教育方法（教材・学習活動）に関しては，教材・学習活動の点から検討する。

（1）現在進行中で，生徒を刺激する教材

表5-10は教材についての教師の回答の要約を示したものである。6人に共通して，特定の教材を用いることはせず，多様な教材を組み合わせて使用していた。また，D教師を除くほとんどの教師が教科書を用いていないという点でも共通していた。また，D教師においても，日本のように1冊の教科書をそのまま「実施したカリキュラム」として用いるのではなく，あくまで自らの作成した単元の主題に沿うように，「特定主題ごとに深みのある学習を進めるためのトピックブック」（木村，2006：95）としての使用である。多

表5-10　各教師による教材の回答

	教師の回答
A	・教科書は一切使用しない，多様な教材を用いる（コンピューター，ウェブサイト，地域教材など）。
B	・学習活動に応じて何でも使う（ワークシート，ディスカッションシート，テレビ），教科書はキーステージ3では用いない。
C	・多様な教材を用いる（ウェブサイト，マニフェスト，投票用紙など），教科書は一切使用しない。
D	・多様な教材を用いる（教科書，写真，ウェブサイトなど）。
E	・ニュース，youtube，ワークシート，パワーポイント，電子黒板など多様な教材を用いる，教科書はあまり使用しない。
F	・パワーポイントを基本，数多くのビジュアル教材を用いる，新聞，雑誌の切り抜き。 ・youtubeやビデオは使いたいが，使えない，教科書は使っていない。

様な教材の１つとして教科書を扱っている。

　C教師の単元「地方政府」の１時間目を事例として取り上げると，生徒達は「投票や選挙を含む，地方レベルの政府の主要な特徴を認識すること。地域コミュニティのニーズとどのようにそれが公的サービスと合致しているのかを認識すること。調査し計画し，幅広い情報や情報源を用いて問題を探求するようにすること。」という教育内容の習得のために，新聞記事やインターネットの検索などをしながら，A3の紙にマインドマップを書いていくといった活動を行っていた。

　では，なぜこうした多様な教材を多く使うのか。C教師は次のように述べている。

　　常に物事は変動しています。そのため，政府が何をしているのかを生徒達はウェブサイトを用いたりしながら調べるのです…（中略）活動的かつ楽しい授業づくりというのは，生徒達が主体的に役割を果たせた時にはじめて達成できるのです。

　従って，教材の点からは，各教師は，自主作成教材を含む多様な教材を用いて学習を進めようとしているといえる。ただし，教材を単元内において，どのように構成するかという位置づけは各教師で異なるものとなっていた。

（2）能動的でコミュニケーションを重視した学習活動

　表5-11は学習活動についての教師の回答を要約したものである。ここから，教師達は，それぞれ異なる学校でありながらも，非常に類似した傾向を示していることが分かる。

　学習活動の面からみると，教師達は，共通して，①生徒達の主体的な活動や，単元ごとに多様な学習活動を用いることを重視していた。②ディベートやディスカッションなど，他者とのコミュニケーションを重視する傾向にあった。実際に３人の指導案を検討しても，グループ活動が多く用いられている。こうした傾向の背景には，「他者の異なる意見を聞くことが認識を深め

表5-11　各教師による学習活動の回答

教師の回答	
A	・体験的活動中心，ライティングが少ない。ディベートやディスカッションなど。
B	・全ての子どもが参加できる，ライティングが少なくディスカッションが多い，より開かれた非構造化な活動。
C	・学習活動に参加できるようにする，ディスカッションや他の子ども達との連携が重要。
D	・生徒がより活動的になるような機会を提供するようにしている（単に座って，教科書を読むのではなく）。 ・生徒が生徒自身で考える機会を提供する，模擬選挙，チャリティーイベントの企画など。
E	・授業は，（生徒の）①導入のアクティビティー（学習活動），②メイン・アクティビティー，③まとめのアクティビティーという3部構成である。 ・様々な学習活動を行っている。例えば，ディベートやディスカッション，宣伝活動やキャンペーン。時には，ビジネスや起業のプロジェクトなど。
F	・ディベートを使うのが好みである，生徒の評価は口頭によるものをより多く用いる，主体的かつ民主的な学習活動を心掛ける。彼ら自身が自分自身でやりたいことを行わせる，よりチームワークやグループワークを中心にする。

るのに有効」（A教師）「書くよりも，生徒達が楽しむ」（B教師）などの生徒の能動的な学習への肯定的な考えが理由としてあげられる。

　しかし，こうした一連の生徒の主体的な活動の学習における位置づけは，各学校で異なるものとなっている。例えば，「政府」単元の場合，A教師では，グループ活動はメディアの役割の調査と発表をする際など，調査やそれに基づく発表などで多く使われていた。B・E・F教師は地方政府の政策の理解や投票のプロセスなど，知識理解に関するものとして，C・D教師では，クラス内で妥当な解決策を吟味する際など，意思決定に至るプロセスの中で用いられている傾向が強かった。このように類似した活動が用いられながらも，その意図は教師によって異なっており，その構成法も異なるものとしていた。

　教材・学習活動の分析から見られた，学習方法に関する点は次の通りであ

る。共通点としては，教師は生徒の主体的・能動的活動を前提，現在の問題
との結びつき，多様な学習活動・教材，グループワークを重視している点で
ある。逆に相違点としては，教科書の使用の有無，教材・学習活動の構成法
は教師によって異なる点があげられる。このように，教育方法は構成する項
目は類似しているが，それをどのように組み合わせるかは異なることになる。

第4項　小括：カリキュラム内容構成の特質

　本節では，「実施したカリキュラム」はどのような内容であり，カリキュ
ラム内容全体を貫く軸は何であるかを探求することを目的としていた。まず，
これまでの考察から，調査対象である教師達の全体を貫くカリキュラム内容
の傾向をまとめ，次に個別の教師のカリキュラムの特質を検討することで，
各教師達の内容構成の軸を明確にしたい。

（1）カリキュラム内容構成の全体的傾向

　カリキュラムの帰結の傾向性を明らかにすることを目的としたものであっ

図5-1　対象教師の作成したカリキュラムの特質（筆者作成）

た。そのまとめが，図5-1である。カリキュラム内容の全体的な傾向として，
次のような特質が見られることが明らかになった。

- 教育目標・内容・方法は教師ごとに全く異なる構成法を用いている。
- 「総合」「複合」「多様」といった多元的な要素が強調されている。
- 教育内容・方法は，確かに構成法は違うが，構成する要素の中身は類似
  している。一方，学習目標は要素それ自体も異なっている。例えば，仮
  に教育目標で，ある教師はアイデンティティ育成を強調したり，政治的
  リテラシー育成を強調したりする人もいる。つまり，教育目標の方が教
  師ごとの差異が大きい。
- 教師が重視する目標に応じて，教育内容・方法に独自のトピックが加わ
  ったり，その構成法が異なったりする場合もある。
- 教師に共通する点はナショナル・カリキュラムを基にしている。

（2）カリキュラム内容構成の軸

　これまでで明らかになった，教育目標・内容・方法のそれぞれについて各
教師のカリキュラムの特質をまとめ，その構成の軸を確認しよう。

● A教師の場合

　A教師は，教育内容としては，他教師と比べて独自の単元を加えることは
なく，基本的にはナショナル・カリキュラムの記載事項から抽出していた。
ただし，その抽出した単元は，「政府」「司法制度」といった政治システムや
概念に関するものが中心となっていた。また，単元の中では，こうした政治
システムについての批判的検討が含まれていた。また，単元の中で生徒の主
体的な学習活動は見られたが，重きは知識獲得に置かれていた。このように，
A教師の開発したカリキュラムは，政治システムや政治的概念などに関する
生徒の主体的な批判的検討を基にしたカリキュラム内容となっており，目標
で見られた「政治的リテラシー」を軸にした内容構成であったといえる。

● B教師の場合

　B教師は，教育内容としては，1999年版ナショナル・カリキュラムにおける「見識ある市民となるための知識・理解」の項目がそのまま単元名となっており，政治的リテラシーに関する概念が主であった。また，全体の年間プランは作成されていなかった。また，授業は知識のみが教育内容として設定されていた。このように，B教師の開発したカリキュラムは，A教師とは異なり，知識獲得に特に重点が置かれていたものの，やはり政治的概念・事象の理解に重きが置かれていたことから，「政治的リテラシー」を軸にして，カリキュラム内容が構成されていたといえる。

● C教師の場合

　C教師は，教育内容としては，カリキュラム全体が「社会的道徳的責任」「政治的リテラシー」単元に基づいて構成されていた。単元名はナショナル・カリキュラムの記載事項と共に「被服産業」といった論争問題に関する独自単元が設定されていた。また，学校レベルではあるが，生徒自身に問題解決・意思決定活動に参加させていた。このように，C教師の開発したカリキュラムは，政治的概念や社会的論争問題を通して，問題解決・意思決定活動に参加させることで，社会参加の責任を自覚させようとするという点で，「社会的道徳的責任」「政治的リテラシー」に基づいて整理することができる。また，他の教師達とは異なった点として，C教師自身がストランドを自覚してカリキュラム内容を構成していた点があげられる。

● D教師の場合

　D教師は，教育内容としては，ナショナル・カリキュラムの記載事項に加えて，国際問題に関する独自単元を追加していた。また，教材として，本調査で唯一教科書を用い，これら教科書を含めた多様なものを使用していた。また，生徒自身に地方レベルの活動へ責任を持った企画・参加させることで「社会的・道徳的責任」と「コミュニティへの参加」を強調することで，多様な学習活動をとっていた。このように，D教師は，「社会的・道徳的責任」

「政治的リテラシー」「コミュニティへの参加」を軸に，カリキュラム内容が構成されていたといえる。

● E教師の場合

　E教師は，教育内容としては，ナショナル・カリキュラムの記載事項に基づいたものから抽出しており，独自の単元設定は行っていなかったが，その中でも特に政治システムに関するもの，及び多様性に関するものを多く取り上げていた。また，教育方法（教材・学習活動）においては，生徒に主体的に学習に取り組ませ，システムに関する批判的検討を加えていた。このように，E教師の学校では，政治の主体的な学習を基にしながら，政治的システムや多様性に関する学習が注目されていた。そのため，「政治的リテラシー」と「アイデンティティと多様性」を軸に，カリキュラムが構成されていた。

● F教師の場合

　F教師は，教育内容としては，ナショナル・カリキュラムの記載事項が扱われると共に，特に地域コミュニティへの参加活動に実際に参加するという単元を組み，それは学年をまたいで学校全体のプロジェクトとして設定されていた。これは，先述したとおり，F教師の学校・地域が多文化化・多民族化が進んだ学校であるため，一連の活動を通して多様性を自覚し，望ましく感じることをめざしていたためである。このように，「コミュニティへの参加」を通して「アイデンティティと多様性」を実現することを重視している点で，「アイデンティティと多様性」の軸に貫かれているといえる。

　以上の考察から，次の表5-12で示すように，各教師達は1つあるいは複数のストランドを基にカリキュラムを整理することができた。ただし，内容を構成する際に，こうしたストランドを自覚して用いていたかは各教師によって異なっており，大半の教師は意図して用いていたとは言い難い。例外として，C教師だけは，後述するように，実際にストランドをカリキュラム開発・構成の軸として用いていた。だが，彼らのカリキュラムは，ナショナル・カリキュラムを基に作成されているため，4つのストランドをいずれか

表5-12　各教師開発のカリキュラムとストランドとの関係性

	教育目標に見られる性質				教育内容・方法の特色
	社会的・道徳的責任	コミュニティへの参加	政治的リテラシー	アイデンティティと多様性	
A			○		・単元名はナショナル・カリキュラムの中の記載事項で，独自性は乏しい。ただし，政治制度やシティズンシップ教育についての概念に特化。 ・制度に関する批判的検討が行われる。 ・スキルの知識獲得中心。
B			○		・単元名に独自性が乏しく，1999年版ナショナル・カリキュラムの「見識ある市民になることに関する知識・理解」の項目がそのまま用いられる。 ・知識獲得のみに特化。
C	○	○	○		・単元名は「社会的道徳的責任」「政治的リテラシー」に基づいた構成。 ・論争問題に関する独自単元を追加。 ・実際に校内での問題解決活動へ参加させる。
D	○	○	○		・単元では国際問題に関する独自単元を追加。 ・教科書を含めた多様な教材を使用。 ・地方レベルの問題解決活動へ参加させる。
E			○	○	・単元名はナショナル・カリキュラムの中の記載事項の中から，政治制度や多様性といった概念に関するものがとりあげられる。 ・制度に対する批判的検討も含まれる。
F				○	・地域コミュニティへの行動に関する単元を独自に追加。 ・スパイラルカリキュラムがとられる。 ・地方レベルの活動へ実際に参加させる。

あるいは複数を軸として選択し，それに基づいてカリキュラム内容を開発・構成していると捉えることができた。

第3節　「実施したカリキュラム」のカリキュラム開発法

　前節では，「実施したカリキュラム」の内容構成を検討してきた。その結果，各教師達のカリキュラムは先述した4つのストランドを基に整理できたことで，ストランドを軸としたカリキュラム内容構成であると結論づけることができた。では，教師達はどのようにこうしたカリキュラムを開発するに至ったのだろうか。本節では，開発過程を検討することで，開発法を解明することとしたい。まず，第1項で，検討・分析の結果抽出てきた各教師の学校シティズンシップ教育カリキュラム開発の要因を6つのクラスターとしてまとめたものを提示し，第2項で，具体的にどのように各教師のカリキュラムに反映されたかを理解するため，事例的考察を行う。この事例的考察によって，イングランドの教師達のカリキュラム開発過程の多様性が明らかにされ，その中にある教師一人ひとりの開発過程の多様性が明らかにできる。第3項で，それらをまとめて対象とした教師達のカリキュラム開発法を5つの類型で整理することにしたい。

第1項　学校シティズンシップ教師の構成原理：6つのクラスター

　まず，各教師のインタビュー・データを基にして，要因に関する各教師の回答を比較するために，資料5を作成した。資料5で示された教師の回答を比較検討した結果から，抽出されたカリキュラム開発に影響を与えた要因として抽出したものが，図5-2で表した6つのクラスターであった。

　［1］ナショナル・カリキュラム（＝NC）クラスター：NCに書いてある文言そのもの，その背景にあるクリック報告書や政府の考え方など，政策段階で決定された項目。

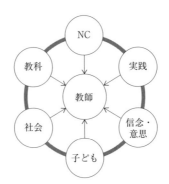

図5-2　学校シティズンシップ教育カリキュラム開発の要因クラスター

　　［2］実践クラスター：学校の方針（教科の位置づけや教師の役割），学校の設
　　　　備，他教科との関係性など，実践を行う上で調整する項目。
　　［3］信念・意思クラスター：教師自身が強く信じている事柄。経験から得
　　　　られる子ども観や学校観，教師観などに関する項目。
　　［4］子どもクラスター：子どもの興味・関心や子ども自身の知識の程度な
　　　　ど，子ども達自身の状況に関する項目。
　　［5］社会クラスター：学校/地域社会/国家/世界の状況など，子ども達の
　　　　周辺社会に関する項目
　　［6］教科クラスター：「シティズンシップ教育」が有している特性のこと。
　イングランドの場合，能動性や政治的側面が強いといったことが挙げられる。
　3つまたは4つのストランドもここに含まれる。
　　［5］［6］はよりシティズンシップの固有性に特化したものであり，［1］〜
　［4］は他の教科の教師にも共有可能なクラスターであると考えられる。ただ
　し，これらの6つのクラスターはそれぞれが独立しているのではなく，相互
　関連しあう関係にあった。
　　このようなクラスターが抽出されたことから，シティズンシップ教育は，
　教科の系統や実践上の制約にのみ規定されるものではなく，目の前の子ども
　の状況や，学校を超えた現代社会とも密接に関わる教科とみなされていると

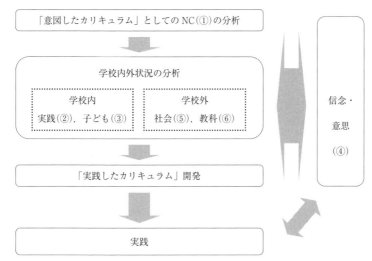

図 5-3　シティズンシップ教師のカリキュラム開発過程モデル

いえる。他教科においても，現代社会や子どもの状況は関連しているが，シティズンシップ教育カリキュラムの場合，その社会変容が直接，教材や教育内容に反映されることになる。

　これらの分析の結果から，対象としたシティズンシップ教師から見られるカリキュラム開発のプロセスを仮説モデルとして提示したものが図 5-3 である。先述したように，各教師は，全て①から⑥のクラスターを参照していた訳ではなく，様々なルートを経て，主体的に「実施したカリキュラム」開発を行っていた。

第 2 項　各教師のカリキュラム開発過程の事例的考察

　次に，教師達のカリキュラム開発過程をより一層深く理解するため，各教師のカリキュラム開発過程の事例的考察を行いたい。その際，先述した 6 つのクラスターを基にインタビュー調査を実施した 6 人の教師達のデータを，再構成して説明していくことにしたい。まず，第 1 節で示した各教師の背景

情報を簡潔に説明し，「どのような教師か学校か」を明らかにする。次に，第１項で示したカリキュラムのデータを教師ごとに整理し，「どのようなカリキュラムを開発したか」を示す。最後に，カリキュラム開発の要因を分析した結果を示し，「どのようにカリキュラムを開発したか」を検討する。従って，調査対象の教師達が，先の６つのクラスターを実際，どのように組み合わせ，それによってどのようなカリキュラム内容を開発・構成しているかを明らかにしていこう。

（1）　A教師の場合：実践上の状況型

　A教師の学校は，都市部にある成績優秀校であり，生徒の人種・民族の多様性は中程度である。シティズンシップ教育は，キャリア教育・PSHE（個人社会健康教育）・性教育・シティズンシップ教育が組み合わさった「個人の発達」という学校設定教科の１部として行っている。A教師は，シティズンシップ教師としての専門教師教育は受けていないが，コーディネーターとなって５年が経過しており，一定程度の経験を積んでいる。

①教育目標の開発過程

　A教師の作成したカリキュラムの目標は，世界レベルの政治・社会の理解や地方・国家・世界レベルのシティズンとはどのようなことかを探求することであるとした。「社会的道徳的責任」「政治的リテラシー」「コミュニティへの参加」という３つのストランドで性格づけられるシティズンシップ教育の中でも特に政治的リテラシーに焦点化している。

　目標を設定していく際に，A教師はまず「ナショナル・カリキュラムを見ます」と述べた。その後に行う詳細の決定に際しては，「「個人の発達」の他領域のことを考慮しなければならない」と述べている。その事例として，「9年生は進路などの問題から「キャリア教育や性教育」に多くの時間を割かねばならない」とし，間接的にシティズンシップ教育へ割く時間がないこ

とを述べていた。このようにA教師はナショナル・カリキュラムの影響と共に，他領域との比較・調整について多く言及しており，こうした実践上の兼ね合いのもとで，目標を決定するとした。

　このような，実践上の影響を重視するため，A教師のカリキュラムでは，PSHEでも兼ねられる「社会的・道徳的責任」や，まとまった時間のかかる「コミュニティへの参加」のストランドではなく，「政治的リテラシー」に焦点化しようとしているのではないかと想定される。

②教育内容の開発過程

　A教師の単元名やトピックに関しては，他教師と比較して，独特の単元名を用いることはなく，基本的にコミュニティ，権利，法律といった他の教師と類似した概念を基盤としたものを用いていた。こうした単元名の抽出について，A教師は端的に「それは，ナショナル・カリキュラムからです」と答えており，基本的にはナショナル・カリキュラムを基に単元名を作成しているということが分かる。

　だが，各学年の単元構成については，A教師は「概念的により難しいものを（高学年に）配置する」と述べている。そのため，第9学年で「グローバル・コミュニティ」をあてた理由として，「その概念がより難しいものであるためである」をあげた。また，さらに「第9学年はSATS（標準学力テスト）を受けなければならず，その後すぐに（次年度の）授業がはじまる」といった「時間的制約（time pressure）」を加えた。このように，A教師は基本的にはナショナル・カリキュラムから単元名を抽出し，自らの教師経験から得たものや時間的制約といった実践上の課題の調整の中で単元配列を決定したといえる。

③教育方法（教材・学習活動）の開発過程

　教材については，A教師も他の教師と同様に「より活動的な学習」や

「DVD や地域教材」といった多様な教材を授業で用いているとした。

　この理由として，まず「子ども達が楽しんでいるから」と子どもの興味を提示した上で，A教師の学校ではシティズンシップ教育に「試験がないこと」をあげた。「もし，試験のある教科であったら，ノートを見るなど，試験のために復習することに時間を使う」ためであり，スキルに時間を使えないだろうとした。また，専門教師ではない教師がシティズンシップ教育を受け持つことがよくある他校の状況と比較しながら，「専門教師で授業が行われている」という状況を基に，教師達が生徒の活動中心でも対応できるため，生徒の活動を中心におくことが可能と述べている。このように，A教師は教育方法については，子どもの関心や興味と共に試験や担当する教師の授業など実践上の状況を記している。

　以上の教育目標・内容・方法の開発過程の考察から，A教師はカリキュラムを開発する際，教科の特性や自らの信念といったことよりも，ナショナル・カリキュラムや他教科との兼ね合い・受け持つ教師の状況・試験の有無といった，シティズンシップ教育を実践していく上での周辺状況に強く影響を受けていると考えているといえる。その結果が，子ども達の主体的な学習を通して政治的リテラシーを育成するというA教師のカリキュラムの特質へと関連していると考えられる。

（2）B教師の場合：教師の信念・子どもの状況型

　B教師の学校は，イングランド北部の町郊外の小さな村に位置しており，通学する生徒の99％がイギリス生まれの白人で構成され，人種的・民族的に多様性に乏しい。今回調査した学校の中でも，最も小規模な学校である。シティズンシップ教育は，校長の方針により，朝20分の HR の時間に，PSHEと交代で，シティズンシップ教育の専門教師ではなく，担任教師によって行われている。その際，出欠確認や予定伝達といったものと同じ時間で実施していた。B教師自身は歴史の教員養成コースを経て教師になっており，シテ

ィズンシップ教育コーディネーターとしては1年目であり，経験には乏しい。ただし，調査の際にも調査者に，積極的に用いている教材を提示し，状況の説明をするなど熱意を持って取り組む様子であった。

①教育目標の開発過程

　B教師のカリキュラムの目標は，キーステージ3では，「地方・国家・世界レベルのシティズンとは何かについての理解」であった。特に，第7学年は地方，第8学年は国家，第9学年は世界レベルに特化したものとなっていた。また，キーステージ4では，「GCSEにパスすること」が目標になる。

　目標決定の際，B教師と同様に，「ナショナル・カリキュラム」を参照したと述べている。

　そして，その後に続く決定については，子どもの状況や成長の段階に基づいて配列したと述べた。具体的には次の通り述べている。

　　彼らは初等学校から中等学校に移り，中等学校としてのコミュニティに参加し始めた状況です。地域コミュニティの学習をすることで，学校コミュニティのことをより良く学ぶことができます。(…) それが1つ目の理由です。また，この学校では，生徒たちはいくつかの村や学校から来ています。地域のことを学び，自分はどこの村から来ていて何をしているかを学習することで，共通意識を持つことができるのです。一方，第9学年は若干成熟しており，グローバルな視点に見られる難しい課題にも取り組むことができるし，それを他教科に繋げることもできるでしょう。

　このように，B教師の場合，ナショナル・カリキュラムと共に，子ども達の状況または，子ども達は第9学年では複雑な事情を理解できるといった発達状況に関する自らの信念に基づいて，目標を構成しているといえる。

②教育内容の開発過程

　B教師のカリキュラムの教育内容として，単元名では1999年版ナショナ

ル・カリキュラムの「見識ある市民になることに関する知識・理解」の項目がそのまま用いられていた。また，単元においても，生徒のスキルや態度発達よりも，知識獲得のみに特化した内容であった。

　こうした内容が選択された背景には，学校の実施形態があげられよう。朝のHR20分での非専門教師の実施という点で，子どもによる学習活動は制限され，知識教授に特化せざるためである。B教師は「できたら，来年から正式な評価活動を導入し，スキルの発達の評価を行えたらいいと思っている」と述べており，またインタビュー前後で「理想としては専門教師による独立した教科の時間を設けたいのですが…」と繰り返し述べていた。

　しかしながら，B教師自身はこうした制限された状況下でありながら，教育内容の選択においては，「私自身はいつも各学年の年齢段階の子ども達にとって最も興味深いものは何か，最も参加できるものは何か，を見つけようとしています。なぜならこれこそが生徒達が，座ってシティズンとは何かを書くのではなく，能動的になるために特に重要だと思うからです」とし，「学校周辺を歩いて気付いた監視カメラを議論のトピックとして取り入れることもある」として，子どもの興味を引き付けることを重視すると述べていた。

　このようにB教師は，実践における限られた状況に強く影響を受けながらも，子どもの興味や関心を引き付けることをみて，教育内容を選択しているといえる。

③教育方法（教材・学習活動）の開発過程

　教育方法（教材・学習活動）について，B教師は他教師と同様に「ワークシート，ディスカッション・シートを基盤」とし，「テレビや新聞記事やラジオ番組など，行う内容によってどのようにその教材が関連するかで決定する」というように多様な教材を用い，教科書は用いないことを強調していた。「ライティングよりもディスカッション重視」で行うと述べていた。また，「全ての子どもが参加できる」ことが重要であるとしていた。

　教育方法の決定に際して，B教師はまず「そもそも20分間しかない。教科書を使用するには非常に制限された時間です。こういう問題があります」と実践上の状況を述べた上で，「しかし，私は同時に，子どものモチベーションをあげるにはいいと思いました。教科書のように，子ども達を読み手・書き手にはせず，書く（かなければならないという）プレッシャーから解放されるからです」。

　学習活動についても「他教科と比べて，全ての子ども達が参加でき，より自由で開かれた雰囲気にすることを重視」していた。例えば，「大変うるさく，全く勉強に関心がない子ども達」に対して「パソコンを使ったり，読んだり書いたり」させるよりも，「たくさんのディスカッションをする。なぜなら，彼らは非常におしゃべりであるし，自分たちの意見を言いたがっているから」としていた。このようにB教師は，実践における限られた状況に強く影響を受けながらも，子どもの興味や関心を引き付けること，目の前の子どもの状況と照らし合わせながら，教育内容を選択しているといえる。

　以上の教育目標・内容・方法の構成過程の考察から，B教師の学校の場合，シティズンシップ教育を実践していく上での制限されている状況に影響を受ける。しかし，B教師の場合は，A教師のようにそれを中心におくのではなく，その状況下における子どもの状況や，自らの信念に基づく子ども観を重視して，カリキュラムを開発しているといえる。

（3）C教師の場合：教師の信念・教科の特性型

　C教師の学校は，都市部にあり，技術教育の指定校である。民族的・人種的多様性はA教師と同様中程度である。シティズンシップ教育はPSHEと半期で交代しながら行うという，現在のイングランドで最もよく行われている形態をとっている。C教師自身は宗教教育（RE）の教師教育を受けて教師になっており，シティズンシップ教育の専門家ではないが，8年に及びコーディネーターを務め，経験の蓄積はあると判断できる。

①教育目標の開発過程

　C教師は，教育目標について「2つの主要な目標があります」とし，「1つ目は，政治的リテラシー」「2つ目は，権利と責任」であると述べている。C教師にとって，権利と責任は，道徳的側面ではなく，「人々が参加できるようなキャンペーンの企画」と述べていることから，行動的側面の意味が強いようである。

　目標決定の際は，まずA教師・B教師と同様に「ナショナル・カリキュラム」を参照したと述べた。

　そしてその後に続く決定については，学年ごとに「段階的により難しい」ものになるように配列していると述べている。A教師の場合，こうした困難さは，概念の複雑さというところで発揮されていたが，C教師の場合は，概念的な点と共により能動的・活動的な点でも発揮されている。なぜなら，7〜9年の目標は，「政府」概念の理解→地方議会の仕組み→子どもの権利と進行し，10年・11年の目標は特定の問題事象を基に生徒自身が活動することを意識していると述べているためである。概念の深化だけでなく，「政治的リテラシー」と「権利と責任」の双方の深化を「困難さ」として想定しているといえよう。

　C教師は続く内容・方法に関する質問でも，「政治的リテラシー」「権利と責任」を度々用いており，この2つは教師の教科観として徹底されていると考えられる。このように，C教師の場合，ナショナル・カリキュラムと共に自らの強い信念に裏付けられた「政治的リテラシー」「行動的シティズンシップ」という教科の特性によって，目標を構成しているといえる。

②教育内容の開発過程

　C教師の教育内容は，その単元名を検討すると，7〜9年（キーステージ3）の段階では「政府」や「権利と責任」といった他の教師に類似した概念を単元名として用いているが，その後，「公的消費」「被服産業」や「グロー

バルな問題」といった事象が単元名として用いられている点が特徴的であった。こうした単元は「どのように世界に参画できるか，こうした世界的な問題に対処することができるか」を扱う，活動に基づく単元として示されていた。

　ではなぜC教師はこうした内容を選んだか。まず，C教師は，「（それら）は2つの要素，政治的リテラシーと権利と責任から導き出される」と述べている。こうした教師の持つ，2つのストランドに基づく強い教科への信念が内容構成にも影響を与えている。それに続いて，教師は「キーステージ4の子ども達の方が，国債などの問題に興味を持ったり，参加したりしようとする」「キーステージ3の子ども達は知識を全く有していない」というように自らの教師経験から得られる子ども観を基にして，キーステージ3では知識を中心とした学習，キーステージ4では問題事象を1つ取り上げ，単元として設定している。

　このようにC教師は，基本的には2つからなる教科の特性を基にし，そこに自らの教師経験で得られた子ども観を鑑みて教育内容を開発している。

③教育方法（教材・学習活動）の開発過程

　教材の点について，C教師は他の教師と同様に「ウェブサイト・マニフェスト・投票用紙といった多様な教材」や「模擬選挙」などの多様な学習活動を用いている。また，「教科書は一切用いない。（他の教師達の）使用を許してない。」と強調していた。

　学習方法についても，まずC教師は，学習目標・内容と同様「政治的リテラシー」と「権利と責任」を基準に組織していると述べている。さらに「能動的シティズンシップ」を育成するというシティズンシップ教育カリキュラム全体の目的にも合致しているためとして，教科の特性に応じた学習方法を選択していると述べた。

　こうした教科の特性に加える形で，C教師は続けて，「行動的であろうと

するために，何かを行おうとする際，（…）ウェブサイトを見てみると，常に物事は変わっていることを知るでしょう。」「もし，何か物事を行おうとすれば，教科書に載っている事象を見るよりも，自分で見つけ，何かできることを探すようにするように学習するでしょう」と述べている。従って，シティズンシップ教育で取り上げる事象が非常に流動的・現在進行形であるという教科の特性が，教科書を選択するかに影響していると考えられる。さらに，「PSHEと半期で交代しているので，シティズンシップは面白いと思わせることも大切です」というように，実践上の状況も影響を及ぼしていると述べている。

　このようにC教師は，学習方法を構成する際も，まずは教科の信念を基盤とし，そこに「能動的シティズンシップ」を育成する教科であるという教科観や現在進行形の事象を扱うという教科観が影響を与えており，さらに実践上の状況も影響を及ぼしている。

　以上の学習目標・内容・方法の構成過程の考察から，C教師は，A教師のような実践上の状況のことも踏まえながらも，その中心は自らの持つ「政治的リテラシー」「権利と責任」からなる教科への信念「能動的シティズンシップ」といった教科の特性に置かれていた。しかし，B教師とは異なり，目の前の子ども達の状況には，言及していなかった。C教師はあくまでシティズンシップ教育カリキュラムは4つのストランドの内2つを重視し，そうした教科の特性を基にカリキュラム開発を行っていたと判断できる。

（4）D教師の場合：実践上の状況・社会状況型

　D教師の学校は郊外にある中規模の学校である。D教師の学校は，学校の方針として積極的にヨーロッパからの留学生を受け入れており，ヨーロッパ/グローバル・シティズンを育成することが，学校教育の中心方針でもあった。そのため，シティズンシップ教育には特に力を入れており，教材も充実し，シティズンシップ専用の教室・教員用の部屋[4]が設置されていたという

「恵まれた環境」であった。また，校長自身がCrickと同じ研究グループに属していたこともあり，シティズンシップ教師であった。そのため，シティズンシップ教育は，独立した教科として実施されている。D教師自身は，もともと地理教育が専門であり，シティズンシップ教師としての専門教師教育は受けていないが，シティズンシップ・コーディネーターとして10年以上のキャリアがあり，知識・経験共に豊富である。

①教育目標の開発過程

　D教師のカリキュラムにおける目標は，オリジナルの３つのストランドがバランスよくとれたものとなっていた。「子どもたちの眼を世界に開くこと」として責任意識を喚起させ，「実際に市民としての役割を果たせるようになること」として実際の参加が行えるようにし，「経済的市民生活・政治的リテラシー・国際問題の理解」で政治的リテラシーの側面である。また，世界に焦点が当たっているところが特質であった。

　目標を決定する際の要因として，D教師は端的に，「私たちの学校の強い学校方針（school ethos）によるものです。もし，あなた方が学校のウェブサイトを見ていただけたら，そこに全てが書かれているし，どこにでも書かれることが分かると思います」と述べた。従って，D教師の教育目標の決定には，D教師の学校の持つ「ヨーロッパ/グローバル・シティズンの育成」という学校方針が強く影響を及ぼし，国家・世界レベルのシティズンに注目するという目標が掲載されたといえる。ただし，A教師やB教師といった実践上の状況を重視する他教師とは異なり，実践上の状況が教師の想定する授業を制限するものとされているのではなく，連携するものとして活用されていた。

②教育内容の開発過程

　D教師の教育内容の特質として，単元名としてはナショナル・カリキュラ

ムの記載事項に基づくが，各学年で「使い捨て社会」「世界での差別」「グローバル・シティズンシップ」といった国際関係に関する独自単元が設置されているところである。また，教育内容として，実際に学校・地域の問題に対する活動に参加することが求められていた点である。

　教育内容における単元名を決める際に，D教師は「2つの基準がある」とした。「まず，私たちはナショナル・カリキュラムで自分達が何をカバーするかを決め」，そして「国際性（internationalism）について考えるんです」。「私たちはナショナル・カリキュラムをできるだけカバーしようとしますが，それと共に多くの時間を国際社会について割こうと考えます」。というように，学校の方針であるグローバル・シティズンシップの重視と，国際社会の変容が決定の際の要因となるとした。

　その上で，学年間での子どもの成熟度も影響を与えると述べている。例えば，「イギリス人らしさ（Britishness）」を教える際，「第8学年では，世界中の人々とかれらの食生活，言語，サーネームといった独自の名前について教えます。しかし，第11学年では，よりイギリス人らしさについての包括的な考え，その意味や存在しているか否かについて扱います。」なぜなら，彼らはより抽象的な事象を「理解することができるからです」と述べ，子ども観の影響も示唆している。

　従って，D教師は子どもの事情などを鑑みながらも，主に学校の方針や国際社会の状況といった要因に基づいて教育内容を決定しているといえる。

③教育方法（教材・学習活動）の開発過程

　D教師のカリキュラムにおける教育方法において，その教材として教科書の使用を含んでいた点があげられる。しかし，先述したように，この教科書の使用の仕方は，日本の教科指導における教科書の扱い方とは異なり，1冊の教科書を主要教材として用いるものとは異なり，あくまで他の教材と同様に多様な教材の1つとして用いていた。学習活動としては，他教師と同様に

「能動的」な活動を重視し，また生徒自身で考え，プロジェクトを企画することをめざしていた。

　教材を決める際，D教師は「私たちは大変幸運なことに，たくさんの教材があるんです。多くの教師達が使用する教科書を複数種類もっていて，他にも色々あるんです。私たちはネットワークシステムを作っていて，そこに様々な教材を用意しています。」と述べた。このように，シティズンシップ教育に力を入れているという学校の実践上の状況が大きな影響を与えているといえる。加えて，「時事性（topicality）も重要な要因です。何が起こっていて，何をメディアは取り上げているか，人々が何を話しているのか」を考慮すると述べていた。このように，D教師は教育方法を決める際に，学校方針という実践上の状況に加えて，社会の動きについても考察していた。実際，調査当時，総選挙が行われていたため，その時期はD教師の学校では，全学年で選挙制度に関する授業を実施したと述べていた。

　以上の教育目標・内容・方法の開発過程の考察から，D教師はカリキュラムを開発する際，学校の恵まれた環境というシティズンシップ教育を実践していく上での周辺状況，及び周りの社会状況に影響を受けて，カリキュラムを開発し，実践していたということができる。

（5）E教師の場合：実践クラスター型

　E教師の学校は中規模都市に位置する1000人未満の学校である。民族・人種的背景も中程度である。ビジネス教育に特に力を入れている学校である。C教師と同様に，シティズンシップ教育は，PSHEとの合同教科として実施し，「切り離した単元」（separate unit）として実施している。ただし，来年度（2009/10）からはGCSEシティズンシップの導入を行うことが決定していた。

　E教師自身は，宗教教育（RE）の教師教育を受けて教員となり，実際に長い間REのコーディネーターとしてのキャリアはあるが，シティズンシッ

プ・コーディネーターとしてのキャリアは１年目であった。

①教育目標の開発過程

　E教師の目標は，「住んでいる国・それを囲む世界の文化的多様性と国家レベルの政治的・法的システムをよく理解すること」であり，ストランドの内，「政治的リテラシー」と「アイデンティティと多様性」に注目したものとなっていた。

　目標設定の理由を聞かれた際，E教師は「国家のカリキュラムによるものだと思います。そこに全てが書かれているんです。自分より先に誰かが決めているのです。だから，まず教科のところを見て，何を教えるかを見なければならない。」と繰り返して，ナショナル・カリキュラムの影響を述べ，強調していた。そこで，ナショナル・カリキュラムの基盤であるキーステージから８学年と９学年におとして，それぞれ地域・国家に注目した目標設定を行った理由を聞いてみると，「実を言うと，これは私のプランではないです。というのも，前任者がやったものだからです。だから，彼女は多分ナショナル・カリキュラムからとって，各学年に適用させたと思います。そのため，申し訳ないけど，私はなんで彼女がそうしたのかは分かりません。」と述べていた。このように，E教師自身は豊富な知識・経験を有していたC・D教師と比べると経験・知識に乏しく，しかも，引き継ぎ期間もほとんどなく変更していた。その結果として前任者の開発したカリキュラムのアイディアを適用せざるを得なかったという事情がある。

　このようにE教師は，ナショナル・カリキュラムに加えて，急遽シティズンシップ・コーディネーターを引き受けたという実践上の都合によって，カリキュラムを決定していた。

②教育内容の開発過程

　E教師のカリキュラムにおける教育内容は，単元名は基本的にナショナ

ル・カリキュラムの記載事項に基づくが，そこから政治制度や多様性といった概念に関するものが取り上げられる。また，政治制度に関する批判的検討も含まれる点が特質である。

　これについても教育方法と同様に，まずは「ナショナル・カリキュラム上のことを教えなければならないんです。そのまま教えているだけです」として，ナショナル・カリキュラム以上の情報を伝えてこなかった[5]。これは，E教師自身が決定しているのではなく，前任者のカリキュラムをそのまま適用しているという実践上の都合によるものであると考えられる。

③教育方法（教材・学習活動）の開発過程

　E教師のカリキュラムにおける教育方法において，教材としては他教師と同様，ニュース・youtube・ワークシート・パワーポイント・電子黒板など多様な教材を用いると答えていた。学習活動についても同様であり，授業を構成する3つの学習活動は，それぞれの単元に応じて，ディベートやディスカッション，キャンペーンなどの多様な活動を組み合わせて行うと述べていた。

　こうした学習活動や教材を選ぶ理由を尋ねられると，E教師は，

　　　私は他教科とシティズンシップとの間に違いがあるとは思えません。私は宗教教育や歴史教育で培ってきたテクニックやトピックの扱い方をそのままシティズンシップにも用いています。（…）もともと多くのストラテジーを持っています。だから，他教科と比べての（シティズンシップの固有性は）ないと思います。同じやり方で教えているのです。

と述べ，E教師のこれまでの経験で培ってきた教師としての信念や，他教科との繋がりといった実践上の状況に基づいて，教育方法を決定しているといえる。

　以上の教育目標・内容・方法の開発過程の考察から，E教師は，カリキュラムを開発する際，教科の特性を意識せず，ナショナル・カリキュラムや他

教科との繋がり，また自らの置かれた状況といったシティズンシップ教育を
実践していく上での周辺状況に強く影響を受けていた。

（6）Ｆ教師の場合：教科の特性・子どもの状況・実践上の状況・社会状況
　　　のバランス型

　Ｆ教師の学校は都市部にある小規模（1000人未満）の男子校である。民族
的・人種的背景が多様であり，60％が英語を母語とせず，生徒の母語は40種
類にのぼる。貧困層が多く住む地域にある。シティズンシップ教育は独立教
科として実施されている。Ｆ教師は学校にシティズンシップ・コーディネー
ターとして２年勤務している。また，特筆すべき点としては，専門教育を受
け，シティズンシップ教師としての専門資格を持つ。このように専門教育を
受け，資格を有している教師は，イングランドは少数であると言われており，
事実，本調査でも唯一の存在であった。

①教育目標の開発過程

　Ｆ教師の教育目標は「学校・地域の多様性を祝い，促進しようとする」と
して，空間レベルは学校・地域レベルに特化し，主にアイデンティティ・多
様性に特化したものとなっていた。

　この目標をたてた背景としてまず，Ｆ教師は「ナショナル・カリキュラ
ム」と述べていた。Ｆ教師自身は，専門教育を受けており，今回のインタビ
ューを行った教師の中で，最も専門知識を有した人物であると想定される。
それにも関わらず，なぜ「アイデンティティと多様性」のみに焦点を当て，
特に学校や地域レベルを強調したのか。そこには，Ｆ教師の学校環境にある。
なぜならＦ教師は，「この地域は非常に多様であり，ほんとにたくさんの異
なった文化が存在しています。これこそが，（本学校で）シティズンシップが
独立した授業としてある理由です。そのため，ここでのシティズンシップ教
育の理由は多様性を促進することだし，こうした地域の多様性を祝福すると

いうことなんです。」と述べているためである。

　従って，F教師は，ナショナル・カリキュラムを基盤にしながら，そこから学校・社会の状況を考慮に入れ，最終的に学習目標を構成していると考えられる。

②教育内容の開発過程

　F教師の教育内容の特質は，基本的には，類似した概念に基づく単元であるが，各学年で「ロゴ作り」「行動すること」のように，行動に関する単元やまた「多様性」に関する単元が多く含まれている点にある。

　なぜ，こうした特質があるか。F教師はまず，単元名を決定する際に，他の教師と同様「ナショナル・カリキュラムからです」と答えている。

　その後の詳細な決定について，例えばなぜ「行動すること」を重視するのか，という問いに対して「「なぜならこれこそが『シティズンシップ』だからです。」というようなF教師自身の教科観が強く影響を与えていることが分かる。

　また，多様性を重んじることについては，教育目標と同様に「男子校であり，女性の視点が欠けていること」「難民を含む多様な生徒が学校にいること」が教育内容の構成に影響を与えると述べていた。

③教育方法（教材・学習活動）の開発過程

　F教師の学習方法の特質として，他の教師と同様に多様な教材を用いるとしながらも，インターネットを使用していない点と，積極的にグループ活動や地域参加活動を行っている点があげられる。

　まず，初めに，彼は「ナショナル・カリキュラムの「主張すること」」をあげ，これを実現するために生徒達のグループ活動をさせるように促していると述べた。加えて，「これがシティズンシップなのです。これがコミュニティのメンバーになるという意味なのです。（…）学校や教室もまたコミュ

ニティの一部なのです」と述べ，教師自身の持つ教科観を強く主張していた。

　また，多様な教材を使う理由としては，「子ども達自身で考えるようになることを促すから」「（電子黒板などを用いるのは）自分自身の考え方を反映させることができるから」というように子どもの関心や興味の視点が大きいことをあげている。それに対して，インターネットについては，学校でその設備が整っていない，という実践上の状況をあげている。

　以上の考察から，F教師はカリキュラムを構成する際，教科の特性・自らの信念・ナショナル・カリキュラム・実践していく上での周辺状況のそれぞれが影響を与えていた。それらのバランスをとりながら，カリキュラムを開発していると考えられる。

　以上の6人の調査対象となった教師の事例的考察から，先述した各教師によって6つのクラスターの活用・適用方法を具体的に明らかにできた。各教師はこれらの6つのクラスターのいずれか，あるいは複数のものを組み合わせて開発していた。このことが，各学校で異なるストランドを強調することに影響し，独自のカリキュラムを開発することに繋がっていたといえる。

　また，考察の結果，OFSTED（2006；2009）で報告されたように，シティズンシップ教育が学校ごとに様々な位置づけであることも解明できた。C教師・D教師・F教師のように専門教師を設置し，独立した時間を設けて実施する学校もあれば，B教師・E教師のように経験・知識の乏しい教師が担当するといった重視していない学校も見られた。しかし，全般的に各教師達は主体的にカリキュラムを各学校で開発しているといえる。

　さらに，今後の研究課題として，本調査の結果で得られたデータからは，その影響は直接的には見ることができなかったが，B教師の学校のようにGCSEシティズンシップを学校として取り入れた際，その内容が，教育目標・内容・方法を固定し，学校内でのシティズンシップ教育の実施状況を向上させ，地位を高めることに繋がる傾向も見られた[6]。E教師の学校など，新たにGCSEシティズンシップを取り入れる学校も見られるため，将来的

にGCSEを実施している/していない学校とでカリキュラム内容の変容を検討し，継続的に経過を見ることで，その影響が，別クラスターとしてどのように機能するかを検討することも重要であると指摘しておきたい。

第3項　小括：各教師のカリキュラム開発過程の類型化

前項の考察の結果から，調査した教師達は，先述した6つのクラスターのいくつか，あるいは全部の組み合わせで，カリキュラムを開発している点が明らかになった。6人の教師はそれぞれ強調するクラスターは異なっており，またその背景や過程・位置づけも多様であったが，その強調点に基づいてまとめることができる。ここでは各教師のカリキュラム開発過程の総括として，各型を説明しながら，調査した教師全体を5つの類型で整理して示しておきたい。

（1）実践クラスター重視型（A教師とE教師）

この型の代表事例であるA教師は，インタビューの中で子どもの興味や教師自身の信念などの影響についても言及している箇所はあるが，教育目標・内容・方法を通して，シティズンシップ教育を行っていく上での実践的な事柄（時間数不足や他領域とのバランス）について強調する傾向にある。

またE教師も同様の傾向がみられた。E教師自身は，シティズンシップ・コーディネーターになって，1年目であり，自分自身も「まだ（シティズンシップ教育には）親しんでいるとはいえない」と述べていた。そのため，カリキュラムを構成する際の要因として，主に前任の教師が作成したものや，自身の専門である宗教教育（RE）との関係で論じることが多く，教科の特性や周辺社会に関する叙述はほとんど行われない。

以上のように，シティズンシップ教育の持つ目標観などとは異なった現実的な文脈でカリキュラムが構成されている点がこの型の特質といえる。

（2）子どもクラスター，教師の信念・意思クラスター重視型（B教師）

　この代表的事例としてはB教師をあげることができる。B教師の学校は，シティズンシップ教育の中心は，毎朝20分の朝 HR の時間であり，こうした実践を行う上での学校状況が彼女の実践を規制する傾向はあるように想定していた。

　しかし，インタビューの中で，B教師自体はこうした実践クラスターの影響よりも，「大変うるさく，全く勉強に関心がない子ども達」に対して「パソコンを使ったり，読んだり書いたり」させるよりも，「たくさんのディスカッションをする。なぜなら，彼らは非常におしゃべりであるし，自分たちの意見を言いたがっているからというように，目の前の子どもの状況に合わせてカリキュラムを構成していることを強調していた。また，B教師は「学年ごとに○○という適性がある」など，多くの子どもに関する教師の信念がカリキュラム決定の要因となっていた。

　以上のように，主に子どもの論理を中心としてカリキュラムを構成している教師がこの型である。

（3）実践クラスター＆社会クラスター重視型（D教師）

　この事例としてはD教師をあげることができる。D教師の学校は学校の中心方針としてヨーロッパ/グローバル・シティズンの育成が掲げられ，専門教師・環境が整っていた。こうした実践上の状況が，自らのカリキュラム開発に影響を及ぼしていると強調した。実践上の状況を重視する点では，先のA教師・E教師と同様であるが，先の2人のように実践上の状況に従うというやや否定的スタンスではなく，主体的に利用・活用するという肯定的な意味であったという点では先の2人とは異なることになる。

　また，D教師はこうした学校環境を踏まえて，積極的に学校や地域，世界の社会の状況を踏まえて授業に取り入れていると述べた。従って，この型の教師は，目の前の子どもの関心というよりも，彼らをめぐる社会の動きや実

践現場の状況がカリキュラム開発に影響を与えると考えていた。

（4）教科クラスター重視型（C教師）

　C教師は，子どもの関心や実践現場の状況についても言及はしていたが，学習目標・内容・方法を貫く「能動的シティズンシップ」や「権利と責任」「政治的リテラシー」などの，教科の固有性がカリキュラム構成の軸として機能していた。

　このように，目の前の子ども達の状況や社会状況といったことではなく，ナショナル・カリキュラムなどに記載されているシティズンシップ教育の教科の特性自体を取り上げ，それがカリキュラム構成の軸とするのがこの型である。

（5）6つのクラスター調停型（F教師）

　F教師は，カリキュラム構成についてその要因が非常に多岐に及んでいた。実際，インタビュー時間も他の教師と比べて長く，影響をおよぼす要素についても数多くあげていた。

　F教師は，非常に人種的・民族的に多様性に富んでいるという学校環境，アイデンティティ育成に携わるシティズンシップ教育の特性，落ち着きがなく問題行動も多い生徒の状況，国政選挙が起こっている社会状況，など様々な要因を複合的に捉え，それぞれがカリキュラム構成に影響を与えていると述べた。

　このように複数な要因を捉え，それぞれの単元や学年にあわせて，シティズンシップ教育カリキュラムを作り変えるようなカリキュラム構成を行っているのがこの型の教師の特質であるといえる。

　以上のように，調査したイングランドのシティズンシップ教師は，複雑な過程で，カリキュラムを開発していることが明らかになった。教科の固有性

や子どもの論理といった単一のクラスターに基づくのではなく，具体的には教師が6つのクラスターの組み合わせを視点として，ストランドに基づいた教育目標を選択する。これに基づいてカリキュラム全体を構成するというように，主体的に開発を行っていた。これが多様な「実施したカリキュラム」が開発された背景にあるといえる。

※第5章のまとめ※

　第5章では，第4章の「意図したカリキュラム」に対して，実際の学校現場における多様な「実施したカリキュラム」のカリキュラム内容構成とカリキュラム開発法を解明した。

　第1は，各学校のシティズンシップ教育カリキュラムが多様性に富んでいた点である。つまり，知識・スキル・態度の強調点や教育目標・内容・方法の構成方法は各教師で異なっており，最終目標，単元の流れや授業構成において共通したものが存在しなかった。

　第2は，一方で各教師のシティズンシップ教育カリキュラムの教育内容や方法には，共通性が見られ，その背景にはナショナル・カリキュラムの存在があった点である。教育内容や方法の構成は各教師で異なっていたが，構成で用いる要素自体は類似していたためである。

　第3は，教師達は各々で単一・複数のストランドを軸に教育目標をたて，その強調するストランドが，独自の単元の設置や内容・方法の構成法に影響を及ぼしていた点である。教師のたてた教育目標を4つのストランド―社会的・道徳的責任，政治的リテラシー，コミュニティへの参加に新たに加わったアイデンティティと多様性―を視点として検討すると，対象となった教師達の教育目標は複数あるいは単一のストランドの組み合わせで整理することができた。教師達は，その重視するストランドにあわせて，各学校の独自単元の開発や内容の構成法を変化させていた。各教師達は，ナショナル・カリキュラムの学習プログラムを基本としながらも，各学校の教育目標にあわせ

て，主体的に独自単元や内容構成法を設定していたことが明らかになった。

　第4は，教師達のシティズンシップ教育カリキュラム開発過程には，学校内外に関係する多数の要因が影響を与えている点である。各学校でのカリキュラム開発へ影響を与えた要因を分析した結果，次の6つのクラスターが抽出された。各教師は6つからいくつかの，あるいは全てのクラスターの関わりの中でカリキュラムを開発していた。

①ナショナル・カリキュラムクラスター：ナショナル・カリキュラムの文言そのもの，その背景にあるクリック報告書や政府の考え方など政策段階で決定されたもの。

②実践クラスター：学校の方針（教科の位置づけや教師の役割）・学校の設備・他教科との関係性など，実践を行う上で調整する項目。

③子どもクラスター：子どもの興味・関心や子ども自身の知識の程度など，教師の目の前にいる子ども自身の状況に関する項目。

④信念・意思クラスター：教師の子ども観や学校観・教師観など。必ずしも目の前の子どもや学校を意味するものではなく，教師自身の信念や経験から導きかれる。

⑤社会クラスター：学校／地域社会／国家／世界の状況といった子ども達の周辺社会に関する項目である。

⑥教科クラスター：「シティズンシップ教育」の固有性。イングランドの場合は，能動性や政治的側面が強いなど。また，3つあるいは4つのストランドもここに含まれる。

　このようなクラスターが抽出されたことから，シティズンシップ教育は，教科内容や実践上の制約にのみ規定されるものではなく，目の前の子どもの状況や，学校を超えた現代社会とも密接に関わる教科とみなされていることが分かった。このようにイングランドの「実施したカリキュラム」は国家作成の具体的カリキュラム案であるスキーム・オブ・ワークに依拠したものではなく，教師達が子どもや社会変容といった様々な要素や自分自身の信念を

鑑みながら，主体的にカリキュラム開発を行っている。その結果が多様な実践を生み出すことになっている。

1　政府関連機関である NFER の行ったシティズンシップ教育の継続研究（Citizenship longitudinal study: CELS）に関する 7 つの報告書（Kerr et al., 2003; 2004; 2007; Cleaver et al., 2005; Ireland et al., 2006; Benton et al., 2008; Keating et al., 2009c）と OFSTED の 2 つの報告書（Ofsted 2006; 2010）を参照のこと。

2　教師Dの学校は，2002年以前より学校独自でシティズンシップ教育を導入しており，教師Dはその時代から既にコーディネーターとして勤務していたため。

3　このシティズンシップの性質は，4 つのストランドを参考にしている。ストランドとは，2007年版ナショナル・カリキュラムを構成する際に，作成者側が学習目標・内容・方法を貫くカリキュラムの軸・テーマとして設定したものである。（DfEE/QCA, 1998）。

4　イングランドでは，ほとんどの学校が，大学と類似したような形で学部（Department）に分かれている。例えば，歴史・地理・宗教は人文学部（Humanity Department）として，設置され，それぞれの教科に応じて，教室が準備され，教材が配置される。シティズンシップの場合，新教科ということもあり，また人文学系の教員が担当することが多いため，人文学部の中の一部として設置されることが多く，独立した教室を有しているところも少なかった。だが，このD教師の学校では，シティズンシップは独立した学部であり，2 教室が用意されていた。

5　インタビューの際，E教師は強い口調で，「私はナショナル・カリキュラムに沿っているだけで，選んだり新しく作ったりはしない」と述べており，このまま継続して深く聞くことが困難であると考え，次の質問へ移った。

6　実際，OFSTED の報告書の中でも，GCSE によって，シティズンシップ教育の地位があがる（＝専門教員を配置する，授業時数を増やす）という影響があることが指摘されている。

第6章　イングランドの学校シティズンシップ教育
カリキュラムの構造

　本章は，第4・5章で考察した「意図したカリキュラム」と「実施したカリキュラム」を共通の分析観点から分析し，各カリキュラムの特質を導き出し，それらを比較することで，最終的にイングランドの学校シティズンシップ教育カリキュラム全体の構造全体を解明する。

　そのため，第1節では，その共通の分析観点から分析し，「意図したカリキュラム」の特質とシティズンシップ像とを抽出する。第2節では，「意図したカリキュラム」と「実施したカリキュラム」を共通の分析観点から比較検討することで，「実施したカリキュラム」とシティズンシップ像の特質を導き出す。第3節で，2つのカリキュラムの関連性を振り返り検討することで，全体構造を解明する，という流れで進める。

　各カリキュラムの特質を抽出し，比較するには共通の分析の観点が必要である。第Ⅰ部で分析の観点として提示したように，第4・5章の分析の結果導き出された共通視点としてシティズンシップ教育のストランドをあげることとしたい。

　なぜなら，このストランドは「意図したカリキュラム」と「実施したカリキュラム」双方を貫く視点であるためである。「意図したカリキュラム」においては，教育目標・内容・方法のそれぞれの内容を抽出し，関連づけるための軸として機能していた。「実施したカリキュラム」においては，教育目標を整理する際の視点として活用でき，各教師のカリキュラムはこうした目標を基にいくつかの類型に分けることができた。以上のように，ストランドは「意図したカリキュラム」「実施したカリキュラム」の双方で，カリキュラム内容構成・開発の要として機能している。

　なお，教育目標・内容・方法の観点から，カリキュラムの特質とシティズ
ンシップ像を引き出すことをめざすため，本節ではスキーム・オブ・ワーク
（キーステージ3）を「意図したカリキュラム」として使用する。スキーム・
オブ・ワークは1999年版ナショナル・カリキュラムに基づいているため，分
析の観点として用いるストランドはオリジナルの3つとする。確認のため，
3つのストランドを再提示しておこう。

- 社会的・道徳的責任：子ども達（children）は，初等教育段階の最初の
  段階から，教室の内外で，権威あるいは互いに対して，自信を持ち，社
  会的・道徳的に責任ある行動をすることを通じて学習する（これは効果
  的なシティズンシップ教育の前提条件となる）。
- コミュニティへの参加：生徒（students）は，コミュニティへの参加と
  コミュニティへのサービス活動を通した学習に関与し，生活やコミュニ
  ティの問題での，助け合いや関わり合いを学ぶ。
- 政治的リテラシー：生徒（pupils）は，知識・スキル・価値を通して，
  公共生活で自分達が効果的な役割を果たす方法を学ぶ。

　以下では，この3つのストランドから2つのカリキュラムを分析し，特質
を抽出することとしたい。

第1節　「意図したカリキュラム」の特質

　先述したように，本節では「社会的道徳的責任」「コミュニティへの参加」
「政治的リテラシー」の3つの観点から，「意図したカリキュラム」のカリキ
ュラムの特質とそこで見られるシティズンシップ像を明確にする。ただし，
この3つのストランドは後述するが，それ自体が広義の概念を有しているた
め，それだけでは分析視点として使用できない。そのため，第1項から第3
項では，まずそれぞれのストランドに基づいた分析視点を設定し，それを基
に分析し，カリキュラムの特質とシティズンシップ像を導き出す。第4項で

は，それらをまとめて「意図したカリキュラム」のカリキュラムの特質とシティズンシップ像を説明しよう。

第1項　「社会的・道徳的責任」の場合

（1）分析視点

　分析視点を明確にするために，イングランドにおける道徳性育成，道徳教育についての考え方を確認しておきたい。QCA（2009）は，「道徳的発達」を次のように定義する。

> 　道徳的発達とは，人々が責任を持って道徳的決定をしたり，行動したりするのに必要な知識・理解・スキル・態度の発達のプロセスであると捉えられる。また，自らの信条に基づき正しいことをするための準備段階であるともいえる。（QCA, 2009）

　このように，イングランドの場合，道徳性を育成することとは，直接的に生徒個人の道徳性を発達させ，行動することのみをさすのでなく，将来的な行動できるための社会状況や背景の理解などの間接的育成をも含む広い概念である。広義な概念のままでは分析視点とできないため，道徳性を1）徳や個人の価値，2）個人的・社会的行動についての共有された規則や原則，という2つの意味で用いたHalstead & Pike（2005）を基にしながら，①役割，②文脈について整理していこう。

①道徳性の役割

　先述したように，イングランドにおいて，道徳性は広義のものであり，学習方法・活動では，個人的・社会的行動に関する価値観の共有化の問題，あるいは，そうした価値観の対立をめぐる問題と理解され，道徳性には多様なレベルがある。役割の視点としては，大きく3種類に分類できる。即ち，大きくは（a）「手段型」か（b）「目的型」か，さらに，「目的型」内で，道徳

性に関わる知識・スキルなどの理解に留まる（ｂ）-1「理解型」か，実際に生徒自身が道徳的に行動することまでをも含む（ｂ）-2「行動型」かである。

　「手段型」の場合，一連の道徳性に関連する学習を学習方法に取り込むが，学習目標・内容には関連しない。そのため，例えば，学習において，クラスで統一した規則の作成，価値の対立の問題の理解を取り扱うが，それ自体を学習目標や内容には位置づけることはない。一方，「目的型」の場合は，学習目標・内容の中にもそれらが明確に位置づけられる。さらに学習目標として生徒が実際に道徳的な行動を行うことを保障するか，それとも知識・スキルの理解することに留まるかによっても，二分でき，前者を「行動型」，後者を「理解型」としよう。

②道徳性の文脈

　先に述べた Halstead & Pike（2006）に基づけば，道徳性の文脈は，（ａ）個人の行動に関わる価値や規則か，（ｂ）社会で取り組む行動に関わる価値や規則か，に分けられる。

（2）分析方法

　分析では，スキーム・オブ・ワークと代表的単元を取り上げ，2つの分析視点を基に，カリキュラムの特質とシティズンシップ像を引き出すこととする。

　そのため，まず道徳性の役割の視点から「手段型」か「目的型」か判断し，ついで，「目的型」の場合，「行動型」か「理解型」か判断する。具体的には，カリキュラムの学習方法に道徳性の学習が位置づけられているか否かを検討し，位置づけられていた場合，学習目標・内容を，目的型か手段型か，理解型か行動型か，で吟味する。次に，「個人」か「社会」的かを判断する。即ち，教育内容を検討しながら，それらを判断していき，シティズンシップ教育における道徳性の位置づけを抽出する。

シティズンシップ教育としての特質を抽出する際には，PSHE との比較を通して行う。PSHE は，道徳教育という教科目が存在しないイングランドで，シティズンシップ教育と共に学校教育で道徳性育成を担う教科とみなされているためである（柴沼，2001）。PSHE との比較を通して，シティズンシップ教育の特色がより明確になるだろう。

（3）道徳性の役割からみた「意図したカリキュラム」の特質

①道徳性の役割からみた教育方法

　スキーム・オブ・ワークの各単元を概観してみると，全ての単元の教育方法として道徳性に関するものを位置づけているといえる。

　ここでは，事例として単元 1「シティズンシップ：何のためのもの？」を取り上げ，考察を進めよう。表 6-1 は，単元 1 の教育方法を表したものである。単元 1 は，授業 1〜4 で構成され，能動的市民とは何か，学校・家庭・コミュニティにおける法や民主的な決定の重要性を理解することを目標とする。そのため，個人，社会的行動の規則や価値観など，いわゆる道徳性に関わる学習を学習目標中心においた単元とはいえないが，道徳性に関わる学習が単元に組み込まれている。下線部を基に説明しよう。

　例えば，授業 1「学校とはどんなところ？」は，「学校コミュニティで既に市民の一員であることを認識する」（QCA, 2001a: 4）ことを教育内容としているが，その学習の終わりには，学校をより良いところにするために必要な行動のリストを作り，適切な行動に関する原則を作成する活動を行う。授業 2 は「議論の基本ルールって何？」という授業名が表すように，議論という社会的行動に関する基本原則を生徒自らで構築するよう構成される。授業 3・4 は，それぞれ民主主義の内容と権利と責任に関するルールの理解を中心的な教育内容とした授業であるが，その際に生徒達は社会的な行動や考え方についての原則を，生徒自らで話し合いながら習得していく学習が挿入されている。単元 1 はこのように，中心的な教育目標・内容としては道徳性を

表6-1　単元1「シティズンシップ：何のためのもの？」の教育方法

1．学校とはどんなところ？	・グループになり，小学校時代について尋ね合う。
	・学校・あるいはクラスなど，学校生活の中での様々な経験や，困難な経験についてリストを作る。
	・議論の結果をフリップ・ボードにまとめ，良い点・悪い点に分ける。
	・学校をより良いところにするために必要な行動のリストを作り，どの行動が適切かをクラスで合意する。
2．議論の基本ルールって何？	・ペアでクラスサイズの議論を行う際に問題になることについて話し合い，それらをクラスでまとめてリストを作る。リストを利用して，全員が議論に参加するには何が必要かを認識する。
	・席替えなどの問題の具体事例に基づいて，どのように意思決定を行うかについて話し合う。
	・小学校ではどのような意思決定が行われていたかに答える。全ての子ども達が学校の政治の振り返り・発展させるにはどうすればよいかを熟考する。
	・地域・国のニュースから問題を1つ選び，ボードでリストを作成する。そして，これらの問題が興味を引く理由やどのように重要かを考察することで，質問の方法を学ぶ。
3．民主的なコミュニティって何？	・グループで，ある集団が協力し合わないと生き残れないような困難な状況に置かれているような「砂漠の島」のシナリオを作成する。その状況下では何をすべきで，それはなぜかを答える。
	・クラス単位で，共通点と相違点を導き出す。
	・子ども達は，個人とコミュニティ全体の権利について，ついで他者よりもより多くの犠牲をはらうような状況を考察する。
	・クラス単位で，生き残った人々が公正に生きていくためには，どのような方法が必要かを考察する。
	・コミュニティにおける民主主義とは何かを考察する。
4．年をとったら何が変わるの？	・新生児が持つ権利・責任とは何かを答える。
	・ペアで，今から19歳になるに従って，権利と責任がどのように変容していくか，時間軸に沿った表を作成する。
	・子ども達は，どのようなルールが存在し，そのルールの背景にはどのような権利と責任があるかを考察する。
	・子ども達は，ナショナル・カリキュラムの「学習プログラム」を読み，学校やコミュニティで能動的な役割を果たすため，また課題を解決したり選択・決意をするために，示されたスキルや知識がどう機能するかを考察する。
	・導入時の授業で行った小学校時代の頃を振り返り，小学校で学習したことと何が同じで何が異なるかを振り返り，ポートフォリオに記入する。

位置づけないながらも，教育方法としては組み込まれていた。

　他の単元を概観しても，同様のように教育目標・内容の中身に関わらず教育方法においては，道徳性に関わる学習が組み込まれており，スキーム・オブ・ワークは広義の道徳性の学習として，カリキュラム上で貫かれているといえる。

②道徳性の役割からみた教育目標・内容

　「意図したカリキュラム」の教育方法には道徳性に関する学習が位置づけられているが，これら一連の道徳性に関する学習は「目的型」なのか「手段型」なのか，また「目的型」の場合，「理解型」か「行動型」かを判断し，その結果を 表6-2 で示した。

　特質をまとめる前に，スキーム・オブ・ワークで見られた道徳性学習の型である手段型，目的・理解型のそれぞれについて，代表的な単元を事例として提示し，判断の根拠を説明しておこう。

●手段型

　単元5「法が動物を守る方法」を取り上げて説明しよう。単元5の目標は，地域・国家・国際レベルの法の制定過程や機関を理解すること，またメディアや世論が法律制定に及ぼす影響を理解し，自らでそれらを構築することである。その際の教育内容は，動物の健康をめぐる法律の問題を扱い，地域・国家・国際レベルの法律の特色と役割を習得することである。学習方法を見ると，法律に関するシステムを理解していく過程で，社会的問題に関する個人の道徳性の対立などを扱うという点で道徳性に関する学習を見ることができる。だが，こうした道徳性に関する学習方法というのは，それが教育内容というわけではなく，あくまで法システムの理解に主眼が置かれており，道徳性の学習は深い理解を促す手段として用いられているにすぎない。そのため，手段型と判断できる。

表6-2　道徳性の役割からみた教育目標・内容の特質

ユニット名	教育目標	教育内容	目的 or 手段	理解 or 行動
1．シティ ズンシップ	大多数の生徒は，権利と責任を有した能動的市民とは何かを理解する。生徒は，学校・家庭・コミュニティにおける法や民主的な意思決定の重要性を理解する。生徒は，学校やより広いコミュニティにおける日常的な問題について調査し，議論する。生徒たちは小グループやクラスにおけるディスカッションやディベートに貢献する。	能動的市民とは何かに関する理解を促進するための中心的な考えを生徒に導入する。	手段	
2．犯罪	大多数の犯罪的な行動とは何かを判断し，法律が被疑者をどのように扱うかについて説明する。彼らは，犯罪を犯すピークの年齢が18歳である理由を判断する。彼らは「犯罪者の責任」概念を理解し，若者が犯罪行為に対して責任をとるべきと考えていない理由を提示する。彼らは，若者をめぐる法システムの基本的構造を概説する。彼らは，被害者と加害者の公平性をめぐる問題を議論し，全ての人にとって平等な裁判であることの重要性を理解する。	犯罪と，犯罪が若者や犯罪被害者やコミュニティへ及ぼす影響について探究する。		
3．人権	学校やより広いコミュニティにおける基本的人権を知り，権利と責任を理解する。彼らは1998年の人権運動の重要性を理解し，それが日常生活の一部とどう関連させるかを理解する。彼らは個人と団体の権利が時に対立することに気付き，権利の調節が重要であることに達する。彼らは人権が侵害・無視された時に何が起こるのかを理解し，地方・国家・国際レベルでの事例を調査する。	学習と自分自身の経験とを関連させながら，人権と責任について学習する。	目的	理解
4．ブリテン	ほとんどの生徒は自分自身のアイデンティティを理解し，地域レベル・国家レベルで多くの異なるアイデンティティがあることを理解する。自分達の属するコミュニティと異なるコミュニティを判断し，多様な社会に暮らすことの利益と課題を熟考する。地域・国家・国際レベルの異なるコミュニティの相互依存関係を理解し，それらの全てを尊重することの重要性を理解する。	生徒たちのアイデンティティと自分達のコミュニティやアイデンティティとは異なる国家・文化・宗教・地域・民族アイデンティティについて熟考する。		
5．法が動物を守る方法	ほとんどの生徒は，地域レベルの法と国家・国際レベルの法といった異なるレベルの法律について，その重要性の幅広い理解とそのレベル分けを行う。彼らは法律を振り返りながら，国会の役割やUKで法律が通過する際のプロセスを理解する。彼らは，個人や国会以外の団体が法律に影響を与える方法を判断し，説明する。彼らは，法的プロセスに影響を及ぼすメディアや世論の役割，また法律と日常生活との関係性を正確に把握する。彼らは，生じた問題について調査し，議論し，彼らの意見を表明し，他者の意見を自分達の意見に反映させる。	動物の健康をめぐる法律の問題を扱い，地域・国家・国際レベルの法律の特色と役割を生徒に紹介する。		
6．政府，選挙，投票すること	ほとんどの生徒は国会と，民主的プロセスや国会議員といった他の形式の政府の重要な特徴について知る。彼らは，政府がどのように予算を確保し，社会に影響を与えられるかという方法を理解する。彼らは民主主義における投票の重要性を理解し，政治的な投票の本質や政党のキャンペーンの方法について正確に理解する。彼らは投票を運営するための異なるやり方を知り，代議制の利益・不利益を反映させることができる。彼らは選挙における参加について考察し，投票放棄する人の理由を探究する。	政府の役割や，投票システムや民主社会における投票の重要性に焦点を当てる。	手段	

7. 地方民主主義	ほとんどの生徒は，地方政府によって提供される幅広いサービスに気付き，地方政府の予算確保の方法を知る。彼らは，提供されたサービスに反映されるような優先順位があることを理解する。彼らは地方政府の法的責任の理解を説明する。彼らは，地域における生活の中で，自分自身を含む異なった価値観や態度が，ある問題や出来事に対する意見や異なった方法に結びつくことを正確に理解する。彼らは簡潔に結論を提示するために明らかになったことや探求したことを用い，地方を向上させるための提言を行う。彼らは人々の意見が影響を及ぼす方法や，提言がときに拒否される理由に反映させる。	地域コミュニティをめぐる問題を探究し，日常生活における地方議会の役割を見る。		
8. 地域コミュニティにおける余暇とスポーツ	ほとんどの生徒は，スポーツや娯楽施設を提供する際の地方政府の役割を理解する。彼らは資金確保の方法を知り，資金と要求が対応しなかった場合の選択方法に気付く。彼らはこの問題に関する模擬ディベートで異なる意見を主張する。彼らは，必要性と施設とが一致しているかを見るために，自分達の地域を見直す。彼らは，接触型のスポーツのフェアプレーの重要性と，保護するための参加の権利を理解する。彼らは，スポーツ活動を支えるための法律の必要性を理解する。	供給に関連した問題と公共娯楽施設の利用についての知識を与える。	目的	理解
9. 社会におけるメディアの重要性	ほとんどの生徒は異なる考え方を提示するという点でのメディアの役割の重要性に関する重要性の知識を証明する。彼らはメディアに示されたトピック問題がどのように示されるかや，スポーツイベントといった他のイベントがどのように示されるかについて理解する。彼らはメディアが主義を促進するために使われることができることを知る。彼らは，メディアが個人の権利や責任に関連していることを自覚する。	異なる地域・国家・国際的な文脈におけるメディアの役割や重要性を見る。		
10. グローバルな課題について議論すること	（シティズンシップの目標に限定）ほとんどの生徒は，特定の観点からのアマゾンの熱帯雨林破壊の結果を調査する。彼らは，調査や自分達自身の考えを示すためにICTを用いる。彼らはグループの他のメンバーと共に活動し，首尾一貫したプレゼンテーションを行う。彼らは模擬公共会議において，提示された問題についてディベートをする。	ブラジルのアマゾンの熱帯雨林といったシティズンシップに関連したグローバルな問題について教える。（地理とシティズンシップとで組織されている）	手段	
11. なぜ平和を保つことはそんなにも難しいのか？	（シティズンシップの目標に限定）ほとんどの生徒は，世界で起こっている重要な事や現在の紛争状況を知る。彼らは，主要な政治的・軍隊的紛争における人権の影響を理解する。彼らは，グローバルな問題に関連した理解に対して，メディアがどのように伝え・影響を与えたかについて評価する。問題状況を生んだ多様性をめぐる問題について正確に把握する。彼らは他者の経験を熟考し，彼ら自身のものでは必ずしもない考え方について熟考する。彼らは状況を理解するために，歴史感覚が不可欠であることを正確に理解する。彼らは，政府や国際的な組織が国際法の設立をどのように求めているかについての理解を示し，複雑な状況の調停の実現の困難さを認識する。彼らは，国際的なボランティア団体の仕事内容について知る。	歴史的文脈の中から，現在起こっている問題について学習する。（歴史とシティズンシップとで組織されている）	目的	理解
12. なぜ女性と男性は投票のことで争わなくてはならないのか？	（シティズンシップの目標に限定）ほとんどの生徒は代議制政府の重要な特徴について知り，理解する。彼らは投票することの特徴を説明し，選挙権が与えられていないことや，現代ブリテンにおける今日も除外されるための基準について認識する。彼らは現代問題に歴史的知識を適用する。彼らは今日のブリテンの民主主義のあり方について議論し，選挙改革について賛否の異なる意見を提示する。彼らはグループワークやディベートに参加し，正当な貢献を行う。	ブリテンにおける投票システムや政府の特徴について学習する。（歴史とシティズンシップとで組織されている）	手段	

13. 我々は争いをどのように扱うべきか	ほとんどの生徒は様々なタイプの紛争を理解する。彼らは，寛大さや紛争といった点でキリスト教や他の宗教を理解する。彼らは，寛大さということは常に簡単なことではないということ，またそれは時に調停を必要とすることを理解する。彼らは，不寛容が更なる紛争を引き起こすことを理解する。彼らは，エルサレムや他の紛争地域における主要な聖地について知る。彼らは，宗教の中には信念や価値を共有しており，アイデンティティ・伝統・紛争や平和について疑問を有していることを説明する。彼らは，紛争・寛大さ・調停・和解についての意見をディスカッションし，知識に基づいた解答を行うことができる。	紛争とその解決方法について探究する。（シティズンシップか宗教教育で組織される）	
14. 民主的参加のスキルを向上させる	ほとんどの生徒は決定するための様々な方法や文脈を理解する。彼らは民主的プロセスについての自らの知識を活かしながら，意思決定活動のグループ活動に貢献する。彼らは会議を有効なものとするために必要なものごとについて判断する。彼らは，リーダーシップの質や学校やコミュニティプロジェクトを運営する際に，こうした質がいかに手助けとなるかに関する理解を示す。	生徒は民主的な集団で意思決定プロセスを高めるために協働的な活動を行う。	手段
15. 犯罪と安全への自覚	ほとんどの生徒は，地元の地域の犯罪についての議論に参加し，イベントの企画や意思決定に積極的に貢献する。彼らは，外部の人と共に学校活動に責任を持って参加する。彼らは他者の立場で経験を考えるために想像力を活用し，犯罪が犯罪者や被害者に影響する事柄について話し合うことができる。彼らは，自らが考える原因や少年犯罪の影響，刑事裁判に関わる組織の役割に対して明確に理解していることを提示する。	生徒はあるイバントを組織化したりや計画したりする活動に参加する。	
16. 人権を賛美するということ	ほとんどの生徒は，「人権の日」についてグループやクラスで行う議論に貢献し，その目的を理解する。彼らは人権問題について知る。彼らは，どのように活動を企画すべきかに関する意思決定に貢献し，自分の役割で交渉し，学校の活動に責任を持って参加する。	学校は年に一度の特別行事について企画する。	
17. 学校間のつながり	ほとんどの生徒は，それが「良い」か「悪い」かではなく，他国における文化や経験が自国のものと異なっていることを理解する。異なる地域の人々に対しての理解する際には，固定観念や偏見よりも経験に基づくようにする。彼らは，グローバルな文脈で，社会・経済・政治的問題について気付く。彼らは，EUやイギリス連邦や国際連盟のような国際組織の役割を認識する。	生徒は，学校間で，グローバルな事柄に関する活動を行う。	
18. 学校のグラウンドを向上させる	ほとんどの生徒は，学校のグラウンドの調査に着手する際の，地理的スキルの使い方を知る。彼らは，関係するグループや人々と結果について議論し，発見したことを分析する。彼らは改善のためのストラテジーを考案し，責任を持って同意した計画を実行する。彼らは自分達の行動を振り返り，うまく行った点とうまくいかなかった点とを判断する。彼らは，自分達のグラウンドについてどのような問題が起こっているのかを理解し，そのプロジェクトを実行する際の異なるアプローチを判断することができる。	生徒は，自分達の学校のグラウンドを向上させるよう，責任ある計画・工夫・施行を行う。	
19. 発展を評価することと達成度に気付くということ	ほとんどの生徒は，彼らが学習した象徴的な出来事についての幅広い知識と理解を有している。例えば，シティズンが有している権利と責任と義務。ボランティア団体の役割。政府の形態，犯罪と裁判のシステムなどがある。彼らは，人々が情報を得る方法やメディアを通じて意見が形成され，表明される方法を理解する。彼らは，学校やコミュニティを基盤とした活動に参加し，彼ら自身や他者への態度において，個人や集団の責任を果たす。	KS3の間の生徒の達成度に関する発達と認識を積極的に評価することを促進する活動をする。	目的　理解

● **目的・理解型**

　単元2「犯罪」をあげる。本単元の目標は，個人の行動の善悪を判断するという道徳性の学習を含んだ犯罪に関してその理由や裁判制度などの理解である。教育内容としては，犯罪が及ぼす影響について議論することである。従って道徳性の学習それ自体を目標・内容に含む目的型の単元といえる。

　理解型か行動型かを考えると，単元2の教育内容・目標は犯罪を抑制する対策を実行することではない。道徳性に関連した社会事象を批判的に検討し，理解することに焦点化している。そのため，本単元は，道徳性それ自体が目標・内容には含まれているが，生徒自らが道徳的な行動を行うことまではめざしていないことから，目的・理解型である。また，理解する対象は，規範や価値観など道徳性自体ではなく，道徳性をめぐる周辺状況や社会的状況を理解することである。

　以上，各単元の教育目標・内容における道徳性の役割を判断した結果である 表6-2 と先の 表6-1 を概観すると，道徳性の役割の観点から次の3点の特質が指摘できる。

　第1に，スキーム・オブ・ワークは全単元の教育方法において道徳性の学習を含みこんでいる。第2に，こうした一連の道徳性の学習は，社会的事象をより深く理解するための手段型や，道徳性を含んだ社会的事象を客観的・批判的に検討して理解する目的・理解型である。第3に，目的・理解型の場合でも，規範や価値観など道徳性それ自体は中心でなく，関連した周辺の理解が主となる点である。

（4）道徳性の文脈からみた「意図したカリキュラム」の特質

　次に，スキーム・オブ・ワークで扱う道徳性の文脈—即ち，社会的なものか，個人的なものか—を検討したい。検討は教育内容を示した 表6-3 を基に行う。結果を端的にいえば，スキーム・オブ・ワークにおいて取り扱われる道徳性は，個人の生き方や行動に関する価値観や規範ではなく，社会的行

表6-3　道徳性の文脈から見たスキーム・オブ・ワークの単元と教育内容の概要

単元名	教育内容
1．シティズンシップ	能動的市民とは何かに関する理解を促進するための中心的な考えを生徒に導入する。
2．犯罪	犯罪と，犯罪が若者や犯罪被害者やコミュニティへ及ぼす影響について探究する。
3．人権	学習と自分自身の経験とを関連させながら，人権と責任について学習する。
4．ブリテン	生徒たちのアイデンティティと自分達のコミュニティやアイデンティティとは異なる国家・文化・宗教・地域・民族アイデンティティについて熟考する。
5．法が動物を守る方法	動物の健康をめぐる法律の問題を扱い，地域・国家・国際レベルの法律の特色と役割を生徒に紹介する。
6．政府，選挙，投票すること	政府の役割や，投票システムや民主社会における投票の重要性に焦点を当てる。
7．地方民主主義	地域コミュニティをめぐる問題を探究し，日常生活における地方議会の役割を見る。
8．地域コミュニティにおける余暇とスポーツ	供給に関連した問題と公共娯楽施設の利用についての知識を与える。
9．社会におけるメディアの重要性	異なる地域・国家・国際的な文脈におけるメディアの役割や重要性を見る。
10．グローバルな課題について議論すること	ブラジルのアマゾンの熱帯雨林といったシティズンシップに関連したグローバルな問題について教える。（地理とシティズンシップとで組織）
11．なぜ平和を保つことはそんなにも難しいのか？	歴史的文脈の中から，現在起こっている問題について学習する。（歴史とシティズンシップとで組織）
12．なぜ女性と男性は投票のことで争わなくてはならないのか？	ブリテンにおける投票システムや政府の特徴について学習する。（歴史とシティズンシップとで組織）
13．我々は争いをどのように扱うべきか	紛争とその解決方法について探究する。（シティズンシップか宗教教育で組織）
14．民主的参加のスキルを向上させる	生徒は民主的な集団で意思決定プロセスを高めるために協働的な活動を行う。
15．犯罪と安全への自覚	生徒はあるイベントを組織化したり，計画したりする活動に参加する。
16．人権を賛美するということ	学校は年に一度の特別行事について企画する。
17．学校間のつながり	生徒は，学校間で，グローバルな事柄に関する活動を行う。
18．学校のグラウンドを向上させる	生徒は，自分達の学校のグラウンドを向上させるよう，責任ある計画・工夫・施行を行う。
19．発展を評価すること達成度に気付くということ	KS3の間の生徒の達成度に関する発達と認識を積極的に評価することを促進する活動をする。

動の規範や価値観を中心においているといえる。例えば，単元2〜13は，例えば犯罪や人権，アイデンティティ，法の制定や政治制度，地方政府といった多様な社会システムが主概念として置かれている。そのため，その中で扱われる価値観や規範といったものは，こうした社会的概念に関わったものである。一方，単元14〜19は，子ども達が人権の日に関わるプロジェクト（単元16）や学校のグラウンドの向上に関わるプロジェクト（単元18）といったあるプロジェクトを自らで企画し，実施する単元である。こうした単元においても，取り扱われる価値や規範というのは，あくまでクラス・学校・地域といったコミュニティの単位での行動や価値である。生徒個々人の価値や規範については，質問されることはあっても，それはあくまで社会的なものに至る前段階に用いられるものであり，個々人の道徳性それ自体が吟味されることはない。そのため，道徳性の文脈という視点から見た場合，スキーム・オブ・ワークでは，社会的な文脈に関わるものが用いられているといえる。

（5）道徳性の分析視点からみた「意図したカリキュラム」の特質：PSHE との比較を通して

　以上のスキーム・オブ・ワークの検討を通して明らかになった道徳性の視点から検討した「意図したカリキュラム」の特質を明確にしたい。その際，イングランドでシティズンシップ教育と同じく道徳性に関与しているとされる PSHE と比較し，その限界点を導き出していく。

　以上の考察から3つの特質を抽出できる。第1に，教育方法の点からいえば，スキーム・オブ・ワークカリキュラム全体で道徳性に関する学習を含んでおり，広義の道徳性の学習を行っている。第2に，道徳性の学習は，スキーム・オブ・ワークにおいて中心的な目標や教育内容ではなく手段型か目標・理解型である。目標・理解型であっても，規範や価値観それ自体でなく，規範や価値観をめぐる社会的事象や状況の理解が中心におかれるのである。第3に，その際の道徳性は，個人の文脈でなく，社会的な文脈でどうしてい

表6-4　PSHE 単元 5「個人の安全」の教育方法

次	主な教育方法
1	・安全の定義を振り返る。 ・自分の通学路を基に安全/危険な場所を判断させ，安全な場所にするための考察・議論をする。
2	・個人の安全・危険の定義についてグループ・クラスで話し合い，合意点を作る。
3	・危険な状況にあえて自らを置く人がいることを知った上で，その要因・影響を考察する。 ・安全に暮らすための広告のアイディアをだす。
4	・虐待を具体的事例として，その影響と要因（例：個人の道徳的価値の違い）を探る。 ・虐待を受けた子への影響を考える。 ・これまでの事例を分析し，個人で行える解決活動について議論させ，考察する。

くかという社会的道徳性に焦点化される。

　こうしたシティズンシップ教育カリキュラムに対し，PSHE はどのような道徳性学習を扱っているのか，検討することでシティズンシップ教育カリキュラムの限界点を確定しよう。表6-4は，イーリング地域で開発されたPSHE のキーステージ 3 のスキーム・オブ・ワークの単元 5「個人の安全」(Ealing Healthy Schools Team, 2001) の学習方法と内容を示したものである。PSHE の単元 5 は，シティズンシップ教育のスキーム・オブ・ワーク単元 2「犯罪」と同様に，犯罪・虐待といった社会問題を扱う単元である。授業 1では，自らの有する安全/危険についての個人的価値を振り返り，ついで授業 2 では，グループ・クラスで話し合い，自らの価値観を再構築する。さらに，授業 3 では，危険行為を防ぐための方策を練り，授業 4 では虐待を事例に個人で行える対策を考察する。従って，単元 5「個人の安全」は安全/危険に関する個々人の解釈を明らかにしながら，危険を避けようとする個人の行動規範を発達させることを目的としている。これは，良し/悪いという社会的規範をめぐって社会的事象である犯罪を吟味し，理解することを中心に

おいたシティズンシップ教育とは異なるものである。

　犯罪を共通のトピックとして取り上げているが，シティズンシップ教育では，あくまで社会問題の理解や解決をめざす過程での道徳的育成と位置付けているが，PSHE では個人の行動や道徳性を振り返る方法として社会問題学習を位置付けている。以上の考察から，シティズンシップ教育カリキュラムは，道徳性の学習を含むものの，個人の行動規範や価値観の変容へは直接関与しない。

　これまでの分析結果を踏まえて，シティズンシップ教育における道徳性の内容・位置づけの共通点・相違点を図化したものが 図6-1 である。ここから，「意図した」シティズンシップ教育カリキュラムと PSHE は，社会的事象を中心とし，道徳や徳自体を扱うのではなく関連した事象を扱う点でも共通する。しかしながら，PSHE では，私的/個人的シティズンシップを重視し，直接的道徳性育成を行うのに対し，シティズンシップ教育は，公的/社会的シティズンシップを重視し，間接的道徳性育成を中心とすることが明確になる。

　以上のカリキュラムの特質から導き出される，「意図したカリキュラム」

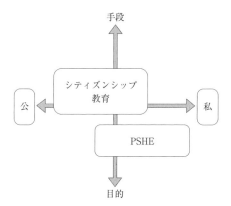

図6-1　道徳性の視点から見る「意図した」
シティズンシップ教育カリキュラムの特質

で育成されるシティズンシップ像を説明したい。それは，根本的に生徒たちは各年齢段階に応じて「責任を持って道徳的決定をしたり，行動したりするのに必要な知識・理解・スキル」を発達させている「責任ある市民」である点である（特質1）。しかし，その際の知識・理解は，規範・価値観そのものよりも，それらをめぐる社会的状況の理解を中心とする（特質2）。また，生徒たちは個人としてどうあるべきか，ではなく，社会としてどうある・するべきかという規範・価値観を有したシティズンである（特質3）。

（6）「意図したカリキュラム」における道徳性の意味

　以上の考察で「意図した」シティズンシップ教育カリキュラムの特質を3点明らかにした。ここでは，なぜこうした特色があるのか，その特質の意味を解明していく。ここでは，まず①なぜ，シティズンシップ教育の道徳性育成を位置付けたか，②道徳性の学習が中心目標・内容にはおかれない，間接的な道徳性学習が中心になのか。③社会的な道徳性に焦点化されているのはなぜか，この3点について検討しよう。

　まず①シティズンシップ教育における道徳性の位置付けについて考察しよう。第1章で示したように，イングランドにおいては，様々な議論はあるものの「シティズンシップ教育において道徳性の育成は不可欠である」とされている（Halstead & Pike, 2006: 1）。Crick も「道徳的価値（moral value）の基に成り立っていないシティズンシップ教育は機械的でつまらないものになるだろうし，時には危険なものになるかもしれない」（Crick, 1998: 19）と述べている。なぜなら，実際に市民として社会活動に参加していく前提としては，社会共通の意識・価値観，つまり道徳性の獲得が不可欠とみなされているためである。道徳性の発達なしに，知識・理解や活動を子どもたちが行うことは，「機械的」「危険」「つまらない」ものとなってしまうと捉えられている。そのため，シティズンシップ教育において「態度や価値観は，スキルや知識と同様に育成されるべき」とみなされるのである。

　ついで，②道徳性の学習が間接的な道徳性学習が中心であること。③社会的な道徳性に焦点化されていることについて検討しよう。

　Crick は，道徳性育成はシティズンシップ教育に不可欠としながらも，シティズンシップ教育が個人的な道徳性育成に立ち入ることに対しては強い抵抗を示している。その理由として，インタビュー調査に対し，Crick は「アリストテレスが述べたように，良い市民とは必ずしも良い人間だとは限らない。同様に良い人間とは必ずしも良い市民とは限らない」「私（personal）は政治的（political）ではない」からと述べている（Kiwan, 2008: 52）。ここでの政治とは，組織や制度ではなく「ある一定の支配領域内の相異なる利害を，それらが共同体全体の福祉と存続にとって有する重要性の度合いに応じて，権力に与らせながら，調停するところの活動」という意味である（クリック，2004：214）。つまり，市民とはコミュニティ・共同体を基とした活動（社会的活動）に参加するメンバーであり，シティズンシップ教育はこうした公的/社会的な個人を育成することに特化すべきと考えている。そのため，道徳性発達についても，あくまで公的/社会的な活動に関連した道徳性を育成することに焦点をあてており，個人的道徳性育成から一歩引いているのである。これが，共に「スキル・知識・価値・態度」を一体化させて育成すべきという PSHE とシティズンシップ教育という類似した教科が，イングランドで2つ設定された根拠ともなる。

　また，Halstead & Pike（2006）は公的/社会的道徳性育成を強調するシティズンシップ教育が，私的道徳性の育成を重視する PSHE の分野も兼ねることは，シティズンシップ教育と PSHE 双方にとって危険であると主張している。公的/社会的道徳性と私的/個人的道徳性は必ずしも一致するものではない。そのため，これらを無理に一体化することは，道徳性育成の観点から見れば，私的/個人的道徳性の否定につながる。また，シティズンシップ育成から見れば，道徳的価値以外のシティズンシップ教育で育成すべき要素である知識・理解や活動などの軽視につながる可能性がある。そのため，あ

くまで「意図したカリキュラム」では，「社会としてどうすべきか」という
公的/社会的道徳性の間接的育成に焦点化し，「個人はどうすべきか」という
私的/個人的道徳性育成については触れない。個人に関する道徳性には触れ
ず，個人に委ねるという開かれた道徳性育成をめざしているといえよう。

（7）小括

　以上から，道徳性育成からの「意図したカリキュラム」の特質は次の3点
に整理できる。

[1]キーステージ3のカリキュラム全体で，道徳性の学習が用いられてい
る。

[2]道徳性の学習は，「意図したカリキュラム」の中で中心的な目標・内
容には位置づかない，手段型の学習が中心である。目的・理解型であ
っても，規範や価値観それ自体が扱われるのでなく，規範や価値観を
めぐる社会的事象や状況の理解が中心におかれる。その際の道徳性は，
社会的文脈に焦点化される。

[3]「意図したカリキュラム」では，「社会としてどうすべきか」という
公的/社会的道徳性の育成に焦点化し，私的/個人的道徳性育成につい
ては触れないことで個人の道徳性育成は個人に委ね，開かれた道徳性
育成を保証しようとする。

第2項　「コミュニティへの参加」の場合

（1）分析視点

　分析視点を明確にするために，イングランドにおけるコミュニティ・参加
についての考え方を明確にしておこう。イングランドでは，「コミュニティ」
「参加」（participation, involvement）は多義的な意味を持つ（Kiwan, 2008）。例
えば，1999年版ナショナル・カリキュラムでの「参加」はスキルとして見ら
れ，活動の「一員となる」という実際の行動のみでなく，「共感する」「考え

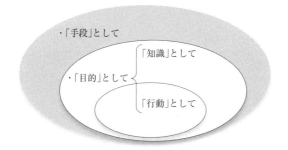

図 6-2　「参加」概念の類型

を表現する」など多岐にわたる。また，「コミュニティ」も家庭・学校・地域・国家・EU・世界…を包含している。

　そのため，最も広く「コミュニティへの参加」の意味を捉えれば，直接的に学校や地域で変化を起こすために行動することだけでなく，様々なレベルのコミュニティで，生徒が自らで考え，表明し，意思決定するという，生徒による主体的学習一般を包括する広義な概念と捉えられる。特質を抽出する分析視点とするため，「コミュニティへの参加」を，Arthur, Davison & Stow（2000）で用いられた視点を参考に，「参加」と「コミュニティ」を次の3種類に設定した。

①参加の3類型

　シティズンシップ教育カリキュラムでの3種類の参加を表したのが図 6-2 である。

　1つ目は，「手段」としての参加である。これは，最も広義の参加の概念である。この場合，生徒の主体的な学習活動は意欲を高める手段として，教育方法には用いられるが，目標・内容項目には含まれない，あるいは軽視される。

　他の2つは目標・内容に主体的な学習活動や意思決定の要素が含まれると

いう点から，「目的」としての参加である点では共通するが，参加の強調点
は異なる。2つ目は，「知識」としての参加である。この場合，目標・内容
において，議会への参加方法などの知識を習得することに重心が置かれる。
一方は，3つ目の「行動」としての参加である。この場合，生徒が教室の議
論に加わる，あるいは地域のボランティア活動に参加する，直接的に何らか
の活動に加わるなどの行動を目標・内容に位置づけるという，最も狭義の参
加となる。

②コミュニティの3類型

　イングランドで「コミュニティ」という用語は，学校・地域・国家・世界
など多様なレベルを示す。シティズンシップ教育と参加学習について述べた
Arthur, Davison & Stow (2000) は，シティズンシップ教育を学校教育とし
て行う以上，学校と参加の主体となるコミュニティとの関係をどう捉えるか
で整理する必要があるとした。この研究に基づき，本研究では，学習で生徒が
参加を行う「コミュニティ」を3類型で表した。第1は主にクラスなど「学
校内のコミュニティ」。第2はクラスを超えた「学校」をベースにしたコミ
ュニティ。第3は地域や国家といった「学校を超えたコミュニティ」である。

（2）分析方法

　分析では，前項と同様に，スキーム・オブ・ワークと代表的単元を取り上
げ，2つの分析視点を基に，まずカリキュラムの教育方法に参加が含まれて
いるかを検討する。参加が含まれていた場合，教育内容・目標にどのように
位置づけられているか―目的か手段か，知識か行動か―を，参加とコミュニ
ティの分析視点から導き出す。こうした分析結果を整理し，スキーム・オ
ブ・ワークにおけるコミュニティへの参加の特質を確認する。

　シティズンシップ教育としての特質を抽出する際には，コミュニティへの
参加に特化したカリキュラムであるCSV (1999) との比較を通して行う。

CSV（1999）との比較を通して，シティズンシップ教育の特色がより明確になるだろう。

（3）参加の類型からみた「意図したカリキュラム」の特質

①参加の視点からみた教育方法

　スキーム・オブ・ワークの各単元を概観してみると，全ての単元の教育方法として参加が位置づけられているといえる。

　ここでは事例として単元1「シティズンシップ：何のためのもの？」を取り上げ，考察する。

　表6-5は，単元1の教育方法を表したものである。単元1は，授業1～4で構成され，能動的市民とは何か，学校・家庭・コミュニティにおける法や民主的な決定の重要性を理解することを目標とする。そのため，主に「政治的リテラシー」を中心とした教育目標・内容の単元と考えられるがが，教育方法としては「コミュニティへの参加」が組み込まれている。説明していこう。

　授業1「学校とはどんなところ？」では，「学校コミュニティで既に市民の一員であることを認識する」（QCA, 2001a: 4）ために，グループで小学校時代について尋ね合い，リストを作成する。それらの吟味を通して，適切な行動とは何かという合意を行う。授業2では，「何が議論を助け/危険に陥らせるか，また全ての生徒達が議論に貢献できるために必要なルールとは何かを知る」「シティズンとして能動的な役割を担うために重要な問題や望ましい方法について理解する」（QCA, 2001a: 5）ために，ペアで議論の基本ルールのリスト作りをし，意思決定方法自体をクラスで吟味する。授業3・4も同様に，生徒のクラスの活動への主体的な学習活動を用いている。従って，単元1は手段としての参加で貫かれているといえる。

　他の単元を概観しても，同様のように教育目標・内容の中身に関わらず，教育方法においては，生徒の主体的な学習活動を基盤としているため，スキ

表6-5　参加の視点からみた単元1「シティズンシップ：何のためのもの？」の教育方法

授業名	教育方法		
		単位	活動
1．学校とはどんなところ？	・グループになり，小学校時代について尋ね合う。 ・学校・あるいはクラスなど，学校生活の中での様々な経験や，困難な経験についてリストを作る。 ・議論の結果をフリップ・ボードにまとめ，良い点・悪い点に分ける。 ・学校をより良いところにするために必要な行動のリストを作り，どの行動が適切かをクラスで合意する。	・グループ ・クラス	・対話 ・議論，リスト作り ・議論，合意形成
2．議論の基本ルールって何？	・ペアでクラスサイズの議論を行う際に問題になることについて話し合い，それらをクラスでまとめてリストを作る。リストを利用して，全員が議論に参加するには何が必要かを認識する。 ・席替えなどの問題の具体事例に基づいて，どのように意思決定を行うかについて話し合う。 ・小学校ではどのような意思決定が行われていたかに答える。全ての子ども達が学校の政治の振り返り・発展させるにはどうすればよいかを熟考する。 ・地域・国のニュースから問題を1つ選び，ボードでリストを作成する。そして，これらの問題が興味を引く理由やどのように重要かを考察することで，質問の方法を学ぶ。	・ペア ・クラス	・リスト作り ・議論 ・リスト作り ・話し合い
3．民主的なコミュニティって何？	・グループで，ある集団が協力し合わないと生き残れないような困難な状況に置かれているような「砂漠の島」のシナリオを作成する。その状況下では何をすべきで，それはなぜかを答える。 ・クラス単位で，共通点と相違点を導き出す。 ・子ども達は，個人とコミュニティ全体の権利について，ついで他者よりもより多くの犠牲をはらうような状況を考察する。 ・クラス単位で，生き残った人々が公正に生きていくためには，どのような方法が必要かを考察する。 ・コミュニティにおける民主主義とは何かを考察する。	・グループ	・話し合い，シナリオ作成 ・話し合い
4．年をとったら何が変わるの？	・新生児が持つ権利・責任とは何かを答える。 ・ペアで，今から19歳になるに従って，権利と責任がどのように変容していくか，時間軸に沿った表を作成する。 ・子ども達は，どのようなルールが存在し，そのルールの背景にはどのような権利と責任があるかを考察する。 ・子ども達は，ナショナル・カリキュラムの「学習プログラム」を読み，学校やコミュニティで能動的な役割を果たすため，また課題を解決したり選択・決意をするために，示されたスキルや知識がどう機能するかを考察する。 ・導入時の授業で行った小学校時代の頃を振り返り，小学校で学習したことと何が同じで何が異なるかを振り返り，ポートフォリオに記入する。	・個人 ・ペア ・クラス ・個人	・対話 ・表作成 ・話し合う ・ポートフォリオ作成

ーム・オブ・ワークは広義の参加学習としてカリキュラム上で貫かれている。

②教育目標・内容における参加の位置づけ

　「意図したカリキュラム」の教育方法には参加が位置づけられているが，こうした参加に関する学習は「目的」なのか「手段」なのか，「目的」の場合，「知識」か「行動」かを判断した結果を 表6-6 で示した。特質をまとめる前に，代表的な単元をあげ，手段としての参加型（手段），知識としての参加型（目的―知識），行動としての参加型（目的―行動）また，どちらもと判断した根拠を示したい。

●手段としての参加型

　代表例として「単元2 犯罪」をあげよう。学習目標は，犯罪的行動とその結果，犯罪をおかしやすい年齢，犯罪の責任，法システムの基本構造などの理解・説明などである。教育内容も犯罪や若者や犯罪被害者がコミュニティに及ぼす影響について探求するとある。従って，ここで用いられるグループ・ワークや参加行動というのは，それ自体が目的となるのではない。あくまで，参加という手段を使って，犯罪に関係することを学ぶことが中心となる。従って，手段としての参加と判断できる。

●知識としての参加型

　この型は「単元6 政府・選挙と投票すること」に見られる。本単元は国会や政府など民主主義における参加のプロセスが教育内容・目標として含まれている（目的としての参加）。しかし，その位置づけは，投票システムやその重要性の理解など，知識として参加方法を学ぶことに焦点化されている。従って，知識としての参加の単元であると判断できる。

●行動としての参加型

　この型の代表事例は，「単元14　民主的参加のスキルを向上させる」である。この単元では，学校運営における民主的プロセスについて実際に行いながら，その知識・スキルの活用方法を学んでいく。実際に，生徒が自らで行

表6-6　参加の視点からみた教育目標・内容の特質

ユニット名	教育目標	教育内容	目的 or 手段	理解 or 行動
1．シティズンシップ	大多数の生徒は，権利と責任を有した能動的市民とは何かを理解する。生徒は，学校・家庭・コミュニティにおける法や民主的な意思決定の重要性を理解する。生徒は，学校やより広いコミュニティにおける日常的な問題について調査し，議論する。生徒たちは小グループやクラスにおけるディスカッションやディベートに貢献する。	能動的市民とは何かに関する理解を促進するための中心的な考えを生徒に導入する。	目的	知識
2．犯罪	大多数の犯罪的な行動とは何かを判断し，法律が被疑者をどのように扱うかについて説明する。彼らは，犯罪を犯すピークの年齢が18歳である理由を判断する。彼らは「犯罪者の責任」概念を理解し，若者が犯罪行為に対して責任をとるべきと考えていない理由を提示する。彼らは，若者をめぐる法システムの基本的構造を概説する。彼らは，被害者と加害者の公平性をめぐる問題を議論し，全ての人にとって平等な裁判であることの重要性を理解する。	犯罪と，犯罪が若者や犯罪被害者やコミュニティへ及ぼす影響について探究する。		
3．人権	学校やより広いコミュニティにおける基本的人権を知り，権利と責任を理解する。彼らは1998年の人権運動の重要性を理解し，それが日常生活の一部とどう関連させるかを理解する。彼らは個人と団体の権利が時に対立することに気付き，権利の調節が重要であることに達する。彼らは人権が侵害・無視された時に何が起こるのかを理解し，地方・国家・国際レベルでの事例を調査する。	学習と自分自身の経験とを関連させながら，権利と責任について学習する。		
4．ブリテン	ほとんどの生徒は自分自身のアイデンティティを理解し，地域レベル・国家レベルで多くの異なるアイデンティティがあることを理解する。自分達の属するコミュニティと異なるコミュニティを判別し，多様な社会に暮らすことの利益と課題を熟考する。地域・国家・国際レベルの異なるコミュニティの相互依存関係を理解し，それらの全てを尊重することの重要性を理解する。	生徒たちのアイデンティティと自分達のコミュニティやアイデンティティとは異なる国家・文化・宗教・地域・民族アイデンティティについて熟考する。	手段	
5．法が動物を守る方法	ほとんどの生徒は，地域レベルの法と国家・国際レベルの法といった異なるレベルの法律について，その重要性の幅広い理解とそのレベル分けを行う。彼らは法律を振り返りながら，国会の役割やUKで法律が通過する際のプロセスを理解する。彼らは，個人や国会以外の団体が法律に影響を与える方法を判断し，説明する。彼らは，法的プロセスに影響を及ぼすメディアや世論の役割，また法律と日常生活との関係性を正確に把握する。彼らは，生じた問題について調査し，議論し，彼らの意見を表明し，他者の意見を自分達の意見に反映させる。	動物の健康をめぐる法律の問題を扱い，地域・国家・国際レベルの法律の特色と役割を生徒に紹介する。		
6．政府，選挙，投票すること	ほとんどの生徒は国会と，民主的プロセスや国会議員といった他の形式の政府の重要な特徴について知る。彼らは，政府がどのように予算を確保し，社会に影響を与えられるかという方法を理解する。彼らは民主主義における投票の重要性を理解し，政治的な投票の本質や政党のキャンペーンの方法について正確に理解する。彼らは投票を運営するための異なるやり方を知り，代議制の利益・不利益を反映させることができる。彼らは選挙における参加について考察し，投票放棄する人の理由を探究する。	政府の役割や，投票システムや民主社会における投票の重要性に焦点を当てる。	目的	知識

7．地方民主主義	ほとんどの生徒は，地方政府によって提供される幅広いサービスに気付き，地方政府の予算確保の方法を知る。彼らは，提供されたサービスに反映されるような優先順位があることを理解する。彼らは地方政府の法的責任の理解を説明する。彼らは，地域における生活の中で，自分自身を含む異なった価値観や態度が，ある問題や出来事に対する意見や異なった参加の方法に結びつくことを正確に理解する。彼らは簡潔に結論を提示するために明らかになったことや探求したことを用い，地方を向上させるための提言を行う。彼らは人々の意見が影響を及ぼす方法や，提言がときに拒否される理由に反映させる。	地域コミュニティをめぐる問題を探究し，日常生活における地方議会の役割を見る。		
8．地域コミュニティにおける余暇とスポーツ	ほとんどの生徒は，スポーツや娯楽施設を提供する際の地方政府の役割を理解する。彼らは資金確保の方法を知り，資金と要求が対応しなかった場合の選択方法に気付く。彼らはこの問題に関する模擬ディベートで異なる意見を主張する。彼らは，必要性と施設とが一致しているかを見るために，自分達の地域を見直す。彼らは，接触型のスポーツのフェアプレーの重要性と，保護するための参加の権利を理解する。彼らは，スポーツ活動を支えるための法律の必要性を理解する。	供給に関連した問題と公共娯楽施設の利用についての知識を与える。		
9．社会におけるメディアの重要性	ほとんどの生徒は異なる考え方を提示するという点でのメディアの役割の重要性に関する重要性の知識を証明する。彼らはメディアに示されたトピック問題がどのように示されるか，スポーツイベントといった他のイベントがどのように示されるかについて理解する。彼らはメディアが主義を促進するために使われることができることを知る。彼らは，メディアが個人の権利や責任に関連していることを自覚する。	異なる地域・国家・国際的な文脈におけるメディアの役割や重要性を見る。	知識	目的
10．グローバルな課題について議論すること	（シティズンシップの目標に限定）ほとんどの生徒は，特定の観点からのアマゾンの熱帯雨林破壊の結果を調査する。彼らは，調査や自分達自身の考えを示すためにICT を用いる。彼らはグループの他のメンバーと共に活動し，首尾一貫したプレゼンテーションを行う。彼らは模擬公共会議において，提示された問題についてディベートをする。	ブラジルのアマゾンの熱帯雨林といったシティズンシップに関連したグローバルな問題について教える。（地理とシティズンシップとで組織されている）		
11．なぜ平和を保つことはそんなにも難しいのか？	（シティズンシップの目標に限定）ほとんどの生徒は，世界で起こっている重要な出来事や現在の紛争状況の問題を知る。彼らは，主要な政治的・軍隊的紛争における人権の影響を理解する。彼らは，グローバルな問題に関連した理解に対して，メディアがどのように伝え・影響を与えたかについて評価する。問題状況を生んだ多様性ある問題について正確に把握する。彼らは他者の経験を熟考し，彼ら自身のものでは必ずしもない考え方について熟考する。彼らは状況を理解するために，歴史感覚が不可欠であることを正確に理解する。彼らは，政府や国際的な組織が国際法の設立をどのように求めているかについての理解を示し，複雑な状況の調停の実現の困難さを認識する。彼らは，国際的なボランティア団体の仕事内容について知る。	歴史的文脈の中から，現在起こっている問題について学習する。（歴史とシティズンシップとで組織されている）		
12．なぜ女性と男性は投票のことで争わなくてはならないのか？	（シティズンシップの目標に限定）ほとんどの生徒は代議制政府の重要な特徴について知り，理解する。彼らは投票することの特徴を説明し，選挙権が与えられていないことや，現代ブリテンにおける今日も除外されるための基準について認識する。彼らは現代問題に歴史的知識を適用する。彼らは今日のブリテンの民主主義のあり方について議論し，選挙改革について賛否の異なる意見を提示する。彼らはグループワークやディベートに参加し，正当な貢献を行う。	ブリテンにおける投票システムや政府の特徴について学習する。（歴史とシティズンシップとで組織されている）	知識，行動	

13. 我々は争いをどのように扱うべきか	ほとんどの生徒は様々なタイプの紛争を理解する。彼らは，寛大さや紛争といった点でキリスト教や他の宗教を理解する。彼らは，寛大さということは常に簡単なことではないということ，またそれは時に調停を必要とすることを理解する。彼らは，不寛容が更なる紛争を引き起こすことを理解する。彼らは，エルサレムや他の紛争地域における主要な聖地について知る。彼らは，宗教の中には信念や価値を共有しており，アイデンティティ・伝統・紛争や平和について疑問を有していることを説明する。彼らは，紛争・寛大さ・調停・和解についての意見をディスカッションし，知識に基づいた解答を行うことができる。	紛争とその解決方法について探究する。（シティズンシップか宗教教育で組織される）	知識, 行動	
14. 民主的参加のスキルを向上させる	ほとんどの生徒は決定するための様々な方法や文脈を理解する。彼らは民主的プロセスについての自らの知識を活かしながら，意思決定活動のグループ活動に貢献する。彼らは会議を有効なものとするために必要なものごとについて判断する。彼らは，リーダーシップの質や学校やコミュニティプロジェクトを運営する際に，こうした質がいかに手助けとなるかに関する理解を示す。	生徒は民主的な集団で意思決定プロセスを高めるために協働的な活動を行う。		
15. 犯罪と安全への自覚	ほとんどの生徒は，地元の地域の犯罪についての議論に参加し，イベントの企画や意思決定に積極的に貢献する。彼らは，外部の人と共に学校活動に責任を持って参加する。彼らは他者の立場で経験を考えるために想像力を活用し，犯罪が犯罪者や被害者に影響する事柄について話し合うことができる。彼らは，自らが考える原因や少年犯罪の影響，刑事裁判に関わる組織の役割に対して明確に理解していることを提示する。	生徒はあるイバントを組織化したりや計画したりする活動に参加する。		
16. 人権を賛美するということ	ほとんどの生徒は，「人権の日」についてグループやクラスで行う議論に貢献し，その目的を理解する。彼らは人権問題について知る。彼らは，どのように活動を企画すべきかに関する意思決定に貢献し，自分の役割で交渉し，学校の活動に責任を持って参加する。	学校は年に一度の特別行事について企画する。	目的	
17. 学校間のつながり	ほとんどの生徒は，それが「良い」か「悪い」かではなく，他国における文化や経験が自国のものとは違っていることを理解する。異なる地域の人々に対しての理解する際には，固定観念や偏見よりも経験に基づくようにする。彼らは，グローバルな文脈で，社会・経済・政治的問題について気付く。彼らは，EUやイギリス連邦や国際連動のような国際組織の役割を認識する。	生徒は，学校間で，グローバルな事柄に関する活動を行う。		行動
18. 学校のグラウンドを向上させる	ほとんどの生徒は，学校のグラウンドの調査に着手する際の，地理的スキルの使い方を知る。彼らは，関係するグループや人々と結果について議論し，発見したことを分析する。彼らは改善のためのストラテジーを考案し，責任を持って同意した計画を実行する。彼らは自分達の行動を振り返り，うまく行った点とうまくいかなかった点とを判断する。彼らは，自分達のグラウンドについてどのような問題が起こっているのかを理解し，そのプロジェクトを実行する際の異なるアプローチを判断することができる。	生徒は，自分達の学校のグラウンドを向上させるよう，責任ある計画・工夫・施行を行う。		
19. 発展を評価することと達成度に気付くということ	ほとんどの生徒は，彼らが学習した象徴的な出来事についての幅広い知識と理解を有している。例えば，シティズンが有している権利と責任と義務，ボランティア団体の役割，政府の形態，犯罪と裁判のシステムなどがある。彼らは，人々が情報を得る方法やメディアを通じて意見が形成され，表明される方法を理解する。彼らは，学校やコミュニティを基盤とした活動に参加し，彼ら自身や他者への態度において，個人や集団の責任を果たす。	KS3の間の生徒の達成度に関する発達と認識を積極的に評価することを促進する活動をする。		

動しながら参加方法を学ぶ学習となっている。従って，行動としての参加の単元であると判断できる。

　例外的に，単元12・13などは，知識と行動の双方が結びつく単元と判断できる。単元13の場合では，重点は紛争におかれているが，その目標として実際に解決方法について議論や解決策を導き出す参加的側面も強調されているためである。

　以上のように，表6-6を概観すると，学習目標・内容における参加の位置づけについて次の2点の特質が指摘できる。第1の特質は，スキーム・オブ・ワーク全体を概観すると，そのいずれかに特化せず，手段・知識・行動という全ての参加の型を用いている点である。第2の特質は，手段から知識，知識から行動に至るゆるやかな段階性が指摘できる点である。表の右端から明らかであるように，単元2，3，…17と進むに従い，コミュニティへの参加の位置づけは，手段から目的，知識から行動へと進むことから明らかである。生徒が行動へと移行する原理に基づき単元編成されているといえる。

（4）コミュニティの類型からみた「意図したカリキュラム」の特質

　次に生徒が参加する「コミュニティ」の3類型の視点からスキーム・オブ・ワークを検討したい。

　表6-7は，スキーム・オブ・ワークの単元について，先述した参加の視点からの分析結果，新たにコミュニティの類型からの分析結果をあわせて示したものである。なお，分析は先に考察した教育目標・内容・方法の各項目の記述内容から判断している。

　表6-7から次の2点が分かる。第1に，教育目標・内容と方法とで，扱うコミュニティが異なる。これは教育目標・内容で地域など学校を超えたコミュニティについて学習するとあっても，網掛け部分で示したように，実際に地域に出て行動することを意味するのではない。例えば，単元6～13では，目標・内容としては，学校を超えたコミュニティへの参加の学習が設定され

表 6-7　コミュニティの視点からみたスキーム・オブ・ワークの単元

単元名	参加		コミュニティ	
	目的or手段	知識or行動	教育方法におけるコミュニティ	教育内容におけるコミュニティ
1．シティズンシップ	目的	知識		学校＝コミュニティ，学校におけるコミュニティ
2．犯罪	手段			
3．人権				
4．ブリテン				
5．法が動物を守る方法				
6．政府，選挙，投票すること	目的			
7．地方民主主義			学校におけるコミュニティ	
8．地域コミュニティにおける余暇とスポーツ		知識		
9．コミュニティにおけるメディアの重要性				学校を超えたコミュニティ
10．グローバルな課題について議論すること				
11．なぜ平和を保つことはそんなにも難しいか？				
12．なぜ女性と男性は投票のことで争わなくてはならないのか？		知識，行動		
13．我々は争いをどのように扱うべきか				
14．民主的参加のスキルを向上させる学校におけるコミュニティ				学校におけるコミュニティ
15．犯罪と安全への自覚		行動	学校におけるコミュニティ，学校＝コミュニティ，学校を超えたコミュニティ	
16．人権を賛美するということ			学校におけるコミュニティ，学校＝コミュニティ	学校＝コミュニティ
17．学校間のつながり				
18．学校のグラウンドを向上させる				
19．発展を評価すること達成度に気付くこと			学校におけるコミュニティ	学校におけるコミュニティ

ているが，単元15を除き，教育方法ではコミュニティが学校内に留まるためである。

　第2に，網掛け部分で示したように，参加の位置づけとあわせて検討すると，単元6〜13のような学習目標・内容で学校を超えたコミュニティについての学習はあくまで参加方法を知識として獲得するのに留まっており，実際に生徒自らが行動するのは学校内もしくは学校を基盤としたコミュニティに留まっている点である。そのため，「意図したカリキュラム」における「コミュニティへの参加」は限定的な意味で用いられているといえる。

（5）「コミュニティへの参加」の分析視点からみた「意図したカリキュラム」の特質：CSV（1999）との比較を通して

　以上のスキーム・オブ・ワークの検討を通して明らかになった「コミュニティへの参加」から検討した「意図したカリキュラム」の特質を明確にしたい。

　これまでの考察から次の3つの特質があげられる。

　まず，第1に，スキーム・オブ・ワークはキーステージ3向けのカリキュラム全体で，コミュニティへの参加を重視している点である。これは手段としての参加にカリキュラム全体が貫かれており，広義の参加学習のカリキュラムといえること。また，単元編成でも手段から知識，知識から行動に至るゆるやかな段階性が指摘できる点からいえる。

　第2に，学校・地域・国家・世界という多重な空間レベルのコミュニティの学習であり，手段・知識・行動という3つの参加の型が全て見られるという参加学習として非常に多層的である点である。

　第3に，参加の型とコミュニティの型との関連性である。例えば，行動型の場合，クラス・学校という学校ベースの活動を行うことが中心となり，知識型の場合は，地域・国家・世界という学校を超えたコミュニティについての参加の学習となる点である。

　これらの特質に対して，コミュニティへの参加に特化したシティズンシップ教育カリキュラムである CSV（1999）と比較することで，スキーム・オブ・ワークの限界点を検討しよう。CSV（1999）は，参加の型の中でも特に行動としての参加を重視する。そのため，学習で取り上げられるコミュニティは学校と地域のみである。学習目標はシティズンとしての参加方法の獲得が示され，教育内容・方法においても，生徒自身が学校・地域の活動に関わる学習がとられている。

　それに対して，スキーム・オブ・ワークは行動としての参加のみで単元全体が貫かれることはなく，行動型の単元でも，学校を超えたコミュニティに取り組む機会はほとんど提供されない。学校外のコミュニティの問題解決活動に直接参加する機会に欠ける。

　以上のカリキュラムの特質から導き出される，「意図したカリキュラム」で育成されるシティズンシップ像を 図 6-3 に示した。それは，根本的に生徒達はコミュニティへ主体的に参加しようとする積極的な市民である点である（特質 1）。そして，その場合，学校・地域・国家・世界など多様なコミュニティであるが，その参加方法とは，必ずしも行動だけではなく，多様な参加方法がとられる（特質 2）。つまり，学校など自分の身近なコミュニティでは自らがそのコミュニティの一員として位置づき直接的に問題解決活動に関

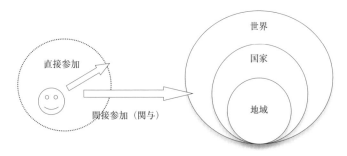

図 6-3　「コミュニティへの参加」の視点からみたシティズンシップ像

わるが，地域・国家・世界などより大きなレベルのコミュニティについては，直接関わり行動するというよりも，参加方法を知識として習得し，間接的な参加（関与）を行うシティズンといえる（特質3）。

　以上から，「意図したカリキュラム」の1つであるスキーム・オブ・ワークでは，多様なレベルのコミュニティへの参加が重視されているといえる。だが，そのコミュニティが学校内か外でその参加の内容は異なっており，必ずしも直接生徒が行動することだけでなく，学校を超えたコミュニティの場合は意欲づけの手段として，あるいは知識として参加方法の認識に留まることもあるといえる。

（6）「意図したカリキュラム」におけるコミュニティへの参加の意味

　以上の考察において，「意図したカリキュラム」でのコミュニティへの参加の特質を解明した。ではなぜ，そうした特質をもつのか，背景にある意味を探求していきたい。なお，考察の際には，3つの特質を①なぜ，コミュニティへの参加をシティズンシップ教育の中に位置づけたのか，②なぜ，多様なレベルのコミュニティに対する様々な参加がめざされ，特に学校を超えたコミュニティには知識レベルの習得に留まり，行動は学校内に留めたのか，という2つの問いへと変換し，問いに答える形で進める。

　初めに，①コミュニティへの参加をシティズンシップ教育の中に位置づけた理由について考察しよう。学問的背景としては，イングランドのシティズンシップ教育が責任・義務を強調する「市民共和主義」的シティズンシップに基づく点にある（クリック，2004；Kiwan, 2008）。この型は権利を強調する「自由主義」的シティズンシップに対し，責任・義務的側面に焦点を当てる。Crickは「市民共和主義」的伝統に重きを置き，シティズンが主体的に取り組む姿勢を重視していたのである。

　社会的背景としては，若者の政治的無関心や市民参加からの乖離が問題化していた点である（Benton et al., 2008）。イングランドは，もともとチャリテ

ィー活動，政治活動など市民的社会的活動に積極的だったが，近年はこうし
た活動への参加からの乖離が問題となっていた。この「無関心」への問題意
識はシティズンシップ教育導入への原動力の 1 つとなった（QCA/DfEE,
1998）。これら社会的背景も要因の 1 つとなっていたと考えられる。

　次に，②多様なレベルのコミュニティに対する様々な参加がめざされ，特
に学校を超えたコミュニティには知識レベルの習得に留まり，行動は学校内
に留めた理由を考察したい。

　学問的背景としては，先述の通り，Crick のボランティア活動に対する姿
勢を指摘できる。Crick は広義の参加に対してはその意義を認めていたが，
「ボランティア活動のみに切り詰めようとする動きに対しては否定的」（クリ
ック，2004：221）であった。その理由は，ボランティア活動を推進する人々
が「共同体への帰属意識や忠誠心」（p.221）などの情緒面の育成を強調する
傾向があるためである。こうした傾向がコミュニティのレベルによっては知
識・理解の学習中心を行うこととなったといえる。

　また，直接的参加学習を学校内に留めた理由も，「学校や教師に過剰な負
担をかける」（QCA/DfEE, 1998）といった実践的理由と共に，「生徒が職務を
こなす責任だけを引き受けさせる」ことを避け，誤っていると感じた際の
「改善案を提案していく責任」も共に引きうけさせた上での実施の重要性を
主張した Crick の影響が窺える。つまり，学校というある意味社会と離れた
場所で，生徒の決定の自由度を高めようとしたと考えられる[1]。

　さらに，社会的背景として，シティズンシップ教育がそもそも地域・国
家・世界という多元的レベルのコミュニティの市民を育成することを前提と
していた（QCA, 2001a）点である。目標・内容・方法の全てを行動としての
参加で貫くことを前提とすると，学校教育の範囲で生徒自身を直接行動に関
わらせるためには，学校又は地域に限定されてしまう。それに対し，国家・
世界レベルの社会への意思決定・問題解決過程では，問題解決行動をとるこ
とよりも，投票や投書などでの政策提言・主張（Advocacy）が中心となる。

こうした現状認識も影響を及ぼしたのではないか。

　以上の考察から，学問的・社会的背景が考慮された結果として，「能動的シティズンシップ」（active citizenship）が第一の目標に置かれ，コミュニティへの参加をストランドの1つとして導入されたと考えられる（Kiwan, 2008）。その結果，スキーム・オブ・ワークでは，コミュニティへの参加がカリキュラムを貫く基盤となり，単元編成にも影響を及ぼすことになった。一方で，スキーム・オブ・ワークは，生徒を安易に活動させることで知識理解や意思決定が保障できない可能性や各レベルのコミュニティへの参加の現状認識を鑑みて決定されたことで，単一のコミュニティや参加の型に集約できない多層的構造がとられた。この結果，「意図したカリキュラム」で育成される「能動的シティズンシップ」とは，コミュニティで行動し奉仕することのみでも，客観的な立場から批判することのみでもない。各コミュニティの現状を検討・理解した上で，主体的に関わろうとするシティズンシップをさすことになったといえる。

（7）小括

　これまでの考察から明らかになった，「コミュニティへの参加」からみた「意図したカリキュラム」の特質は次の4点に総括される。

　　［1］キーステージ3のカリキュラム全体で，コミュニティへの参加を基盤としたカリキュラムがとられている（特質1）。

　　［2］ただし，カリキュラムの中で，クラス・学校・地域・国家・世界といった多様なコミュニティの型と，手段・知識・行動といった多様な参加の種類がみられる（特質2）。そのため，コミュニティへの参加＝地域社会で行動するといった単一の意味に収斂されるものではない。

　　［3］コミュニティの型と参加の型は関連性があり，手段・知識型は学校を超えたコミュニティ（地域・国家・世界）への参加方法を学習目標・内容とし，行動型は学校内に留まっている（特質3）。これには，学校を

超えたコミュニティへは行動よりも批判や政策提言といった間接的関与が中心であるという現状認識や，また子ども達を「使い捨ての要員」ではなく自らの行動の決定への自由度を与え，責任を持って行動できる市民とするためであった。

［4］従って，「意図したカリキュラム」で育成しようとするシティズンとは，コミュニティに対して，客観的な立場から批判するだけでも，奉仕・行動するだけでもない。現状認識を踏まえ，各コミュニティに適した方法で主体的に関わることのできるシティズンであるといえる。これがシティズンシップ教育カリキュラムに通底する共通基盤となり，その表象が能動的シティズンシップ（active citizenship）といえる。

第3項　「政治的リテラシー」の場合

（1）分析視点

　分析視点を明確にしておくために，イングランドにおける政治，政治的リテラシーについての考え方を確認しておきたい。Crick は政治を次のように定義する。

> 「ある一定の支配領域内の相異なる利害を，それらが共同体全体の福祉と存続にとって有する重要性の度合いに応じて，権力に与らせながら，調停するところの活動」。（クリック，2004：20）

　この定義に基づけば，政治とは，地方・国家の政治システムでなく，クラスやクラブ活動内でも行われ得るものである。つまり，彼の抱く社会観は既存の構造を基盤としたものでもなく，個人・個人の生活でもない，人々の関係を基盤とした共同生活とみなしているといえる。こうした Crick の政治・社会に対する認識が「政治的リテラシー」が広義な意味を含むことに繋がる。クリック報告書では「政治的リテラシー」を次のように定義づけていた。

> 生徒（pupils）は，知識・スキル・価値を通して，公共生活（public life）で自

分達が効果的な役割を果たす方法を学ぶ。(QCA, 1998: 40。下線部は発表者による)

　以上のように，イングランドにおいて，政治的リテラシーとは公共生活に関わる知識・スキル・態度の全ての学び方というように，非常に抽象的・広義なものとして受け止められている（QCA, 1998）。広義な概念のままでは分析視点とできないため，①役割，②文脈について整理していこう。

①政治的リテラシーの役割

　これは，大きくは目的か手段かとして位置づけられよう。手段としての政治的リテラシーは，政治的リテラシーの学習を，学習方法としては取り込むが，学習目標・内容には位置づけない。そのため，例えば民主主義といった概念に関する学習を含みながらも，それはあくまでも社会参加の前提として押さえるのに留める，ということである。一方の目的としての政治的リテラシーは，政治的リテラシーに関する学習を，学習目標や内容に明確に位置づけているということができる。

②文脈

　先述したように，イングランドでは政治を広義のものとみなす。Davies & Thorpe（2003）の定義に基づけば，政治学習で論じられる際，政治を大きく（ア）事象[2]・（イ）概念・（ウ）視点・（エ）行動に整理している。各定義は次のようにまとめられる。

　（ア）事象：行政システムや行政・司法に関する事象といった主要な状況のこと

　（イ）概念：これは単一の事象以上のものをさす。例えば，戦争・革命・王政など，その現象の意味を追求していくことで，より広い概念的基礎を提供できるものである。

　(ウ)視点：解釈の本質は全ての政治学者で共有され得るものだが，大抵の
　　　　　場合はフェミニスト，ポストモダン主義といった視点が強調される。
　　　　　こうした視点である。

　(エ)行動：学問的な政治を実際の世界で実施する橋渡し的役割をする。

(2) 分析方法

　分析ではスキーム・オブ・ワークと代表的単元を取り上げ，2つの分析視
点を基に，政治的リテラシーの観点から見る「意図したカリキュラム」の特
質とシティズンシップ像を導き出したい。そのため，まず政治的リテラシー
の役割の視点から「手段型」か「目的型」かを判断し，ついで，「目的型」
の場合，「政治」はどのような文脈で語られているか，を検討していくこと
にする。

(3) 政治的リテラシーの役割からみた「意図したカリキュラム」の特質
①「政治的リテラシー」からみた教育方法

　スキーム・オブ・ワークの各単元を概観してみると，全ての単元の教育方
法として政治的リテラシーは位置づけられている。ここでは，事例として単
元18「校庭を改善すること」を取り上げ，考察を進めよう。表6-8は，単元
18の学習方法を表している。単元18は，授業1〜3で構成され，生徒が自分
達の校庭を改善するために責任ある計画・工夫・施行を行うべく，地理的ス
キルや議論の方法を学びながら，改善のストラテジーの立案・実行・振り返
りを目標とする。そのため，「コミュニティへの参加」を中心においた単元
だが，政治的リテラシーが単元に組み込まれている。検討しよう。

　まず，授業1「どのように校庭に関連して自分たちの学校とコミュニティ
のニーズを確定できるか？」は，校庭を改善する前提として，人々がどのよ
うなニーズを持っているかを調査・確定する学習が行われる。この授業でも，
学校コミュニティで対立する意見を収集するにはどうすればいいか，スキル

表6-8　単元18「校庭を改善すること」の教育方法

授業名	教育方法	政治的リテラシー
1．どのように校庭に関連して自分たちの学校とコミュニティのニーズを確定できるか？	・子ども達は校庭を実際に調査し，ベンチや歩道といった特徴的なものを示した地図を作成する。 ・子ども達に，一日でどのようにグラウンドを使われ方が異なっているかを観察・記録するように頼む。 ・校庭を使用する異なるグループのニーズをどのように確定するかについて議論し，情報収集のための手法を合意決定する。	校庭の事例を用いながら，学校単位での意見対立の状況を把握する方法を理解する。
2．どのように校庭の改善に際しての優先順位を決定できるか？	・校庭を使用する人々の異なるニーズについて考えるよう促し，彼らの考えをプレゼンテーションするようにする。 ・子ども達に集めた情報を分析するよう促す。その際，生徒自身・学校・地域での生活の質が向上するように熟考するようにする。一連の考え方は議論やディベートを通して行うようにする。 ・子ども達は校庭を改善するためのリストに含めるべきものと排除すべきものとを分別するために，どのような方法を用いるかを考えるように促され，決定のシステムに合意する。 ・このシステムに基づき校庭を向上させるための決定を行ってゆく。	学校単位のコミュニティで様々なグループの人々が合意に至る方法を認識する。
3．民主的なコミュニティって何？	・子ども達が用いる方法や完成する校庭の様子が，多様な文化や民族に対応したものになっているか，議論する。 ・子ども達は多様なソースを用いて，以前学んだユーザーのニーズに対する代替案を探る。 ・持続可能性のあるプロジェクトとなっているかを熟考・議論する。 ・校庭で行える様々な活動計画をたてる。 ・地域のボランティア団体の人を招き，今回のプロジェクトとのリンクを議論する。	多文化・多民族な状況下での人々のニーズを調停する方法を議論・認識する。
4．年をとったら何が変わるの？	・子ども達は今後の校庭の管理・外観を変化させるために，どう関われるかを考察する。 ・プロジェクトでかかったコストを計算し，予算と比較する。加えて，余剰金の管理法を考察する。 ・子ども達にプロジェクトの自分の貢献度を振り返るよう促す。プロジェクトの社会・文化・環境的インパクトを検討する。	地域や学校といった多様な公的コミュニティの視点からプロジェクトを検討する。

や知識を習得するという点で政治的リテラシーの学習が含まれている。授業
2「どのように校庭の改善に際しての優先順位を決定できるか？」では，校
庭を向上するにあたって，学校を取り囲む地域や学校内の多様なコミュニ
ティの対立するニーズを解決し，合意に至るプロセスの学習が前提となってい
る。授業3・4でも，それぞれ多文化・多民族な環境下での調停の方向性や

公的コミュニティの視点からプロジェクトを見直すといったプロセスが組み込まれている。単元18は，「政治的リテラシー」を学ぶことを目標・内容として設定してなかったものの，教育方法として組み込み，私的欲求や願望に基づくものでなく，より公を意識した参加を達成するようにしていたといえる。

　他の単元を概観しても，同様のように教育目標・内容に関わらず教育方法においては，「政治的リテラシー」に関わる学習が組み込まれており，スキーム・オブ・ワークは広義の政治的リテラシー学習として，カリキュラムが貫かれているといえる。

②政治的リテラシーの役割からみた教育目標・内容

　先述の通り，教育方法で政治的リテラシーに関する学習が位置づけられているが，これら一連の道徳性に関する学習は「目的型」なのか「手段型」なのか，その判断結果を 表6-9 で示している。

　特質をまとめる前に，手段型，目的型のそれぞれについて，代表的な単元を事例として提示し，判断の根拠を説明しておこう。

- 手段型：先述した単元18「校庭を改善する」を事例に説明しよう。先に述べたように，単元18の教育方法には学校という公的コミュニティにおける意見の対立の状況把握とそれを調停する方法の把握，また公的コミュニティの観点からプロジェクトを振り返るというように，政治的リテラシー学習が組み込まれている。ただし習目標・内容としては，生徒自身で校庭の改善活動に参画するというコミュニティへの参加活動が主眼におかれた単元であり，政治的リテラシーの学習はその前提として，より公的な参加を行うための手段にすぎない。そのため，手段型であるといえる。

- 目的型：単元1「シティズンシップ」を事例にあげよう。本単元の目標は，能動的市民や民主的市民とはどのようなものかを理解すること，ま

表6-9　政治的リテラシーの役割からみた教育目標・内容

ユニット名	教育目標	教育内容	目的 or 手段
1．シティズンシップ	大多数の生徒は，権利と責任を有した能動的市民とは何かを理解する。生徒は，学校・家庭・コミュニティにおける法や民主的な意思決定の重要性を理解する。生徒は，学校やより広いコミュニティにおける日常的な問題について調査し，議論する。生徒たちは小グループやクラスにおけるディスカッションやディベートに貢献する。	能動的市民とは何かに関する理解を促進するための中心的な考えを生徒に導入する。	
2．犯罪	大多数の犯罪的な行動とは何かを判断し，法律が被疑者をどのように扱うかについて説明する。彼らは，犯罪を犯すピークの年齢が18歳である理由を判断する。彼らは「犯罪者の責任」概念を理解し，若者が犯罪行為に対して責任をとるべきと考えていない理由を提示する。彼らは，若者をめぐる法システムの基本的構造を概説する。彼らは，被害者と加害者の公平性をめぐる問題を議論し，全ての人にとって平等な裁判であることの重要性を理解する。	犯罪と，犯罪が若者や犯罪被害者やコミュニティへ及ぼす影響について探究する。	
3．人権	学校やより広いコミュニティにおける基本的人権を知り，権利と責任を理解する。彼らは1998年の人権運動の重要性を理解し，それが日常生活の一部とどう関連するかを理解する。彼らは個人と団体の権利が時に対立することに気付き，権利の調節が重要であることに達する。彼らは人権が侵害・無視された時に何が起こるのかを理解し，地方・国家・国際レベルでの事例を調査する。	学習と自分自身の経験とを関連させながら，人権と責任について学習する。	
4．ブリテン	ほとんどの生徒は自分自身のアイデンティティを理解し，地域レベル・国家レベルで多くの異なるアイデンティティがあることを理解する。自分達の属するコミュニティと異なるコミュニティを判別し，多様な社会に暮らすことの利益と課題を熟考する。地域・国家・国際レベルの異なるコミュニティの相互依存関係を理解し，それらの全てを尊重することの重要性を理解する。	生徒たちのアイデンティティと自分達のコミュニティやアイデンティティとは異なる国家・文化・宗教・地域・民族アイデンティティについて熟考する。	目的
5．法が動物を守る方法	ほとんどの生徒は，地域レベルの法と国家・国際レベルの法といった異なるレベルの法律について，その重要性の幅広い理解とそのレベル分けを行う。彼らは法律を振り返りながら，国会の役割やUKで法律が通過する際のプロセスを理解する。彼らは，個人や国会以外の団体が法律に影響を与える方法を判断し，説明する。彼らは，法的プロセスに影響を及ぼすメディアや世論の役割，また法律と日常生活の関係性を正確に把握する。彼らは，生じた問題について調査し，議論し，彼らの意見を表明し，他者の意見を自分達の意見に反映させる。	動物の健康をめぐる法律の問題を扱い，地域・国家・国際レベルの法律の特色と役割を生徒に紹介する。	
6．政府，選挙，投票すること	ほとんどの生徒は国会と，民主的プロセスや国会議員といった他の形式の政府の重要な特徴について知る。彼らは，政府がどのように予算を確保し，社会に影響を与えられるかという方法を理解する。彼らは民主主義における投票の重要性を理解し，政治的な投票の本質や政党のキャンペーンの方法について正確に理解する。彼らは投票を運営するための異なるやり方を知り，代議制の利益・不利益を反映させることができる。彼らは選挙における参加について考察し，投票放棄する人の理由を探究する。	政府の役割や，投票システムや民主社会における投票の重要性に焦点を当てる。	
7．地方民主主義	ほとんどの生徒は，地方政府によって提供される幅広いサービスに気付き，地方政府の予算確保の方法を知る。彼らは，提供されたサービスに反映されるような優先順位があることを理解する。彼らは地方政府の法的責任の理解を説明する。彼らは，地域における生活の中で，自分自身を含む異なった	地域コミュニティをめぐる問題を探究し，日常生活における地方議会の役割を見る。	

	価値観や態度が，ある問題や出来事に対する意見や異なった参加の方法に結びつくことを正確に理解する。彼らは簡潔に結論を提示するために明らかになったことや探求したことを用い，地方を向上させるための提言を行う。彼らは人々の意見が影響を及ぼす方法や，提言がときに拒否される理由に反映させる。	
8．地域コミュニティにおける余暇とスポーツ	ほとんどの生徒は，スポーツや娯楽施設を提供する際の地方政府の役割を理解する。彼らは資金確保の方法を知り，資金と要求が対応しなかった場合の選択方法に気付く。彼らはこの問題に関する模擬ディベートで異なる意見を主張する。彼らは，必要性と施設とが一致しているかを見直す。自分達の地域を見直す。彼らは，接触型のスポーツのフェアプレーの重要性と，保護するための参加の権利を理解する。彼らは，スポーツ活動を支えるための法律の必要性を理解する。	供給に関連した問題と公共娯楽施設の利用についての知識を与える。
9．社会におけるメディアの重要性	ほとんどの生徒は異なる考え方を提示するという点でのメディアの役割の重要性に関する重要性の知識を証明する。彼らはメディアに示されたトピック問題がどのように示されるかや，スポーツイベントといった他のイベントがどのように示されるかについて理解する。彼らはメディアが主義を促進するために使われることができることを知る。彼らは，メディアが個人の権利や責任に関連していることを自覚する。	異なる地域・国家・国際的な文脈におけるメディアの役割や重要性を見る。
10．グローバルな課題について議論すること	（シティズンシップの目標に限定）ほとんどの生徒は，特定の観点からのアマゾンの熱帯雨林破壊の結果を調査する。彼らは，調査や自分達自身の考えを示すためにICTを用いる。彼らはグループの他のメンバーと共に活動し，首尾一貫したプレゼンテーションを行う。彼らは模擬公共会議において，提示された問題についてディベートをする。	ブラジルのアマゾンの熱帯雨林のシティズンシップに関連したグローバルな問題について教える。（地理とシティズンシップとで組織されている）
11．なぜ平和を保つことはそんなにも難しいのか？	（シティズンシップの目標に限定）ほとんどの生徒は，世界で起こっている出来事や現在の紛争状況の問題を知る。彼らは，主要な政治的・軍隊的紛争における人権の影響を理解する。彼らは，グローバルな問題に関連した理解に対して，メディアがどのように伝え・影響を与えたかを評価する。問題状況を生んだ多様性をめぐる問題について正確に把握する。彼らは他者の経験を熟考し，彼ら自身のものでは必ずしもない考え方について熟考する。彼らは状況を理解するために，歴史感覚が不可欠であることを正確に理解する。彼らは，政府や国際的な組織が国際法の設立をどのように求めているかについての理解を示し，複雑な状況の調停の実現の困難さを認識する。彼らは，国際的なボランティア団体の仕事内容について知る。	歴史的文脈の中から，現在起こっている問題について学習する。（歴史とシティズンシップとで組織されている）
12．なぜ女性と男性は投票のことで争わなくてはならないのか？	（シティズンシップの目標に限定）ほとんどの生徒は代議制政府の重要な特徴について知り，理解する。彼らは投票することの特徴を説明し，選挙権が与えられていないことや，現代ブリテンにおける今日も除外されるための基準について認識する。彼らは現代問題に歴史的知識を適用する。彼らは今日のブリテンの民主主義のあり方について議論し，選挙改革について賛否の異なる意見を提示する。彼らはグループワークやディベートに参加し，正当な貢献を行う。	ブリテンにおける投票システムや政府の特徴について学習する。（歴史とシティズンシップとで組織されている）
13．我々は争いをどのように扱うべきか	ほとんどの生徒は様々なタイプの紛争を理解する。彼らは，寛大さや紛争といった点でキリスト教や他の宗教を理解する。彼らは，寛大さということは常に簡単なことではないということ，またそれは時に調停を必要とすることを理解する。彼らは，不寛容が更なる紛争を引き起こすことを理解する。彼らは，エルサレムや他の紛争地域における主要な聖地について知る。彼らは，宗教の中には信念や価値を共有しており，アイデンティティ・伝統・紛争や平和について疑問を有していることを説明する。彼らは，紛争・寛大さ・調停・和解に	紛争とその解決方法について探究する。（シティズンシップか宗教教育で組織される）

右欄外：目的

	ついての意見をディスカッションし，知識に基づいた解答を行うことができる。	
14. 民主的参加のスキルを向上させる	ほとんどの生徒は決定するための様々な方法や文脈を理解する。彼らは民主的プロセスについての自らの知識を活かしながら，意思決定活動のグループ活動に貢献する。彼らは会議を有効なものとするために必要なものごとについて判断する。彼らは，リーダーシップの質や学校やコミュニティプロジェクトを運営する際に，こうした質がいかに手助けとなるかに関する理解を示す。	生徒は民主的な集団で意思決定プロセスを高めるために協働的な活動を行う。
15. 犯罪と安全への自覚	ほとんどの生徒は，地元の地域の犯罪についての議論に参加し，イベントの企画や意思決定に積極的に貢献する。彼らは，外部の人と共に学校活動に責任を持って参加する。彼らは他者の立場で経験を考えるために想像力を活用し，犯罪が犯罪者や被害者に影響を事柄について話し合うことができる。彼らは，自らが考える原因や少年犯罪の影響，刑事裁判に関わる組織の役割に対して明確に理解していることを提示する。	生徒はあるイベントを組織化したりや計画したりする活動に参加する。
16. 人権を賛美するということ	ほとんどの生徒は，「人権の日」についてグループやクラスで行う議論に貢献し，その目的を理解する。彼らは人権問題について知る。彼らは，どのように活動を企画すべきかに関する意思決定に貢献し，自分の役割で交渉し，学校の活動に責任を持って参加する。	学校は年に一度の特別行事について企画する。
17. 学校間のつながり	ほとんどの生徒は，それが「良い」か「悪い」かではなく，他国における文化や経験が自国のものと異なっていることを理解する。異なる地域の人々に対しての理解する際には，固定観念や偏見よりも経験に基づくようにする。彼らは，グローバルな文脈で，社会・経済・政治的問題について気付く。彼らは，EUやイギリス連邦や国際連動のような国際組織の役割を認識する。	生徒は，学校間で，グローバルな事柄に関する活動を行う。
18. 学校のグラウンドを向上させる	ほとんどの生徒は，学校のグラウンドの調査に着手する際の，地理的スキルの使い方を知る。彼らは，関係するグループや人々と結果について議論し，発見したことを分析する。彼らは改善のためのストラテジーを考案し，責任を持って同意した計画を実行する。彼らは自分達の行動を振り返り，うまく行った点とうまくいかなかった点とを判断する。彼らは，自分達のグラウンドについてどのような問題が起こっているのかを理解し，そのプロジェクトを実行する際の異なるアプローチを判断することができる。	生徒は，自分達の学校のグラウンドを向上させるよう，責任ある計画・工夫・施行を行う。
19. 発展を評価することと達成度に気付くということ	ほとんどの生徒は，彼らが学習した象徴的な出来事についての幅広い知識と理解を有している。例えば，シティズンが有している権利と責任と義務。ボランティア団体の役割。政府の形態，犯罪と裁判のシステムなどがある。彼らは，人々が情報を得る方法やメディアを通じて意見が形成され，表明される方法を理解する。彼らは，学校やコミュニティを基盤とした活動に参加し，彼ら自身や他者への態度において，個人や集団の責任を果たす。	KS3の間の生徒の達成度に関する発達と認識を積極的に評価することを促進する活動をする。

（17の行に対応する右欄外に「手段」と記載）

た基本的な法の仕組みや民主的意思決定の方法を学ぶというような，公共生活の基本原則を理解することそのものが教育目標・内容となっている。従って，政治的リテラシーの学習そのものが教育目標・内容となっているといえる。

以上，表6-8と表6-9とを概観すると，次の3点の特質が指摘できる。

　第1に，スキーム・オブ・ワークの単元では教育方法において政治的リテラシーの学習を前提としている点である。第2に，こうした一連の政治的リテラシーの学習は，社会参加の前提としての公共生活の理解を促すために政治的リテラシーを位置づけるという手段型と，政治的リテラシー自体の学習を中心とする目的型の双方がとられる。第3に単元全体の流れとしては，目的から手段型へと進んでいる。これが手段として組み込まれることで，政治的リテラシーの活用を促す方向へと向かう点である。即ち，シティズンシップ教育カリキュラムは政治的リテラシーをそのカリキュラムの基盤として重視され，それを用いて活用を行うことがめざされているといえる。

（4）政治の文脈からみたカリキュラムの特質

　次に，スキーム・オブ・ワークでの目的型の1～13単元の学習の内，学習する政治の文脈－即ち，ア）事象・イ）概念・ウ）視点・エ）行動－の点から検討することで，スキーム・オブ・ワークでは政治をどう捉えているか，その幅を吟味したい。検討に際しては，表6-10を基にみよう。

　表6-10から，イングランドで様々な文脈で政治が用いられていることを受けて，スキーム・オブ・ワークでも概念・行動・事象という多様な定義で捉えられているといえる。例えば，単元1～6は，それぞれ犯罪・人権・ブリテン・法律・政府といった概念の獲得を中心にする。単元7・8は，単元1～6で学んだことを地域社会に適用した行動としての政治を学習する。単元9～13は，グローバルな問題やイギリス（ブリテン）の投票システムというような特定の「事象」を扱う。単元9～12は政治が現れてくる様々な事象（システム・問題）を吟味することで問題を発見・改善し，単元13では具体的に問題解決へと繋げられ，問題解決のために現行システムの代替案を提示することが求められる。

　従って，政治的リテラシーの語られる文脈から見たスキーム・オブ・ワークの特質は次の2点となる。

表6-10　政治の文脈からみた「意図したカリキュラム」の特質

単元名	教育内容	政治の文脈
1．シティズンシップ	能動的市民とは何かに関する理解を促進するための中心的な考えを生徒に導入する。	概念
2．犯罪	犯罪と，犯罪が若者や犯罪被害者やコミュニティへ及ぼす影響について探究する。	
3．人権	学習と自分自身の経験とを関連させながら，人権と責任について学習する。	
4．ブリテン	生徒たちのアイデンティティと自分達のコミュニティやアイデンティティとは異なる国家・文化・宗教・地域・民族アイデンティティについて熟考する。	
5．法が動物を守る方法	動物の健康をめぐる法律の問題を扱い，地域・国家・国際レベルの法律の特色と役割を生徒に紹介する。	
6．政府，選挙，投票すること	政府の役割や，投票システムや民主社会における投票の重要性に焦点を当てる。	
7．地方民主主義	地域コミュニティをめぐる問題を探究し，日常生活における地方議会の役割を見る。	行動
8．地域コミュニティにおける余暇とスポーツ	供給に関連した問題と公共娯楽施設の利用についての知識を与える。	
9．社会におけるメディアの重要性	異なる地域・国家・国際的な文脈におけるメディアの役割や重要性を見る。	事象
10．グローバルな課題について議論すること	ブラジルのアマゾンの熱帯雨林といったシティズンシップに関連したグローバルな問題について教える。（地理とシティズンシップとで組織）	
11．なぜ平和を保つことはそんなにも難しいのか？	歴史的文脈の中から，現在起こっている問題について学習する。（歴史とシティズンシップとで組織）	
12．なぜ女性と男性は投票のことで争わなくてはならないのか？	ブリテンにおける投票システムや政府の特徴について学習する。（歴史とシティズンシップとで組織）	
13．我々は争いをどのように扱うべきか	紛争とその解決方法について探究する。（シティズンシップか宗教教育で組織）	

　第1に，固定化された組織やシステムといった権力組織としてではなく，概念や行動や事象など基本的に様々な文脈で政治が語られている点である。

　第2に，単元の流れとしては，まず政治学者が概念を獲得し，次にこうした概念を日常生活でどう活用できるかを学び，最後にそれらを用いて問題発見→問題解決を行うという流れをとる。これによって，政治的知識の獲得のみならず，それを批判的に吟味できる力を習得できると考えられる。ただし，基本的な政治概念は政治学者の定義を基盤におき，問題解決は，実際に活動を行って解決することよりも，現行システムを批判し，代案を提示するという形式で行われている。参加を行う前提としての知識やスキル・態度の育成が中心となっている点で限定的であるともいえる。

　つまり，政治的リテラシーは，スキーム・オブ・ワークにおいて，多様な意味で用いられているが，その編成を見ると，まずは既存の概念として，ついで実際の機能として習得することが求められ，最終的にはそれを用いて，事象を分析し，問題状況の解決の方向性を生徒自らで決定するという文脈で用いられていた。政治的リテラシーは，現在の状況の批判的検討という意味で用いられているということができるのではないか。

（5）政治的リテラシーからみた「意図したカリキュラム」の特質

　以上のスキーム・オブ・ワークの検討を通して明らかになった政治的リテラシーの視点から検討した「意図したカリキュラム」の特質は次の3点である。

　第1に，政治的リテラシーは，シティズンシップ教育カリキュラムに通底するものである。ただし，政治的リテラシーの学習とは組織や機関に関する知識や理解だけでなく，それらに関わる思考判断や吟味，活用までを含む広義の概念として見られる。

　第2に，政治的リテラシーというストランドは，シティズンシップ教育カリキュラムの全体としての役割としては，目的型から手段型へと移行する。

即ち，より実際的な運用・活用をめざして移行する構成がとられている

　第3に，カリキュラム全体で，政治的リテラシーを目的とした学習は概念習得→問題発見→問題解決へと編成されている。単元レベルでいえば，主要概念習得から現実の活用方法の学習へと組織され，最終的には現実社会の政治的事象が取り上げられ吟味することで，現在の社会システムを批判的に検討・代案を提示することが保証される。ただし，この場合の問題解決とは，実際の解決行動を行うことをさすのではなく，代案を提示するということが中心になる。

　以上のカリキュラムの特質から導き出される「意図したカリキュラム」で育成されるシティズンシップ像を説明したい。それは，根本的には日常生活から世界レベルにまで拡大する調停活動として政治を受け止めることで，主体的に取り組むシティズンである（特質1）また，その際の政治とは事象・概念・行動といった多岐にわたるものである（特質2）。その主体性とは，既存のシステムを批判・代案の提案という点で発揮され，既存の政治学者の概念規定を超えるものではない点である（特質3）。この点で子どもに完全に開かれているのではないのではないか，という批判も出ている（Osler, 2005など）。この点において，政治的リテラシーの限界点として指摘することもできよう。

（6）「意図したカリキュラム」における政治的リテラシーの意味

　ただし，ここで，シティズンシップ教育カリキュラム全体へと視点を拡大してみよう。政治的リテラシーは，その役割を見ると，コミュニティへの参加学習に組み込まれていく手段型の学習へと移行していくことが明らかになった。これが何を意味するか。

　コミュニティへの参加や道徳性育成を中心とした学習の場合，行動に参加すること自体が絶対的な目的となるために，現状肯定的・無批判性に陥りやすい点が批判されている（クリック，2004）。こうした無批判性は全体主義を

引き起こす要因ともなり得るものであり，民主主義社会のシティズンシップを脅かすものでもある。この視点から見ると，無批判的なシティズンシップ育成を防ぐ意味でも政治的リテラシーは肝要な役割を担っているのである。つまり，コミュニティへの参加で育成されるシティズンシップは，自らで人々の関係を調整し，その視点から現状を批判的に検討する能力を育成する役割を果たしているのである。

（7）小括

　以上から明らかになった政治的リテラシーからの「意図したカリキュラム」の特質は3点である。

　　［1］政治的リテラシーは，シティズンシップ教育カリキュラムに通底するものである。

　　［2］政治的リテラシーは組織や機関に関する知識や理解だけでなく，関連した思考判断や吟味，活用までを含む広義の概念である。

　　［3］政治的リテラシーというストランドは，シティズンシップ教育カリキュラムの全体では，目的型から手段型へとより実際的な運用・活用をめざして移行する構成がとられている。具体的には，カリキュラムでは概念習得→問題発見→問題解決へと編成される。ただし，この際の問題解決としては，実際の解決行動ではなく，現状を批判的に検討し，代案を提示することが中心である。

　政治的リテラシーから見えるシティズンシップ像とは，実際的な運用・活用をめざすものとしながらも，実際の問題解決活動に参加することではなく，現状を批判的に検討し，代案を提示することが中心になっていた。

第4項　「意図したカリキュラム」のカリキュラムの特質とシティズンシップ像

　ここでは，分析の結果を踏まえて，「意図したカリキュラム」のカリキュ

ラムの特質とシティズンシップ像とを確認しておこう。

（1）「意図したカリキュラム」のカリキュラムの特質

前項までの考察の結果，「意図したカリキュラム」におけるそれぞれのストランドの役割を示したものが表6-11である。

表6-11及び前項までの考察の結果，「意図したカリキュラム」の特質として3点を指摘できる。

表6-11　「意図したカリキュラム」における3つのストランドの役割

単元名	社会的・道徳的責任	コミュニティへの参加	政治的リテラシー
1．シティズンシップ	手段	目的	目的（概念）
2．犯罪	目的（理解）	手段	
3．人権			
4．ブリテン			
5．法が動物を守る方法	手段		
6．政府，選挙，投票すること		目的（知識）	目的（行動）
7．地方民主主義	目的（理解）		
8．地域コミュニティにおける余暇とスポーツ			
9．社会におけるメディアの重要性			
10．グローバルな課題について議論すること	手段	目的（知識・行動）	目的（事象）
11．なぜ平和を保つことはそんなにも難しいのか？			
12．なぜ女性と男性は投票のことで争わなくてはならないのか？			
13．我々は争いをどのように扱うべきか			
14．民主的参加のスキルを向上させる			
15．犯罪と安全への自覚		目的（行動）	（手段）
16．人権を賛美するということ			
17．学校間のつながり			
18．学校のグラウンドを向上させる			
19．発展を評価すること達成度に気付くということ	目的（理解）		

　第1に，表から窺えるように，「意図したカリキュラム」全体が3つのストランドは複雑に絡み合った構造をしている。各単元は，目的か手段かという違いはあるものの，3つのストランドがそれぞれ影響しているためである。各ストランドの定義を広義の意味で捉えるならば，全ての側面から語ることができるだろう。

　第2に，教育目標・内容での働きに注目して大まかな推移を検討すると，「意図したカリキュラム」は，「政治的リテラシー」から「コミュニティへの参加」での行動を目的としたカリキュラムへと移行している点である。そして，社会的道徳的責任のストランドは，それぞれの単元の補う役割として機能している。従って，「意図したカリキュラム」は概念を獲得し，それを基に現在の参加の行動を批判的に検討した後に，実際に行動する「能動的シティズンシップ」の育成をめざすという傾向が見られる。また，実際の行動が19単元中6単元に留まる点からも，下準備としての関連する知識・スキル・態度の獲得を重視している点が窺える。

　第3に，前項までの考察から，多様な政治の定義に基づいて多様な政治概念が適用されていた「政治的リテラシー」に対し，「社会的道徳的責任」「コミュニティへの参加」には限界点があった点である。

　具体的には考察の結果，次のような限界点が明らかになっていた。

● 道徳性の学習は手段型の学習が中心である。目的・理解型であっても，規範や価値観それ自体が扱われるのでなく，規範や価値観をめぐる社会的事象や状況の理解が中心におかれる。その際の道徳性は，個人がどうするかではなく，あくまで社会としてはどうすべきか，社会的文脈に焦点化されたものとなっていた。

● コミュニティの型と参加の型は関連性があり，学校を超えたコミュニティ（地域・国家・世界）への参加方法は知識として獲得するにとどまり，実際の行動は学校内に留まっていた。

こうした傾向は，Crick の考え方を強く反映するものであった。彼は，子

ども達を「使い捨ての要員」ではなく自らの行動や道徳性を決定することへの自由度を与え，責任を持って行動できる市民とすることを重視していたためと考えられる。これが，「政治的リテラシー」がカリキュラムの中心におかれた理由であったといえる。

（2）「意図したカリキュラム」で育成されるシティズンシップ像

「社会的道徳的責任」の観点からみたシティズンシップ像の特質は次の通りであった

- 生徒たちは各年齢段階に応じて「責任を持って道徳的決定をしたり，行動したりするのに必要な知識・理解・スキル」を発達させている「責任ある市民」である。

- しかし，その際の知識・理解は，規範・価値観そのものよりも，それらをめぐる社会的状況の理解を中心とする。生徒たちは個人としてどうあるべきか，ではなく，社会としてどうある・するべきかという規範・価値観を有したシティズンである。

「コミュニティへの参加」の観点からみたシティズンシップ像の特質は次の通りであった。

- 根本的に生徒達はコミュニティへ主体的に参加しようとする「能動的市民」である。

- 学校など自分の身近なコミュニティでは自らがそのコミュニティの一員として位置づき直接的に問題解決活動に関わるが，地域・国家・世界などより大きなレベルのコミュニティについては，直接関わり行動するというよりも，参加方法を知識として習得し，間接的な参加（関与）を行うように多様な関わり方をすることに留まる。

「政治的リテラシー」の観点からみたシティズンシップ像の特質は次の通りであった。

- 根本的には日常生活から世界レベルにまで拡大する調停活動として政治

を受け止めることで，主体的に取り組むシティズンである。政治的リテラシーにおける主体性とは，既存のシステムを批判・代案の提案という点で発揮され，既存の政治学者の概念規定を超えるものではない

●その際の政治とは事象・概念・行動といった多岐にわたるものである。

以上の点から，「意図したカリキュラム」で育成されるシティズンシップ像とは，能動的なものでありながら，私的生活を基盤としたものではなく，公共生活を基盤としたものであるといえる。

第2節　「実施したカリキュラム」の特質：
　　　　「意図したカリキュラム」との比較から

本節でも，第1節と同様に，「社会的道徳的責任」「コミュニティへの参加」「政治的リテラシー」の3つの観点を用いて「実施したカリキュラム」を分析し，特質を抽出したい。

ただし，「実施したカリキュラム」に関しては，「意図したカリキュラム」と同様に一連の詳細なカリキュラム案があるのではない。そのため，第1節の分析で明らかになった「意図したカリキュラム」の特質を基に，インタビュー案及び収集した単元案を検討したい。そのため，各教師の大まかな傾向の把握が本節で行えることである。これによって，「意図したカリキュラム」と「実施したカリキュラム」の関係性を明確にすることもできるだろう。

第1項　「社会的道徳的責任」の場合

社会的道徳的責任の分析視点は次の2つであった。

①役割としての道徳性

➤「目的型」：教育目標・内容・方法に位置づける

●「理解型」：道徳性に関わる知識・スキルの理解

●「行動型」：実際に道徳的な行動を行う

　　　➢「手段型」：教育方法には位置づくが，目標・内容は位置づかない
②文脈としての道徳性
　　　➢個人の行動に関わる価値や規則
　　　➢社会で取り組む行動に関わる価値や規則

（1）「社会的道徳的責任」からみた「意図したカリキュラム」の特質

　上述した「社会的道徳的責任」に基づく分析視点から検討した意図したカリキュラムの特質は2点であった。
　［1］カリキュラム全体で道徳性の学習が位置づけられている。（手段型の道
　　　徳性の学習で貫かれている）
　［2］道徳性の学習は，「意図したカリキュラム」の中で中心的な目標・内
　　　容には位置づかない，手段型の学習が中心である。目的・理解型であ
　　　っても，規範や価値観それ自体が扱われるのでなく，規範や価値観を
　　　めぐる社会的事象や状況の理解が中心におかれる。その際の道徳性は，
　　　社会的文脈に焦点化される。

（2）「社会的道徳的責任」からみた「実施したカリキュラム」の特質

　「意図したカリキュラム」の2つの特質に基づいて「実施したカリキュラ
ム」を検討しよう。
　まず，「［1］カリキュラム全体で道徳性の学習が位置づけられている」か
どうか，つまり，カリキュラムの中で手段型の道徳性の学習が貫かれている
か否かである。これに対しては「実施したカリキュラム」の中でも，カリキ
ュラム全体で道徳性の学習が行われているということができる。
　それは2点の根拠から指摘できる。
　第1に，全ての教師の開発したカリキュラムに「権利と責任」「罪と罰」
「犯罪」といった社会的道徳性の価値判断を含む単元を1つ以上含む点であ
る。表5-3（p.137）を参照すると，A／B／C／D教師のカリキュラムでは

「権利と責任」，E/F教師は「罪と罰」といった単元名が見られる。こうした単元を通じて，生徒たちは社会的な文脈での道徳性をめぐる事象や価値観を学習すると考えられる。

　第2に，抽出した「政府」関連単元においても，その教育内容・方法の点で，社会的道徳性をめぐる事象や問題が取り上げられている点である。一般的に「政府」単元は，「政治的リテラシー」を中心とした単元と考えられるが，その中にも道徳性をめぐる学習が埋め込まれている。

　例えば，A教師の単元「政府」（表5-4, p.139）の6時間目の授業「ある日の首相」において，「望ましい結果をもたらす意思決定プロセス案を発表する」といった項目が見られる。F教師の単元「異なる政治システム」（表5-9, p.144）の5時間目の授業「相互関連性」においても，「イギリス市民がグローバル社会へ参加する際にどのように効果的かを判断する」という教育内容が含まれる。B/C/D/E教師の単元においては，教育内容には含まれないが，政府の役割を理解・考察する前提として，個々の人々の利害関係の対立の望ましい解決方法を考えさせ，その上での現在の政府の役割を検討させるといった項目が含まれているためである。

　以上の2点から，「実施したカリキュラム」においても，広義の意味では道徳性学習として見ることができると考えられる。

　次に，「［2］「意図したカリキュラム」では，実際の「道徳的な」行動までをもとめず，個人がどのように考えるか，ということには立ち入らず，開かれた道徳性形成を行おうと考えている」かどうかについてである。

　これについては各教師で異なる。各教師の開発したカリキュラムとストランドの関係性を示した表5-12（p.152）に基づけば，A/B/E/Fの教師開発のカリキュラムでは，「社会的道徳的責任」を中心的な目標においていない。こうした教師達のカリキュラムにおいては，社会的道徳的責任は，「意図したカリキュラム」と同様，その他の3つのストランドを補う意味で用いられているといえるだろう。

　しかし，「社会的道徳的責任」を目標論理においたＣ教師の場合，「私は彼らに単に現行の制度を受け止め，許容するのではなく，他者の話を聞いたうえで自覚や責任を持ってもらいたいと考えている」と述べている。また，Ｄ教師の場合も，「世界へと子ども達の眼を開き，そうしたものを踏まえて，実際に責任ある市民として役割を果たせるようになることをめざしています」としている。この両者の教師は，実際に道徳的な行動を行うことまでを求めている。

　このように，各教師によって，社会的道徳的責任の位置づけは必ずしも共通してはいない。各教師は，それぞれの状況や信念に応じて，判断し，カリキュラムに位置づけているといえる。

第2項　「コミュニティへの参加」の場合

　コミュニティへの参加の分析視点は次の2つであった。
　①参加の3類型
　　　➤「目的型」：教育目標・内容・方法に位置づける
　　　　●「知識型」：参加方法に関する知識・理解
　　　　●「行動型」：直接なんかの活動に加わる
　　　➤「手段型」：教育方法には位置づくが，目標・内容は位置づかない
　②コミュニティの3類型
　　　　➤学校内のコミュニティ：グループ，クラス
　　　　➤学校＝コミュニティ
　　　　➤学校を超えたコミュニティ：地域・国家・世界など

（1）「コミュニティへの参加」からみた「意図したカリキュラム」の特質

　「社会的道徳的責任」に基づく分析視点から検討した意図したカリキュラムの特質は3点である。
　［1］カリキュラム全体で，「コミュニティへの参加」を基盤としたカリキ

ュラムがとられている。（手段型の「コミュニティへの参加」学習がとられ
ている）

［2］カリキュラムの中で，クラス・学校・地域・国家・世界といった多様
なコミュニティの型と，手段・知識・行動といった多様な参加の種類
がみられる。そのため，コミュニティへの参加＝地域社会で行動する
といった単一の意味に収斂されるものではない。

［3］コミュニティの型と参加の型は関連性があり，手段・知識型は学校を
超えたコミュニティ（地域・国家・世界）への参加方法を学習目標・内
容とし，行動型は学校内に留まる。

（2）「コミュニティへの参加」からみた「実施したカリキュラム」の特質

「意図したカリキュラム」の3つの特質に基づいて「実施したカリキュラ
ム」を検討していこう。

まず，「［1］手段型の「コミュニティへの参加」学習がとられている」か
については，「実施したカリキュラム」においても，広義の「コミュニティ
への参加」学習で貫かれているということができる。

根拠としては，全ての教師に共通して，教育方法として子どもの主体的な
学習を基盤としている点である。各教師の学習活動の比較結果を示し
た表5-11（p.147）を参照すると，A教師「体験的活動中心」，B教師「すべ
ての子どもが参加できる」，C教師「生徒がより活動的になるような機会」
の提供，というように，活動に参加することを基本としている。また，その
際の教材についても，表5-10（p.145）にあるように，各教師が多様な教材
を活用することによって，子どもが能動的に活動に参加することを想定して
いた。ここから，基本的に「実施したカリキュラム」においても，「コミュ
ニティへの参加」を用いたカリキュラムとなっている。

また，［2］で示されたコミュニティの多重性という点では，全ての教師の
「実施したカリキュラム」に共通して意識していたといえる。各教師の教育

目標を示した表5-2（p.135）においても，D教師を除いたほとんどの教師達が，世界・国家・地方（A・B・C教師），学校・地域（F教師），国家・世界（E教師）など複数のコミュニティを意識していることが窺える。また，D教師も目標には置いていないものの，表5-3（p.137）の単元名において，「地方/国家政府」「イギリス」といった地方・国家レベルのコミュニティについても教育内容・方法としては取り入れていると捉えられる。

　しかし，［2］の参加の多元性や，［3］で示された「意図したカリキュラム」における「コミュニティへの参加」の限界性（学校外のコミュニティへの参加は知識に留まり，行動は学校内のレベルで行う）といったものについては学校によって異なる位置づけがとられている。

　例えば，B教師の学校の場合，シティズンシップ教育が朝HRの時間に設けられていることもあり，行動としての参加の時間は設けることができない。こうした事情も踏まえると，B教師の学校は，表5-5（p.140）で明らかであるように，参加についての知識の獲得が中心となる。また，A教師の学校の場合，シティズンシップ教育がキャリア教育と共に位置づいている関係で，学校レベルでの行動としての参加はあまり重視されておらず，クラス内での模擬的な行動に留まっている。このように，「意図したカリキュラム」の特質と同様の傾向も見られる。

　一方で，表5-6（p.141）や表5-7（p.142）で示されるように，C教師やD教師は積極的に行動としての参加を重視し，学校を超えた地域との結びつきを重視する。さらに，F教師の場合は，表5-3（p.137）で示されるように，地域のロゴ作り活動を，学年を通じて取り組むなど，学校を超えた地域参加を明確に単元名として位置づけ，重視する傾向が見られた。

　このように，各教師によって，「コミュニティへの参加」の位置づけは必ずしも共通してはいない。各教師は，それぞれの状況や信念に応じて，判断し，カリキュラムに位置づけているといえる。

第3項　「政治的リテラシー」の場合

「政治的リテラシー」の分析視点は次の2つであった。

①役割としての政治的リテラシー

　　➢「目的型」：教育目標・内容・方法に位置づける

　　➢「手段型」：教育方法には位置づくが，目標・内容は位置づかない

②文脈としての政治的リテラシー

　　➢事象：行政システムや行政・司法に関する事象といった主要な状況

　　➢概念：単一の事象以上のもの。現象の意味を追求することで，より
　　　　　　広い概念的基礎を提供できるもの。

　　➢行動：学問的な誠意を実際の世界で実施する際の橋渡し的役割

（1）「政治的リテラシー」からみた「意図したカリキュラム」の特質

「政治的リテラシー」に基づく分析視点から検討した意図したカリキュラムの特質は3点である。

　[1]政治的リテラシーは，シティズンシップ教育カリキュラムに通底するものである。

　[2]政治的リテラシーは組織や機関に関する知識や理解だけでなく，関連した思考判断や吟味，活用までを含む広義の概念である。

　[3]政治的リテラシーというストランドは，シティズンシップ教育カリキュラムの全体では，目的型から手段型へとより実際的な運用・活用をめざして移行する構成がとられている。具体的には，カリキュラムでは概念習得→問題発見→問題解決へと編成される。ただし，この際の問題解決としては，実際の解決行動ではなく，現状を批判的に検討し，代案を提示することが中心である。

（2）「政治的リテラシー」からみた「実施したカリキュラム」の特質

「意図したカリキュラム」の3つの特質に基づいて「実施したカリキュラム」を検討していこう。

まず，「［1］カリキュラム全体で政治的リテラシーの学習が位置づけられている」かどうか，つまり，カリキュラムの中で手段型の政治的リテラシーの学習が貫かれているか否かである。これに対しては「実施したカリキュラム」の中でも，カリキュラム全体で行われているということができる。

それは2点の根拠から指摘できる。

第1に，全ての教師の開発したカリキュラムに「政府」「投票」「政治的プロセス」といった政治的リテラシーに関する単元が1つ以上含まれている点である。表5-3（p.137）を参照すると，例えばA教師は「政府」「国会での法律づくり」，E教師は「地方政府」「地方政府は何をするのか？」，F教師は「異なる政治システム」といった単元名があげられ，実際表5-4（p.139）〜表5-9（p.144）において，各教師が政治・政府関係の単元を行っていることを明らかにした。こうした単元を通じて，生徒たちは「政治的リテラシー」をめぐる事象や価値観を学習すると考えられる。

第2に，仮に政治的リテラシーを中心としない授業であっても，その中の教育内容・方法として政治的リテラシーが取り上げられている点である。

例えば，E教師の単元「地方政府」（表5-8，p.143）における6時間目の授業「運動場を守れ」はその目標として，「自分たちの学校の運動場の改善に携わる」として，主に「コミュニティへの参加」を中心とした授業であるが，その際もその前提としてそれ以前に学習した政府の役割を踏まえて，考察実行することが求められているためである。

しかし，「［2］政治的リテラシーの広義的活用，［3］概念の獲得→活用で流れることになり，また活用は代案の提示に留まる」か，については学校によって異なる傾向が見られる。

表5-4（p.139）〜表5-9（p.144）を通じて取り上げた各教師の「政府」関

連単元を概観すると，A，C〜F教師においては，政府についての批判的検討や活用が扱われていた。例えば，D教師の単元「国家/地方政府」（表5-7，p. 142）においては，1〜3時間目で国家の政治システムを理解した上で，4・5時間目でそうした知識を活用して，国会議員へ手紙を書いたり，ホームページを作成したりという活用が行われていた。しかし，B教師の場合は，朝HRの時間のみという時間的制約もあるためであろうが，単元「地方政府」（表5-5，p. 140）の場合は，政治システムの理解に留まっていた。

　また，［3］についても，A，D，E，F教師などは代案の提示が中心となっていたが，C教師の単元「地方政府」（表5-6，p. 141）場合は，最終時間の授業において，実際に意思決定に参加し，投票することまでを求めているためである。

　このように，各教師によって，「政治的リテラシー」の位置づけは必ずしも共通してはいない。各教師は，それぞれの状況や信念に応じて，判断し，カリキュラムに位置づけているといえる。

第4項　「実施したカリキュラム」のカリキュラムの特質と　　　　　　シティズンシップ像

　ここでは，分析の結果を踏まえて，「実施したカリキュラム」のカリキュラムの特質とシティズンシップ像とを確認しておこう。

（1）「実施したカリキュラム」のカリキュラムの特質

　「実施したカリキュラム」には2点の特質があった。

　第1は，3つのストランドを基盤にし，「能動的シティズンシップ」をめざしていた点である。先述の通り，ストランドの強調点・解釈は各教師で異なるが，基本的に3つのストランドを前提としたものとなっていた。このように，各学校が基本的に「能動的シティズンシップ」をめざした内容構成をしているという点では「意図したカリキュラム」と共通することになる。

　第2は，「意図したカリキュラム」と異なり，多様な「政治的リテラシー」「コミュニティへの参加」，道徳性の位置づけがある点である。例えば，F教師は地域活動への参加に積極的であるが，AやD教師はあまり重視していない。またC教師のように，個々人の責任感の育成を重視する学校もある。各学校が多様に道徳性や参加を位置づけている。また，「政治的リテラシー」を単なる政治的知識理解として扱うB教師のカリキュラムのような事例もみられた。このように，3つのストランドを基にしながらも，各教師がそれぞれ多様な「能動的シティズンシップ」を描いていたといえる。

（2）「実施したカリキュラム」で育成されるシティズンシップ像

　図6-4は，「意図したカリキュラム」と「実施したカリキュラム」の関係性を示したものである。太線部が「意図したカリキュラム」で育成されるシティズンシップ像を表し，網掛け部分が「実施したカリキュラム」を表している。

　「意図したカリキュラム」は，基本的に，公共生活を強調し，政治的リテラシーを中心とした知識・スキル・態度の発達を強調したカリキュラムであ

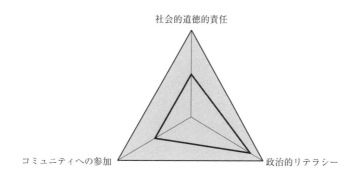

図6-4　「意図したカリキュラム」と「実施したカリキュラム」の関係性

った。そのため，「社会的・道徳的責任」「コミュニティへの参加」には限界点が設定されていた。だが，「実施したカリキュラム」の場合，図6-4の網掛け部分で示されているように，「意図したカリキュラム」のように単一のシティズンシップ像として描けない。個々の学校で強調点が異なるためである。しかし，全体的に俯瞰すれば「実施したカリキュラム」は3つのストランドをカバーし，「意図したカリキュラム」の限界を超える可能性も有する。

　以上から，「意図したカリキュラム」と「実施したカリキュラム」のカリキュラム内容や育成されるシティズンシップ像は重複しておらず，各学校で3つのストランドを軸にしながら，多様な「能動的シティズンシップ」が育成されることが明らかになった。

第3節　イングランドの学校シティズンシップ教育カリキュラムの構造

　以上の考察から，まず，意図したカリキュラムと実施したカリキュラムの特質を整理しておこう。意図したカリキュラムの内容構成には特質として3点あげられた。第1は，単元の配列の中心が「政治的リテラシー」から「コミュニティへの参加」へと移行し，主体的参加を行う能動的シティズンシップをめざすものへと構成されていた点，第2は，3つのストランドの内「政治的リテラシー」を重視している点，第3は，「コミュニティへの参加」や「社会的道徳的責任」は限定的な意味で用いられている点である。このような特質をもった「意図したカリキュラム」で育成される能動的シティズンシップは，公共生活を強調し私的生活に関与しないというCrickの理念を反映し，「政治的リテラシー」をより重視したものとなっていた。

　一方，実施したカリキュラムの内容構成には，3点の特質がある。第1は，各教師で強調する点は異なっていたが，共通して能動的シティズンシップ育成を重視していた点，第2は，ストランドの強調点は各教師で異なるが，基

本的に3つのストランドを前提や基盤とする点，第3はコミュニティへの参加，道徳性に関する多様な位置づけがあり，必ずしも「意図したカリキュラム」と一致しない点である。

　以上の2つのカリキュラムの特質に関する考察から，図6-5に示したイングランドの学校シティズンシップ教育カリキュラムの全体構造に関する3つの特質を導き出すことができる。

　第1は，「意図した」「実施した」カリキュラムの双方で，イングランドで共通した能動的シティズンシップの育成をめざしている点である。カリキュラム内容やシティズンシップ像が異なることから，「能動的」（active）の解釈は，「意図した」「実施した」のレベルで，また，「実施したカリキュラム」の各教師で一致するものではない。例えば，「意図したカリキュラム」で，こうした違いはあるが，知識だけでなく，実際の社会変革に必要なスキル・態度の育成を含む「能動的シティズンシップ」の育成をめざしていた。これは公共生活への参加を前提とした市民共和主義的シティズンシップの考えを下敷きとしたものであり，福祉国家における権利を主張する役割としての自由主義的シティズンシップとは異なる積極的なものである。この「能動的シティズンシップ」は，方向性を決める概念にしかず，その「能動性」の解釈は委ねられていたが，公共生活への参加を肯定的に捉えるという点では共通していた。

　第2は，図6-5で示したように，「意図したカリキュラム」と「実施したカリキュラム」の関係性を考えると，「実施したカリキュラム」に重点が置かれていた点である。「意図したカリキュラム」は「実施したカリキュラム」を規定する。だが，その方法は「意図したカリキュラム」から「実施したカリキュラム」のトップダウンで規定されるのではなく，「意図したカリキュラム」はナショナル・カリキュラムとして，「能動的シティズンシップ」を反映させるような抽象的な概念・事象を選択肢として提示し，各教師がそれらの選択肢のいくつかあるいは全てを選択して，「実施したカリキュラム」

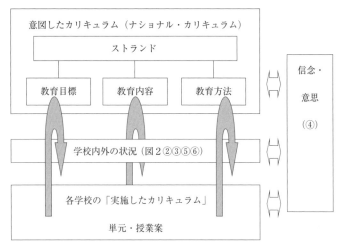

図 6-5　イングランドの学校シティズンシップ教育カリキュラムの構造

を開発・構成することになる。これにより，先述した多様な「能動的シティ
ズンシップ」が生み出されることになったといえる。

　第 3 は，ストランドを軸にしたカリキュラム開発を行っていた点である。
ストランドとは，「能動的シティズンシップ」を具体化したものであり，こ
れが「意図したカリキュラム」「実施したカリキュラム」を貫くことで，「能
動的シティズンシップ」という抽象的な概念ながら，具体的な教育目標・内
容・方法として体現することができていた。しかし，こうしたストランド自
体もまた，社会にあわせて柔軟に対応することを原則としていた。イングラ
ンドのシティズンシップ教育は，「意図したカリキュラム」がストランドを
軸に教育目標・内容・方法の枠を提示し，実践現場で各学校の教師が子ども
や社会の状況分析を行いながら，「実施したカリキュラム」を多様に開発し
ていた。これによって，多様なカリキュラムながら，それぞれの社会状況に
対応できる「能動的シティズンシップ」を育成するという構造を見ることが
できる。これにより，先述した第 1 の特質で示した統一的な目標と第 2 の特

質で示した多様性との調整が可能になったのである。

　さらに，イングランドの学校シティズンシップ教育では，制度的に定められた「実施したカリキュラム」から「意図したカリキュラム」の関係性として，CELS のような大規模な実地調査を行うことで，「実施したカリキュラム」の結果を「意図したカリキュラム」に反映させようとしていた。「実施したカリキュラム」の反応を基に，「意図したカリキュラム」を修正することで，カリキュラムをより実際の学校・社会状況にあわせたものとする工夫が行われていた。先述したように，教師達は自分たちの学校の周辺の状況を踏まえて「実施したカリキュラム」を見直すことで，各学校の事情が間接的に反映されることになる。このように，「意図したカリキュラム」と「実施したカリキュラム」とがループとして繰り返されることで，その時々の社会状況に対応しながらも，統一的なシティズンシップ教育カリキュラムが実現できるようになっていたといえる。

---

1 スキーム・オブ・ワークが学校レベルの直接的参加のみに焦点化している点については，イングランドにおいても Arthur, Davison & Stow（2003）など批判もあることは注記しておきたい。

2 原文は contents（内容），substantive concept（抽象的概念），perspective（視点），action（行動）である（Davies & Thorpe, 2003: 37）。contents を事象と訳した理由は，日本で「内容」とした場合，その内部に事象・組織も，抽象的概念もどちらも包含するためである。

第Ⅲ部　総括と課題

　第Ⅲ部は，初めに冒頭で述べた2つの問い「シティズンシップはどのように育成するのか。」「学校教育はどのようにその役割を果たすのか。」に準じて説明を行うことで，本研究の成果のまとめを行う。続いて，本研究が示唆するさらなる研究可能性とそれを拡大するために残された課題を整理し，本研究を締めることとする。

第7章　本研究の成果

　本研究はイングランドの学校シティズンシップ教育を事例として，「意図
したカリキュラム」と「実施したカリキュラム」の内容構成と開発法を分析
し，その比較を通して，新しい学校シティズンシップ教育カリキュラムの構
造を解明することを目的としていた。その目的のために，次の方法で，デー
タを収集し，分析を行った。

　まず，「意図したカリキュラム」については，カリキュラムとその関連文
献を基にした「歴史的調査法」で，「実施したカリキュラム」については，
イングランドで各学校のシティズンシップ教育カリキュラムを開発している
6人の教師に対してのインタビュー調査に基づく「質的調査法」でデータを
収集した。そして，「意図した」「実施した」カリキュラムの双方について教
育目標・内容・方法とその構成の軸，開発法の観点から分析し，内容構成と
開発法の特質を導き出すこととした。加えて，各カリキュラム分析の結果と
して導き出された共通の視点を抽出し，それに基づいて分析することで，両
者の特質や関係性を浮かび上がらせると共に，イングランドの学校シティズ
ンシップ教育カリキュラム全体の構造を明確にしようとした。

　考察の結果，次の3点が成果として導き出された。

　第1の成果は，「意図したカリキュラム」の内容構成・カリキュラム開発
法を解明した結果，明らかになった点である。まず，「意図したカリキュラ
ム」は教育目標・内容・方法において，知識・スキル・態度を横断する形で
構成されていた。さらに，カリキュラムは3（4）つのストランドで結びつ
けられ，最終的には公共生活を前提とした能動的シティズンシップを育成す
るよう構成されていた。従って，ストランドは「能動的シティズンシップ」
という目標論理主導型を体現したものであった。また，ストランドは協議の

結果決定されたものであり，ゆるやかな方向性しか規定しないものであるため，多様性や社会変容へ対応できるようなものとなっていた。この結果，ストランド型カリキュラム開発は，現場の多様性を許容しながらも統一したカリキュラム開発や，急激な社会変容に応じることを可能にすることを明らかにした。

　第2の成果に，「実施したカリキュラム」の内容構成・カリキュラム開発法を解明した結果，明らかになった点である。「実施したカリキュラム」は，教育内容・方法の点で共通点は見られたが，詳細なレベルで検討すると，各学校で独自の目標がたてられ，それを基に各学校で独自の教育内容・方法が組織されていることが明らかになった。教育目標は各学校で多様であったが，4つのストランドを観点に整理でき，様々なルートで共通目標である能動的シティズンシップの育成に向かっていた。このように独自のカリキュラムが開発された背景には，「意図したカリキュラム」を伝達するのではなく，各教師が各学校の学校内外の状況を分析し，主体的に新たな「実施したカリキュラム」開発していることがあげられる。このように本研究では，「実施したカリキュラム」を「意図したカリキュラム」を請け負うものとしてではなく，各教師の主体性を基に，各校独自に開発されるというダイナミズムなものとして描き出せた。

　第3に，イングランドの学校シティズンシップ教育カリキュラムの全体構造を解明した結果，明らかになった点である。それは，法的拘束力を持つナショナル・カリキュラムが「意図したカリキュラム」としてストランドを軸にした教育目標・内容・方法のゆるやかな枠組みを提示する。そして，その「意図したカリキュラム」を基に，実践現場で各教師達が，それぞれの学校の子どもや社会の状況分析を行いながら，検討し直し，それぞれ「実施したカリキュラム」を開発していくことで，多様な「能動的シティズンシップ」を生み出すというものであった。ここから，イングランドは，新しい学校シティズンシップ教育観に基づき「意図したカリキュラム」「実施したカリキ

ュラム」に共通して，「能動的シティズンシップ」の育成をめざすことが明らかになった。

　新しい学校シティズンシップ教育を考察する際には，学校の役割が重要になる。なぜなら，学校は現在の変動する地域・国家・国際社会や子ども自身の状況を分析し，将来の社会への担い手を育成するという，現在と将来，社会と子どもとの媒介役となるためである。そのため，従来のように国家が作成した所定の「意図したカリキュラム」を予定通り遂行・伝達する役割ではなく，目の前の状況に応じてカリキュラム内容を開発・構成するものとして遂行される。「意図したカリキュラム」はゆるやかな枠を提示し，学校現場にその判断をゆだねることになる。その際，実践現場の教師達の役割はさらに重要なものとなる。実際調査対象となった教師達のように，主体的にカリキュラム開発を行うことがこうした「実施したカリキュラム」中心のカリキュラムのあり方で必須となるためである。「伝達者」としての教師像から「開発者」への教師像への変革ともいえる。

　従来の「意図したカリキュラム」中心から，「実施したカリキュラム」中心の新しいカリキュラム開発への移行を可能にした要因として，ストランド型カリキュラム開発法をあげることができる。ストランドは，「能動的シティズンシップ」を体現するあり方として，学校シティズンシップ教育に関わる学問的・社会的・政治的関係者に開かれ，協議の結果として選択されたものであったためである。このような理性的・民主的に選ばれたストランドを軸とすることで，そのプロセスの段階から民主主義の原則に基づいたカリキュラム構成・開発が可能となるのである。

　また，本研究の目的に沿ったものではないが，本研究の特質・成果として，研究全体を通して，従来社会科教育学で中心とされてきた「理論カリキュラム研究アプローチ」とは異なる「実践カリキュラム研究アプローチ」を提案した点があげられる。「実践カリキュラム研究アプローチ」とは，目的として，開発された結果としての内容構成とあわせて，どのような状況で開発・

構成されたかの文脈の解明を含む。そのため，カリキュラムを多層的に捉え，データの内側から特質を叙述するという研究アプローチであった。これは，これまでのカリキュラム研究をさらに拡大する可能性を有しているといえる。次章で詳しく述べたい。

第8章　本研究の研究的可能性と課題

　本研究の成果を基に，本アプローチを用いた今後の研究可能性を指摘しておきたい。第1に，シティズンシップ教育研究としての可能性である。従来のシティズンシップ教育カリキュラム研究は，カリキュラムの内容構成をその開発過程とは切り離して，考察してきた。

　それに対して，実践カリキュラム研究アプローチでは，それぞれのカリキュラムをそれぞれの文脈に即して論じ，開発・実践に込められた開発者（ナショナル・カリキュラム作成者，教師）の意図や思いに寄り添った上で，シティズンシップ教育カリキュラム内容を評価することができる。確固とした学問体系に依拠しておらず，外的な判断基準の開発が困難であるシティズンシップ教育では，特にこうした研究方法が求められるだろう。

　こうした研究を発展させ，より開発者個々の意図を明確にするためには，インタビュー法だけでなく，開発過程でとられた記録・メモを補足データとして収集したり，実際の授業見学などの観察法と組み合わせたりすることで，より多面的に深く開発過程の軌跡を描き出すことが重要になるだろう。これは最終的に開発されたシティズンシップ教育カリキュラム内容を真に理解・評価することに繋がると考えられる。

　第2に，教師教育研究としての可能性である。本研究で行った2種類のカリキュラム分析の内，「実施したカリキュラム」は各教師のカリキュラム内容構成と共にそのカリキュラム開発過程に寄り添うものであった。これまでの社会科教育の教師教育で，「実施したカリキュラム」改善を試みるとき，その内容構成のみを取り上げ，その教師がどのような過程でそれらを開発すればいいか，という開発法へ注目されていなかった。これは，普遍的で理想的なシティズンシップ教育カリキュラムの内容構成が提示されたとしても，

実際の状況下で，各教師がそれらをどのように読み変え，自らの文脈にどのように適用すればいいかについては不明確なままであったことを示唆するだろう。

　本研究でイングランドの教師から抽出された6つのクラスターは，こうしたカリキュラム開発を考察する際に有効である。なぜなら，この6つのクラスターはカリキュラム開発を行う際に，教師自身が検討する視点であるためである。つまり，社会や学校・実践上の状況など，6つのクラスターを基に自らの実践を見直し，自らのカリキュラムを正当に評価し，改善の材料を得ることになるのである。これは，所与のカリキュラムの「伝達者」としてのシティズンシップ教師ではなく，「開発者」としてのシティズンシップ教師を育成する際にも有効であるだろう。

　第3に，社会科教育の教師教育研究として，この研究可能性をより高めるためには，日本の社会科教育学で同様の研究を行う必要がある。日本の社会科教師達がどのようなことを考え，日々の実践を行うかを様々なデータから収集し，それらを分析することで，カリキュラム開発の過程を「深く・厚く」描き出すことができる。これによって，日本の社会科教師のカリキュラム開発の視点を得ることができるだろう。

　つまり，「実践カリキュラム研究アプローチ」を従来のアプローチに加えて用いることで，実践現場の様子を踏まえたより豊かなカリキュラム研究の成果を生み出せるだろう。

　最後に，今後の研究への発展に向けて，本研究が抱える課題を3点あげておきたい。

　第1は一般化への課題である。本研究の研究方法は研究者の主観に基づいた「解釈的アプローチ」を基盤にする。また，教師のサンプル数にも限界がある。従って，今後，一般化を図るためには，教師へのサンプル数を増やして継続的に研究を進めると共に，量的研究で一般性を補う必要がある。

　第2は，子どもの反応を検討することの重要性である。本研究では子ども

達の反応（達成したカリキュラム）を扱っていない。イングランドの学校シティズンシップ教育カリキュラムの効果を測るには，「達成したカリキュラム」を検討する必要があるだろう。

　第 3 は，授業レベルの考察の必要性である。本研究で扱った「実施したカリキュラム」の多くは，教師の発言や案に基づいたものである。また，カリキュラムに注目したため，仔細な個別の授業を取り上げなかった。今後は授業レベルの考察も求められるだろう。

補章　初等学校シティズンシップ教育
カリキュラムの特質：
ナショナル・カリキュラム，スキーム・オブ・ワークを手がかりに

1．はじめに

　本小稿では，本論では扱わなかった初等教育段階のイングランドの学校シティズンシップ教育カリキュラムに焦点をあてて論じる。イングランドでは移民の増加，政治的関心の低下，若年層の犯罪・非行といった社会的課題を背景に（QCA 1998: 13-18），1999年版ナショナル・カリキュラムより新教科シティズンシップが導入されている。初等教育では2000年8月より非法定教科フレームワーク PSHE（Personal, Social and Health Education）& Citizenship として施行された。法定教科である中等教育については先行研究でその特色が解明されてきたが，初等段階の研究はほとんど行われていない。しかし，イングランドでは，初等段階も中等段階と同様，体系的なシティズンシップ教育の基礎を担うものとして重視されている。そのため，初等段階のシティズンシップ教育を検討することは，今後の日本の市民性教育にも示唆を与えるものとなろう。

　本小稿では，導入者側である NC 作成の責任を持つ資格・カリキュム機関（Qualification and Curriculum Authority, 以下，QCA と略記）に対象を絞り，どのように初等段階でシティズンシップを育成しようとしているのか。つまり，どのような目標のもとに，どのような教育内容で，どのような方法でそれを達成しようとしているのかに注目する。

　具体的には研究対象としては，QCA が作成した2つのレベルのカリキュラム，ナショナル・カリキュラムと QCA 版のスキーム・オブ・ワーク（以

下，スキーム・オブ・ワークと略記）を取り上げる。先行研究からも明らかで
あるように，イングランドのナショナル・カリキュラムでは大枠の教育内容
項目しか示されていない。そのため，ナショナル・カリキュラムとスキー
ム・オブ・ワークをあわせて検討することで，初めてどのように学ばせよう
としているか学習方法も解明できると考える。

　分析の前提として，そもそもシティズンシップ教育は，初等教育カリキュ
ラムにおいてどういう立場であるのかを関連文献を基に明らかにする。次に，
ナショナル・カリキュラムとスキーム・オブ・ワークにおける目標・教育内
容・方法の特質を明らかにし，QCA の作成したカリキュラムの特質を解明
したい。

2．初等教育カリキュラムにおけるシティズンシップ教育の立場

　本節では，まず1999年版ナショナル・カリキュラム以前の初等シティズン
シップ教育をめぐる状況やその特性を押さえた上で，1999年版ナショナル・
カリキュラムに基づく初等教育カリキュラムにおけるシティズンシップ教育
の立場について，関連文献を基に検討していくこととする。

（1）1999年版ナショナル・カリキュラム以前の初等シティズンシップ教育

　シティズンシップ教育を「市民としての役割や責任を身につけるための若
者の準備段階」（Kerr 1999a: 2）と広く定義づけると，1999年版ナショナル・
カリキュラム導入以前も初等教育でシティズンシップ教育が全く行われてい
なかったとはいえない。特に，①1988年の教育改革法で義務付けられた学校
教育カリキュラム作成における2つの原則「学校または社会における子ども
達の精神的・道徳的・文化的・精神的・肉体的発達を促進すること」「学校
生活において，子ども達は成人になるのに必要な機会・責任・経験の準備を
行う」，②1990年版ナショナル・カリキュラムにおける5つのクロス・カリ
キュラム・テーマとしての導入という2点を契機に，シティズンシップ教育

を独自に行う学校も見られていた (Kerr 1999)。さらに，初等教育独自の特徴として，伝統的に個人的・社会的・道徳的発達について教師が積極的に関与していることも明らかになっている (Claire 2004: 20)。このため，教科として設定されていなかったとはいえ，道徳や個人的発達と共に育成されていたということもできる。

　しかし，学校教育カリキュラムにおける立場の不明確さに疑問があがっていたこと (European Commission 2006: 3)。加えて，先述したようなイングランドをめぐる急激な社会変化へ対応させることが課題となっていた。そのため，1998年，Crick を議長とした諮問委員会が結成され，その最終報告書であるクリック報告書において導入が決定された。

　その際，イングランドとしてのシティズンシップ教育全体を方向付けるため３つのストランドが決定された。それは次の３点である (QCA 1998: 49)。

　・社会的道徳的責任
　・政治的リテラシー
　・コミュニティへの参加

　３つのストランドは，初等・中等といった学校教育のみならず，家庭教育など全てのタイプのシティズンシップ教育に通底するものとして設定された。

　ここまでをまとめると，1999年に NC ではじめて「シティズンシップ」としての記述を見ることはできず，教科としては成り立っていなかった。しかし，シティズンシップ教育の１つのストランドでもある「社会的道徳的責任」の側面については，1999年以前からも様々な形態によって，初等教育で行われていたとも考えられる。

（2）1999年版ナショナル・カリキュラムにおける初等シティズンシップ
　　教育

　先述したように，初等段階でのシティズンシップ教育は非法定教科のフレームワークである PSHE & Citizenship の一部とされており，1999年版 NC に示された他教科と共に2000年8月より実施されている。ここで中等段階と比べると，初等シティズンシップ教育は，①非法定であるということ，② PSHE & Citizenship という複合的フレームワークであるという特色がある。次にこの双方の意味を検討したい。

①非法定教科の意味

　Claire（ed.）（2004）は「非法定」教科の意味について以下のように述べている。

　　　ここで，「非法定」であるということがどういう意味について思い返すことが重要である。フレームワークは提示されているが，それは自分自身の生徒やコミュニティにおける問題や関心に注意を払わずに固定されたカリキュラムでの実施が求められているのではない。Crick を初めとする識者達は，教師が自分達の状況にあわせて，必要な学習や行動を考える責任があることを強調している。（Claire 2004: 19）
　　　シティズンシップは非法定ではあるが，保護者に対しての生徒の学習状況の報告書を保存・提出する必要はある。さらに，OFSTED（The Office for Standards in Education, Children's Services and Skills）の学校視察[1]に際しても注目され，その進度に関して全般的な評価が行われる。（Claire 2004: 1）

　つまり，「非法定」教科であるということは，実施の有無までが学校側に委ねられていることを意味する訳ではないのである。実際，学校側は OFSTED の視察官や両親に対して，実施に関する説明責任を果たすことも求められている（Claire 2004: 1, 19）。ただし，時間数・実施形態は法定教科より柔軟であるため，独立した時間割を設けることは求められておらず，サークルタイムや学校全体活動など各学校にあわせた実施が求められている。

②複合的フレームワークの意味

　PSHE とは,「子ども達が, 自信を持ち健康的で独立した生活を送るために必要な知識とスキルを与える」(QCA 2007) 教科であり,「子ども達が個人的社会的に発達する方法を理解し, 成長する過程における道徳的・社会的・文化的課題に取り組むことをうながす」(QCA 2007) ことを目的とした教科である。主要な教育内容としては, 以下の5点が挙げられている。

> 子ども達は…について学びます:
> ・自分自身が一個人であり, コミュニティのメンバーであること
> ・健康的で安全であるための基本的ルールとスキル
> ・自分自身の感情・考え方・必要性・権利。または, 他人の感情・考え方・必要性・権利について判断することを学ぶ
> ・自分自身また自分達の周辺環境に責任を持つこと
> ・判断することやいじめに向かうことと共に, 共有したり, 順番を守ったり, 遊んだり, 他人を助けたり, 紛争を解決したりするといった社会的スキル

　従って PSHE とは, 伝統的に初等教育で重視されてきた人格・道徳・社会的発達を中心的に担い, 特に個人対個人の関係を重視した人格・社会・健康的発達を行う (Huddleston&Kerr (eds.) 2006: 20)。シティズンシップ教育は市民を育成するという前提から, 個人間よりも社会における個人の役割に特に注目するため, PSHE と違いがみられるが, 共に価値や態度・自尊心 (self-esteem) の育成を重視するため, 内容・目標の点で重複する箇所が多く, 特に初等段階の場合では, 社会の構成員としての個人の学習の際に, 個人としての個人の学習成果を相互に活かせるよう同時進行的に行う方が良い (Claire (ed) 2004: 20) とされている。この結果,「初等段階においては, シティズンシップ教育は, 人格・社会的発達と同時に実施され, それに貢献する役割を果たす」(Huddleston & Kerr (eds.) 2006: 20) とされ, 複合的フレームワークという形態がとられたと考えられる。そのため, 個別の教科をただあわせただけというよりもそれぞれの要素を相互関連させながら, 学習を進め

ていくことが求められているといえよう。

3．初等ナショナル・カリキュラム「シティズンシップ」の特質[2]

　本節では，初等ナショナル・カリキュラムシティズンシップを含む非法定教科 PSHE & Citizenship フレームワークを対象とする。本フレームワークは，教育内容の概要項目と教育内容が示された「知識・スキル・理解」また，学習の事例が示された「機会の幅」の３つに分かれている。以下では，目標・内容に分けてカリキュラムの内容を示し，最終的にその特徴を明らかにしたい。

（1）初等ナショナル・カリキュラムシティズンシップの学習目標

　フレームワーク中に記述はないものの，教師用指導書において，初等PSHE & Citizenship の目標（aim）については次の記述がみられる。

　　　子どもたちが自信を持ち・健康的で・独立した生活を送るため，見識があり・能動的で責任感のある市民となるための知識・スキル・理解を与えることである（QCA 2000）。

（2）初等ナショナル・カリキュラムシティズンシップの教育内容

　内容面でキーステージ１とキーステージ２に分かれて説明されているが，その双方を貫くものとして次の４点がある。知識・スキル・理解に関する教育内容はそれぞれのストランドに付随して示される。
・自信と責任感の発達と能力の最大限の利用
・市民として能動的な役割を果たすための準備
・健康的で安全なライフスタイルの発達
・良い人間関係の発展と他者との違いを尊重すること
　この内，２点目である「市民として能動的な役割を果たすための準備」は

表補-1　「市民として能動的な役割を果たすための準備」で示された教育目標

キーステージ1	キーステージ2
子どもたちは，自分自身の経験や個人的・社会的・感情的発達の初期の学習ゴールを積み重ねながら，発達途上の個人として，コミュニティの一員としての自分たち自身について学習する。	子どもたちは，自分自身の経験や考えと共に成長し変化する個人として，コミュニティの一員としての自分たち自身について学習する。
子どもたちは健康で安全に保つため，そして適切な（well）行動をとるための基本的なルールやスキルについて学習する。	子どもたちは，成熟し，独立し，自信を持ちはじめる。
子どもたちは自分たちや周辺環境に対しての責任の果たし方を見せる（show）機会を与えられる。	子どもたちは，より広い世界やその中に包括される相互依存関係に基づいたコミュニティについて学習する。
子どもたちは自分自身，または他者の感情についての学習を開始し，他の子どもたちや年長者たちの考え・ニーズ・権利に気付き始める。	子どもたちは社会正義や道徳的責任の感覚が発たちし始め，自分たちの決定や行動が地域・国家・世界レベルの問題，または政治的・社会的機関に影響を及ぼす可能性があることを理解し始める。
クラスや学校コミュニティの一員として，子どもたちは共有・交換・遊び・他者を助け・簡単な問題の解決やいじめへの対処といった社会的スキルについて学習する。	子どもたちはヤングアダルトとして発達し始めることで，思春期の変化に直面し，支援や参加の拠点を初等学校から中等学校へと転移させる。
子どもたちは学校や身近な地域（neibour-hood）の生活に能動的に参加し始める。	子どもたちは自分たちの健康や周辺環境についてより自信があり見識のある決定の仕方，すなわち自分自身の学習のために個人としてグループとしての責任の果たし方，いじめへの対処の仕方を学習する。

特にシティズンシップの要素に焦点化したものとなるため，今回はこの2点目のみを対象とする。

①教育内容の概要項目

表補-1は「市民として能動的な役割を果たすための準備」における教育目標について，表補-2は教育内容を具体化した知識・理解・スキル内容についてそれぞれ表した。

（3）初等ナショナル・カリキュラムシティズンシップカリキュラムの教育目標・教育内容の特質

①教育目標の特質

第一に注目されるところは，自立した個人の育成と市民としての個人の育成という2点が目標において併存している点である。これは，先述した通り，前者はPSHEの，後者はシティズンシップ教育の目標にそれぞれ該当する。そのため，PSHE & Citizenship フレームワークは，片方がもう片方に包含されるといった関係にあるのではなく，それぞれが異なる役割を担っていることが分かる。

第二には，その育成の目的はPSHEとシティズンシップ教育で異なるものの，知識・スキル・理解の総合的な育成がめざされている点である。初等教育におけるPSHE & Citizenship フレームワークにおいても，知識・スキルにいずれに偏ることなく実施することが求められている。

②教育内容の特質

ナショナル・カリキュラムシティズンシップから3点の特質を挙げたい。

第一の特質として，初等NCシティズンシップ教育カリキュラムは，先述したシティズンシップ教育の3つのストランドの中で，政治的リテラシーの影響が強い点である。これは民主主義といった政治に関わる概念の学習が含

表補-2　初等ナショナル・カリキュラム「シティズンシップ」における「市民として
　　　　能動的な役割を果たすための準備」の「知識・理解・スキル」

内容項目
キーステージ1
a	1対1，クラス全体の議論に参加すること。
b	時事的な問題についての簡単な議論に参加すること。
c	自分達で行える選択肢を認識し，正解と不正解の違いを認識すること。
d	グループと教室のルールに同意し従うこと，またルールがどのように彼らを助けるかを理解すること。
e	人々や他の生き物が必要としているものと，自分自身がそれらを満たすために果たすべき責任があることに気付くこと。
f	自分達が家族や学校といった様々なグループやコミュニティに属しているということ。
g	地域レベルの・国家レベルの・形成された（built）環境を改善させたりと悪化させたりするものとは何か，又人々が環境に注意を払うためのいくつかの方法。
h	クラスや学校全体の生活に貢献すること。
i	金銭が異なるところから来ているということ，また異なる目的で用いられているということを自覚すること。
キーステージ2
a	時事的な問題・課題・出来事について調査し，議論し，ディベートを行うこと。
b	ルールや法がなぜ・どのように作られ・施行されているのか，また異なる状況では求められるルールがなぜ異なるのか，ルールを作り変更するプロセスにどのように参加するのか。
c	いじめや人種差別と言った反社会的で攻撃的な行動が個人や社会に及ぼす結果に気付くこと。
d	家庭や学校・コミュニティには多様な責任・権利・義務があることと共に，時にそれらが対立することもあるということ。
e	他者の経験を理解するために，想像力を用いて，精神的・道徳的・社会的・文化的課題に反映させること。
f	代案を見たり，決定を行ったり，選択肢を検討することによって，もめごとを解決すること。
g	民主主義とは何か，また地方レベル・国家レベルで民主主義を支える基本的な機関。
h	ボランティア団体・コミュニティ団体・圧力団体の役割を認識すること。
i	UK 内の国家・地域・宗教・民族アイデンティティの多様性を正しく理解すること。
j	異なる方法で資源が配分されているということ，そしてこうした経済上の選択が個人・コミュニティ・環境の持続可能性に影響を及ぼしているということ。
k	どのようにメディアが情報を提供しているかを追求すること。

まれていることからも伺えるが，それぞれの項目の根底に政治的リテラシーの定義である「生徒は，知識・スキル・価値観を通して，公共生活において自分達が有効な役割を果たす方法について学ぶ」ことが含まれていることが挙げられる。

　例えば，概要項目の１つにある「クラスや学校コミュニティの一員として，子どもたちは共有・交換・遊び・他者を助け・簡単な問題の解決やいじめへの対処といった社会的スキルについて学習する」については，「クラスや学校コミュニティの一員として」参加するといったコミュニティへの参加の影響が見られる一方，その最終的には，「社会的スキルについて学習する」という点で公共生活におけるスキルの獲得が目指されていることが分かる。

　第二の特質として，学校レベルを基本とした教育内容が中心であり地域・国家レベル以上の学習が少ない点である。この背景には，スキル・価値観・知識を同時に育成すべきとするイングランドのシティズンシップ教育観が反映していると考える。実際，Huddleston & Kerr（eds）（2006）は幼児・児童のシティズンシップ教育について，次のように説明している。

> 　子ども達は成人と同様にシティズンシップに関わる問題を扱うには知識も経験もかけていますが，クラスのルールづくりや警察官との会話，窃盗をした子どもに関するディスカッションなどを通して，法律とは何かを学ぶというように，身近な事例を扱いながらもシティズンシップ全般に関する感覚を十分に育成することができるのです。(Huddleston & Kerr（Eds.）., 2006: 16)

　ここから，知識・スキルや価値観などを用いながら教育内容を獲得するという教育観が基本にあることが分かる。そのため，初等段階の児童であっても，実際に市民としての活動を行うことのできる学校や地域レベルでの教育内容を重視しているということができる。

　従って，初等ナショナル・カリキュラムシティズンシップの教育内容の特質として，政治的リテラシーの側面に着目し，学校レベルの学習を通して，知識・スキル・価値観の総合的獲得がめざされている点が挙げられる。

4．初等 QCA 版スキーム・オブ・ワーク「シティズンシップ」の特質[3]

　本節では，QCA が提供しているスキーム・オブ・ワーク「シティズンシップ」を対象とする。

　スキーム・オブ・ワークは，「教師のためのガイド」「原型となる教授単元」「能動的シティズンシップのための小冊子」の３冊から構成されている。「教師のためのガイド」は，実際に学校で実施する際の注意事項・チェック項目等が記載されている。「原型となる教授単元」とは，詳細な教材等は記載されていないものの，ナショナル・カリキュラムの PSHE & Citizenship フレームワークを基に作成された12の大まかな単元案を提示したものである。それぞれの単元は，タイトル，教育内容の概略を説明した「単元について」とナショナル・カリキュラムフレームワークの対応関係を表した「単元の対応箇所」（where the unit fits in），重要語句（vocabulary），教材案（resources），単元終了後の予測（expectations），下位目標（objective），可能な学習活動（possible teaching activities），達成目標（learning outcomes），留意点（points to note）から構成されている。「能動的シティズンシップのための小冊子」とは，児童を学習活動に参加させるための様々なアイディアなどが記載されたものである。スキーム・オブ・ワークは，他教科と同様に使用に際しての義務はないが，ナショナル・カリキュラムとの対応関係はある。初等 PSHE & Citizenship フレームワークとスキーム・オブ・ワークの単元との対応関係を説明したものが表補-3 である。

　「1a」とは，初等ナショナル・カリキュラムの PSHE & Citizenship のストランドの一点目である「自信と責任感の発達と能力の最大限の利用」における「知識・理解・スキル」の１項目「１対１，クラスの議論に参加すること」に対応する。そのため，2a〜2i（キーステージ１），2a〜2k（キーステージ２）が，フレームワーク中のシティズンシップに焦点化されたストランド

表補-3 初等ナショナル・カリキュラム「シティズンシップ」とスキーム・オブ・ワークとの対応表

	1a	1b	1c	1d	1e	1f	2a	2b	2c	2d	2e	2f	2g	2h	2i	2j	2k	3a	3b	3c
キーステージ1	1a	1b	1c	1d	1e		2a	2b	2c	2d	2e	2f	2g	2h	2i			3a	3b	3c
キーステージ2	1a	1b	1c	1d	1e	1f	2a	2b	2c	2d	2e	2f	2g	2h	2i	2j	2k	3a	3b	3c
Unit number and title																				
1 参加する—コミュニケーションと参加のためのスキルを高めること		1b	1c	1d			2a	2b	2c	2d										
	1a		1c		1e		2a	2b		2d		2f								
2 選択	1a	1b					2a		2c									3a		
	1a		1c				2a				2e	2f				2j		3a		
3 動物と私たち		1b					2a	2b			2e									
							2a			2d				2h			2k			
4 私達を助ける人々—地域の警察官	1a	1b		1d			2a	2b	2c	2d		2f								
	1a				1e		2a	2b		2d										
5 多様性のある世界で生きること		1b	1c	1d			2a	2b			2e	2f								
	1a	1b									2e				2i					
6 学校の校庭を作りあげること	1a	1b			1e		2a			2d	2e			2h	2i					
	1a						2a					2f				2j				
7 子ども達の権利—人権	1a	1b					2a		2c	2d	2e			2h	2i					
8 どのようにルールや法律が私達に影響を与えているだろうか？	1a	1b	1c				2a	2b	2c				2g							
9 財産を尊重すること	1a						2a	2b	2c	2d			2g			2j				
10 若いシティズンのための地域の民主主義	1a				1e		2a				2e		2g				2k			
11 メディアで：ニュースとは何か？	1a						2a				2e						2k			
12 進めよう	1a	1b	1c		1e				2c			2f								

3d	3e	3f	3g	4a	4b	4c	4d	4e	4f	4g	5a	5b	5c	5d	5e	5f	5g	5h	5i	
3d	3e	3f	3g	4a	4b	4c	4d	4e			5a	5b	5c	5d	5e	5f	5g	5h		キーステージ1
3d	3e	3f	3g	4a	4b	4c	4d	4e	4f	4g	5a	5b	5c	5d	5e	5f	5g	5h	5i	キーステージ2
																				Unit number and title
											5a		5c	5d			5g			1　参加する―コミュニケーションと参加のためのスキルを高めること
				4a							5a		5c	5d	5e	5f				
				4a									5c	5d			5g			2　選択
		3f											5c	5d			5g			
											5a		5c							3　動物と私たち
											5a		5c	5d	5e			5h		
			3g	4a	4b		4d						5c		5e			5h		4　私達を助ける人々―地域の警察官
															5e	5f	5g	5h		
				4a	4b	4c	4d				5a	5b	5c		5e		5g			5　多様性のある世界で生きること
				4a	4b			4e	4f		5a	5b	5c		5e	5f	5g	5h		
				4a	4b						5a		5c	5d	5e			5h		6　学校の校庭を作りあげること
			3g	4a							5a		5c	5d	5e			5h		
				4a	4b		4d	4e	4f		5a	5b	5c	5d	5e	5f	5g	5h		7　子ども達の権利―人権
		3f		4a			4d				5a	5b	5c		5e		5g	5h		8　どのようにルールや法律が私達に影響を与えているだろうか？
				4a	4b						5a									9　財産を尊重すること
				4a							5a	5b	5c		5e	5f		5h	5i	10　若いシティズンのための地域の民主主義
					4b						5a						5g	5h		11　メディアで：ニュースとは何か？
				4a		4c	4d	4e		4g	5a	5b	5c							12　進めよう

「市民として能動的な役割を果たすための準備」である。

　表補-3 を概観すると，フレームワークの４つのストランド間で偏りが見られる。例えば２つ目のストランドの内容項目である2a ～2k は全項目に対応関係が見られる一方，３つ目のストランドの内容項目である3a ～3g についてはそれに対応した単元が特に見られない。ここから，スキーム・オブ・ワークシティズンシップはナショナル・カリキュラムの示した PSHE & Citizenship フレームワークのうち，特にシティズンシップの側面に着目したものといえる。

　本節では，教育内容・方法といった側面からカリキュラムを検討するという本稿の目的のもと，２点目の「原型となる教授単元」を取り上げることとする。「原型となる教授単元」は，先に述べたように12の単元案で編成されている。12の単元名は次の通り。

・単元１　参加する―コミュニケーションと参加のためのスキルを高めること
・単元２　選択
・単元３　動物と私達
・単元４　私達を助ける人々―地域の警察官
・単元５　多様性のある世界で生きる
・単元６　学校の校庭を作り上げる
・単元７　子ども達の権利―人権
・単元８　どのようにルールや法律が私に影響を与えているのだろうか？
・単元９　財産を尊重すること
・単元10　若いシティズンのための地域レベルの民主主義
・単元11　メディア―ニュースとは何か
・単元12　進むこと

　単元の主要対象学年は，単元６まではキーステージ１＆２，単元７から11まではキーステージ２，単元12はキーステージ２の最終学年である６学年と

されている[4]。

　また，スキーム・オブ・ワークはキーステージ1・2（1年から6年まで）という大きな単位を対象としているため，各単元の編成も多様な形態がみられる。特に学年・キーステージの指定はない1つの単元案を示したもの，単元内で異なる学年・キーステージを対象とした複数の単元案を同時に説明したもの，1つの学年を対象とした学習活動を説明としたものなどがある。さらに，この授業案は児童の学習を説明したものであり，教師の授業における活動に際しては，記述が行われていないことも特徴である。

　以下では，初等スキーム・オブ・ワーク「シティズンシップ」の特色を明らかにするため，3つの下位の問いを設定する。①スキーム・オブ・ワーク「シティズンシップ」の学習内容の特質とは何か②スキーム・オブ・ワーク「シティズンシップ」の学習方法の特質とは何か。最終的に①②から導き出された特質をまとめ，その背景を探りたい。

（1）初等スキーム・オブ・ワーク「シティズンシップ」の学習内容

　先述したように，スキーム・オブ・ワークは，単元によっては，1単元内でも多様な学年にわたった学習活動・内容が提示されていることがある。今回は，スキーム・オブ・ワークの教育内容の全体的な傾向を検討するため，単元の概略を説明した「単元について」で書かれた内容に焦点化し，全単元を概観することとした。教育内容の概略を示したものが表補-4である。

（2）初等スキーム・オブ・ワーク「シティズンシップ」の教育方法

　では，先に見た教育内容を児童はどのように習得しているのか。ここでは，教育方法に特化した検討を行うため，1つの単元を取り上げ，そこで見られる教育内容と教育方法との関連の特質を導き出す方法をとる。今回は「単元8どのようにルールや法律が私に影響を与えているだろうか」を取り上げる。単元で示された達成目標・可能な教授活動を表し，学習活動の単位・内容か

表補-4　初等スキーム・オブ・ワーク「シティズンシップ」における学習内容の概略

1	参加する―コミュニケーションと参加のためのスキルを高めること
	・ペア・またはクラス単位で実際に起こっている学校の問題について検討し，議論を行う。
	・NHSS（national healthy school standard）を基にして，学校・地域レベルで，学校のルール作りや活動に参加・検討する。
2	選択
	・ペア・クラスで，自分達の意思決定を行う際の権利と責任について熟考する。
	・身近な事例で個人の意思決定が，他人の意思決定や環境に与える影響について考え，責任ある意思決定に必要な知識・スキルを得る。さらに，その知識・スキルを持続可能な開発といった他の事例に適用する。
3	動物と私達
	・人間・動物にとって必要不可欠なものとは何か，人は自分と異なる動物に対して責任を有していることを学ぶ。
	・動物の福祉厚生を考える地域・国家レベルのボランティア組織の役割について学ぶ。
	・自分達の選択や行動が地域・国家レベルで与える影響について学ぶ。
4	私達を助ける人々―地域の警察官
	・地域警察の存在と仕事内容，効果的なコミュニケーションのとり方や安全でいるための方策，潜在的リスクの回避方法について学ぶ。
	・警察のサービスがどのように作用しており地域・国家レベルの問題に対処しているのか，また地域機関の役割と目的について探求する。
	・犯罪が与える衝撃，犯罪率を減らし・被害者を救済するために警察が行っている地域対策の利点について理解する。
5	多様性のある世界で生きる
	・自分達は人間として共通して基本的なニーズと権利を有しており，学校や家庭を含めたグループや集団に属していることについて学ぶ。
	・互いに尊重しあうことの重要性，人種を含めた理由で人々をいためつけることが過ったことであることを学ぶ。
	・おもちゃや服を通して，自分達が他国と結びついていることを学ぶ。
	・学習の成果を適用したり，学校レベルで他者と考えを共有することを学ぶ。
6	学校の校庭を作り上げる
	・現在ある校庭設備や遊具の特徴を振り返り，学校や地域でどのように使用されているかを調査する。
	・他者とアイディアを交換し，それを参加へ反映させる。
7	子ども達の権利―人権
	・基本的人権とニーズ・欲求（want）・権利の違いについて学ぶ。
	・他者の権利を脅かさない，権利に関する他者の要求をサポートするといった事例に代表されるいくつかの責任について学ぶ。
	・正直であること，信頼，寛容，他人への敬意の重要性を学ぶ。
	・学校・地域レベルで扱われる人権について学ぶ。

8	どのようにルールや法律が私に影響を与えているのだろうか？
	・なぜルールが人権を守るために必要なのか，またどのように家庭・学校・地域コミュニティでどのように助けてくれるかを理解する。
	・学級のルールについて議論し，学校や児童会を通して，どのように提案や変更を行うかを学ぶ。
	・国会議員がどのように法律を変更しているのか，また議論やディベートの重要性を学ぶ。
	・時事問題に関して意見を作成し，表明する。
	・法律を破った結果を探求する。
	・自分達の学習の成果をポスター形式で表明する。
9	財産を尊重すること
	・犯罪の結果について考え，議論する。
	・懲罰制度や公共財の価値について熟考する。
	・地域社会を改善するための考えやストラテジーをグループで作成し，こうしたグループワークを通して，コミュニティが公共財に対して有している責任について探求する。
10	若いシティズンのための地域レベルの民主主義
	・誰が地域コミュニティを治めているのか，また地域の発展に過去貢献した重要なファクターを発見する。
	・地域レベルの民主主義，地方議会，市長について，探求や調査・地域の人の訪問講演会・スピーチの計画と実施・ディスカッションやディベートなどを通して学ぶ。
	・国会と異なる地方議会の特色について正しく理解する。
	・地域の問題について，地方議員と議論を行う。
	・関心の高い問題を議論すること・児童会や学級会の重要性を学ぶ。
11	メディア―ニュースとは何か
	・メディアの種類を分析し議論を進める過程で，探求やコミュニケーションに関わるスキルを発展させる。
	・地域・国家レベルのニュースにおける時事的問題について議論し，異なる出版社において異なるストーリーとなっていることを学ぶ。
	・人気のある連続ドラマでの社会問題の扱い方を検討し，価値観や態度を育成する。
	・自分のメディアに関する学習の成果を新聞やニュースプログラムまたは学校や地域で作成したウェブサイトなどに記載する。
12	進むこと
	・学校をコミュニティとみなし，より有効な変化ができるような方策とはどのようなことかを提案する。

表補-5　学習活動の視点から見た初等スキーム・オブ・ワーク単元8「ルールや法律
　　　　はどのように私達に影響を与えているのか」

授業名/達成目標	可能な教授活動	学習活動	
		単位	活動内容
なぜ私達はルールが必要なのか？			
・なぜルールが必要なのか，ルールが子ども達をどのように家庭，学校，コミュニティーで助けているかを知る。 ・公正さを保障し，権利を守るためにルールが必要であることを理解する。	・グループに分かれ，子ども達はボードゲームで遊ぶ。10～15分後，遊びをやめ，ゲームのルールについて議論する。（トピックは）なぜ，ルールは必要なのか？もしルールがなかったらどういうことが起こるのか？である。その際，ルールが公平さを保っているということが気付くことが重要である。	グループ グループ	遊ぶ 議論する
	・グループになり，子ども達は家庭における異なった状況下で守っているルール（例：テレビの見方，就寝時間，お手伝い）についてリストを作る。その後，子ども達は次のトピックについて議論し，意見を比較する。「子ども達はどのような種類のルールに従っているか？（例：学校で，スポーツをするときに，法律で）」「なぜこれらを守ることが必要なのか？（例：悪いことから守ってくれるため，コミュニティで共に暮らすため，悪いことと良いことの区別をつけるため，公平さを保つため）」「誰がルールや法律を作っているのか？」「それは全ての人にとって公平だといえるのか？」「ルールを破ったらどのようなことが起こるか？」子ども達はもしルールを変更したくなった場合，どのようにすべきかについて考え，クラス・グループ単位で議論し，考えを共有する。また，ディスカッションの基本的ルールや，どのようにルール作りに関われるかについて考える。その際，子ども達は全員が話すことが出来たときが民主主義であり，子ども達は学校で発言を行うことで民主主義に参加できることに気付く。	グループ グループ グループ/クラス	リストを作る 議論する 議論する
誰がルールを作っているのか？			
・考えを高めるために，議論に貢献する。 ・ルールがクラスや学校をどのように変え得るかを説明する。 ・簡潔に民主主義について説明する。	・ペアになり，学級・学校・家庭で守っている3つのルールのリストを作る。それぞれのルールについて，以下の問いに答え，書いていく。 —なぜ，ルールが必要なのか？　—ルールは公平か？　—誰がルールを作っているのか？ —ルールを破った場合，何が起こるか？　—自分達はそのルールを変更したいか？ 書いた内から，1つのルールを選び，ペアの成果を学級にフィードバックする。	ペア クラス	リストを作る 発表する
	・クラス単位で，子ども達は自分達が，学級・遊び場・学校でどのようにルールが作られているのかを振り返る。（例：議論のための基本的ルール，学級で使うルール，遊具を使用する際のルール）前の活動の内容を踏まえながら，ルールの改善案の指摘，新しいルールの提案についての考えが問われ，さらにそうした考えがどのように個人・クラ	クラス クラス	振り返る 議論する

・投票が集団における意思決定において重要な手段であることを知る。	ス・学校を変化させるかについて議論する。提案・改善案に関しては，黒板に記録する。学級会や児童会の役割やそれらが意思決定にどのように関わっているのかについて振り返る。そして，児童会が考えを問うときに行う投票の役割について問われる。その結果，最終的に，子ども達はそれぞれの人の意見を重視し，違いを生み出すことができることこそが民主主義であることを説明する。	個人	説明する
	・子ども達は，辞書で「民主主義」を引き，それがどのような意味を持っているのかを紙に書く。クラス単位で，その定義について議論し，合意に至る。地元紙を用いて，民主主義の事例を探すことが求められる。	個人 クラス	調べ，紙に書く 議論する
どのように国会は法律を作っているのか?			
・法律が作られる際のプロセス，国会における議員による議論やディベートや投票について知る。 ・自分達を守るために，ルールや法律は作られていることを理解する。 ・社会問題に対する個人としてのまたはグループとしての見解を表し，他人の意見を聞く。	・子ども達は，国会についての背景知識をいくつか与えられ，クラス・学校単位の意思決定とどのように異なるか比較した結果を書くことが求められる。この際，以下のポイントをカバーすることが求められる。 ―国の全ての都市から国会の代表（国会議員）が選出されている　―国会議員は政党に属している。 ―選挙の前に，全ての政党は，自分たちの立場を説明したマニフェストを出している。 ―人々が自分達が政府に求める政党へ投票する選挙は5年ごとに行われている。 ―その選挙で勝利した政党のリーダーが首相となる　―法律を変えることは重要な国会の仕事の1つである。 ―合意形成をする前に，自分達も学級会や児童会で行うように，ディベートや議論を行っている。	個人	知識を基に書く
	・シナリオかストーリーを基に，自分達に影響を及ぼす法律について考える（例：子ども達が nationalsaving 口座を開けたり，ペットを持ったり，投票できるための合法的な年齢）クラス単位での議論を通して，なぜ法律が必要であるのかを考える。「法律がなければどうなるか?」「それは全てに公平なのか?」	個人	読む or 聞く
	・子ども達が関心のある法に関わる問題，または以前の学習で考察した法律に関して，簡単に国会形式の議論を行う。さらに，地元の国会議員か市議会議員を招く。子ども達は，「例：法律を変えるための国会の仕事」などについて質問を準備する。それが不可能な場合は，Eメールか手紙を送る。	クラス クラス	議論する 質問する or 書く
	・延長学習：子ども達は，国会のホームページを見て，国会議員の名前を確認する。そして，国会における議論，または首相のクエスチョンタイムのビデオを見て，自分達が見たものとは何かを確認しあう。	個人 クラス or グループ	見る 説明する
どのように私達は責任ある行動をとることができるか?			
	・地方紙・全国紙などを基に，学校や地域で，破られたことがあるルールや法律について考えることを求める。（例：	個人	読む/考える

・若者によって，よく破られる法律について認識する。 ・集団のプレッシャーなどルールや法律が破られる理由について理解する。 ・特に集団にいる際に，責任ある行動をとるための方法を開発する。 ・自分の行動が自分自身や他人に与える影響について知る。	遊具の不適切な使用，クワイエットエリアでのスポーツ，バス停の損傷，強盗など）子ども達は何が起こったか，被害者はいたか，危険だったか，他人に迷惑をかけていたかについて議論する。さらに，子ども達は，ストーリーボードや劇，TV スタイルのレポートなどを通して，他のクラスメイトに対し，法律やルールが破られた事例のシナリオについて発表を行う。「なぜ，ルールは破られ，また犯罪が起こったのか？」	クラス or グループ個人 or グループ	議論する 発表する
	・子ども達は，自分たちの身近な決定がどのように影響を与えるかについて振り返る（例：友達のようになりたいと思う）子ども達はその良い点・悪い点を認識し，影響がいつプレッシャーへと変わるのかについて議論する。仲間から受け入れがたいような扱いを受けることが与えるプレッシャーについて自覚する。また，子ども達は集団によるプレッシャーとそうした誘惑を断つ方法について認識しているかについて問われる。例：受け入れがたいような行為を仲間から受けている人をどのように守ることができるのか？	クラス or グループ 個人	議論する 説明する
	・犯罪を防ぐために，どのように責任ある行動をとるべきであるか振り返る。（例：近所の見回り，自分の所有物に注意を払う，犯罪につながるような行為に携わらない，PAG（primary action group）に加入する）	個人	振り返る
	・グループになり，自分達が法律・ルール，国会，民主主義について学んだ内容についてポスターを作成する。そのポスターはある特定の問題に焦点をあてたものか，子ども達に関連した法律やルールを変えるキャンペーンのポスターである。そのポスターはクラス，または学校に掲示することにする。	グループ	ポスター作成する

QCA（2000）．より筆者作成

ら整理したものが表補-5 である。

（3）初等スキーム・オブ・ワーク「シティズンシップ」の教育内容・教育方法の特質

①教育内容の特質

　教育内容の特質としては，以下の3点が挙げられる。

　まず，第一にナショナル・カリキュラムと同様シティズンシップ教育の3つのストランド内でも政治的リテラシーの側面が強いことである。第二の特質として，全体的な地理的傾向としては，学校や地域レベルの教育内容が中心であり，EU や世界といった国家以上の教育内容が乏しいことがあげられ

る。

　しかし，1単元内で地理的要素を検討すると，共同体の多重・多元性が意識されている。これが第三の特質である。先にも述べたように，全体で見ると，地域や学校といった小さい単位での共同体の中心であるが，1つの単元内で見ると，学校/地域/国家というように，多様な共同体に関わる教育内容が含まれており，例えば，学校レベルで得た知識・スキルといった教育内容を地域/国家に適用させる内容となっている。児童は教育内容をある特定の共同体の状況に埋没させるのではなく，様々なレベルの共同体にあわせて応用することが求められている。

②教育方法の特質

　教育方法の特質としては，グループ活動を中心とした多様な学習活動が用いられていることである。この背景には，イングランドのシティズンシップ教育観の特質としては，知識とスキル・価値観の同時獲得があげられよう。子ども達は，多様な学習活動を通して，知識・価値観のみならず，議論・プレゼンテーション・質問の仕方といった多様なスキルを獲得することが求められている。その中でも，特に議論が重視されている。イングランドのシティズンシップ教育全体においても児童の多様性を保障できるものとして重要視されているが，これは初等段階においても共通した傾向であるといえよう。

5．おわりに

　以上の分析結果から，本小稿の目的であるQCAの作成したカリキュラムの特質について，その教育目標・教育内容・教育方法の面からまとめたい。

　教育目標について。第一は，自立した個人の育成と市民としての個人の育成という2点が目標において併存している点である。これは，先述した通り，前者はPSHEの，後者はシティズンシップ教育の目標にそれぞれ該当し，片方がもう片方にその意義を包含されるといった関係にあるのではなく，そ

れぞれが異なる役割を担っていることが分かる。第二には，その育成の目的はPSHEとシティズンシップ教育で異なるものの，知識・スキル・理解の統一的育成がめざされている点である。

　教育内容の特質について。ナショナル・カリキュラムとスキーム・オブ・ワーク共通の特質としては，第一に公共生活におけるスキル・知識といった政治的リテラシーの側面が強い点，第二に学校や地域レベルの教育内容が多い点が挙げられている。第一の点に関しては，主に個人の発達に着目したPSHEと複合的フレームワークをとるという初等段階特有の性質から，シティズンシップ教育では特に政治的リテラシーに注目しているのではないか。さらに，スキーム・オブ・ワーク独自の特質としては，共同体の多重性・多元性が強調されており，学校・地域レベルの学習が中心であるものの，同一の単元内で多様な共同体に基づいた教育内容がみられた点も注視できる。

　教育方法の特質としては，スキーム・オブ・ワークの単元分析から，多様な学習活動が用いられており，その中でもグループ活動を中心とした議論が重視されていた点である。

　以上からQCAのカリキュラムの特質として，初等段階においても，児童自らが，1人の市民とみなされ必要なスキル・知識・能力を獲得していくことを重視していることを指摘できよう。

---

1 OFSTEDの学校視察については，2005年9月から制度が変更しており，自己評価制度の重視，視察の期間・内容の簡略化といった傾向が見られている。(だが，依然として，シティズンシップ教育は視察の対象となっている。ただし，本書は2004年出版であるため，旧制度に基づいたものとなっている。(2004年当時の視察の詳細な内容・観点についてはOFSTED (1999). Handbook for Inspecting Primary and Nursery Schools with guidance on self-evaluation, London: The Secretary Office を参照のこと。)

2 本節で註のない引用箇所は，全て・DfEE/QCA (1999). *The National Curriculum Handbook for primary teachers in England, key stage 1 and 2*. London: QCA によ

る。

3 本節で註のない引用箇所は，全て QCA（2000）. *Citizenship: A scheme of work for key stage 1 and 2*, London: QCA による。

4 しかし，注釈として「単元はフレキシブルなものであるため，他の年代の児童に適応しても構わない」とされている。

参 考 文 献

1. 英文参考文献

Ajegbo, K., Kiwan, D. & Sharma, S. (2007). *Curriculum review: diversity & citizenship*. London: DfES.

Akhtar, S. (2008). The implementation of education for citizenship in Scotland: recommendation of approaches for effective practice. *Improving Schools*, 11(1), 33-48.

Althof, W. & Berkowitz, M. (2006). Moral education and character education: their relationship and roles in citizenship education. *Journal of moral education*, 35 (4), 495-518.

Annette, J. (2005). Character, civic renewal and service learning for democratic citizenship in higher education. *British journal of educational studies*, 53(3), 326-340.

Annette, J. (2009). 'Active learning for active citizenship': Democratic citizenship and lifelong learning education. *Citizenship and social justice*, 4(1), 117-132.

Arnot, M. (2009). A global conscience collective?: Incorporating gender injustices into global citizenship education. *Education, Citizenship and social justice*, 4 (1), 149-161.

Arthur, J. (2009). Faith and secularisation in religious colleges and universities. *Journal of beliefs & values*, 29(2), 197-202.

Arthur, J., & Wright, D. (2001). *Teaching citizenship in the secondary school*. London: David Fulton Publishers.

Arthur, J. & Davison, J. (2000). Social literacy and citizenship education in the school curriculum. *The curriculum journal*, (11)1, 9-23.

Bailey, A. (2000). *Teaching values and citizenship across the curriculum*. London: Kogan page.

Buckingham, D. (1999). Young people, politics and news media: beyond political socialisation. *Oxford Review of Education*, 25(1 & 2), 171-184.

Barrow, R. (2005). On the duty of not taking offence. *Journal of moral education*, 34(3), 265-275.

Bell, Y. (2004). Creating Green Citizens? political liberalism and environmental education. *Journal of philosophy of education*, 38(1), 37-54.

Benton, T., Cleaver, E., Featherstone, G., Kerr, D., Lopes, J. & Whitby, K (2008). *Citizenship Education Longitudinal Study: sixth annual report. Young people's civic Participation in and beyond school: attitudes, intentions and influences (DCSF Research Report 052)*. London: DCSF. Retrieved August 20, 2008 from http://www.nfer.ac.uk/publications/pdfs/downloadable/CELS6threport-DCSF publication.pdf

Biesta, G. & Lawy, R. (2006). From teaching citizenship to learning democracy: overcoming individualism in research, policy and practice, *Cambridge journal of education*, 36(1), 63-79.

Blum, L. (1999). Race, community and moral education: Kohlberg and Spielberg as civic educators. *Journal of moral education*, 28(2), 125-143.

Bottery, M. (1999). Getting the Balance Right: duty as a core ethic in the life of the school. *Oxford review of education*, 25(3), 369-386.

Bottery, M. (2003). The end of citizenship? The nation state, threats to its legitimacy, and citizenship education in the twenty-first century. *Cambridge journal of education*, 33(1), 101-122.

Bottery, M. (2006). Education and globalization: redefining the role of the educational professional. *Educational review*, 58(1), 95-113.

Buckingham, D. (1999). Young people, politics and news media: beyond political socialisation. *Oxford review of education*, 25(1 & 2), 171-184.

Carr, D. (2006). The moral roots of citizenship: reconciling principles and character in citizenship education. *Journal of moral education*, 35(4), 443-456.

Claire, H. (2001). *Not aliens: primary school children and the Citizenship/PSHE curriculum*. Stoke on Trent: Trentham.

Claire, H. (Ed.). (2004). *Teaching citizenship in primary schools*. Exceter: Learning Matters Ltd.

Cleaver, E., Ireland, E., Kerr, D. & Lopes, J. (2005). *Citizenship education longitudinal study: second cross-sectional survey 2004. Listening to young people: citizenship education in England (DfES Research Report 626)*. London: DfES. Retrieved August 20, 2008 from http://publications.dcsf.gov.uk/eOrderingDownload/RR626.pdf

Clough, N. & Holden, C. (2002). *Education for Citizenship, Ideas into Action*. London: Routledge Falmer.

Cohen, L., Manion, L. & Morrison, K. (2007). *Research methods in education (6th ed.)*. London: Routledge.

Corbin, J. & Strauss, A. (1990). Grounded Theory Research: procedures, canons, and evaluative criteria. *Qualitative Sociology*, 13(1), 3-19.

Cowan, P. & Maitles, H. (2007). Does addressing prejudice and discrimination through Holocaust education produce better citizens?, *Educational Review*, 59 (2), 115-130.

Cremin, H. and Thomas, G. (2005). Maintaining underclasses via contrastive judgement: can inclusive education ever happen? *British journal of educational studies*, 53(4), 431-446.

Cremin, H & Warwick, P. (2008). Multiculturalism is dead: long live community cohesion? A case study of an educational methodology to empower young people as global citizens. *Research in comparative and international education*, 3(1), 36-49.

Crick, B. (1999). The presuppositions of citizenship education. *Journal of philosophy of Education*, 33(3), 337-352.

Crick, B. (2000a). *Essays on citizenship*. London: Continuum.

Crick, B. (2000b). Introduction to the New Curriculum. In D. Lawton, J. Cairns & R. Gardner (Eds.), *Education for citizenship* (pp. 3-8). London: Continuum.

Crick, B. & Porter, A. (1978). *Political education and political literacy*. London: Longman.

Crick, R., Tew, M., Taylor, M., Ritchie, S., Samuel, E. & Durant, K. (2005). *A systematic review of the impact of citizenship education on student learning and achievement*. Retrieved 20th August 2010 from http://eppi.ioe.ac/uk/

CSV (1999). *Discovering citizenship through active learning in the community*. London: CSV.

Darling, L. (2002). The essential moral dimensions of citizenship education: what should we teach? *Journal of educational thought*, 36(3), 229-247.

Davies, I, (2003). Citizenship education in England 『社会科研究』59, 1-10.

Davies, I., Gregory, I., & Riley, S. (1999). *Good citizenship and educational provision*. London: Routledge Falmer

Davies, I., Fulop, M., Huntchings, M., Ross, A., & Vari-Szilagyi, I. (2001). Enterprising citizens? Perceptions of citizenship education and enterprise education in England and Hungary. *Educational Review*, 53(3), 261-269.

Davies, I., Flanagan, B., Hogarth, S., Mountford, P. & Philpott, J. (2009). Asking questions about participation. *Education, Citizenship and Social Justice*, 4(1), 25-39.

Davies, I., & Issitt, J. (2005). Reflections on citizenship education in Australia, Canada and England. *Comparative Education*, 41(4), 389-410.

Davies, L. (2001). Citizenship, education and contradiction, *British Journal of Sociology of Education*, 22(2), 299-308.

Davies, L. (2006). Global citizenship: abstraction or framework for action? *Educational Review*, 58(1), 5-25.

DfEE/QCA (1998). *Education for citizenship and the teaching of democracy in schools*. London: QCA. Retrieved April 17, 2008 from http://www.qcda.gov.uk/libraryAssets/media/6123_crick_report_1998.pdf

DfEE/QCA (1999). *Citizenship: Key Stage 3-4*. London: DfEE/QCA.

DfEE/QCA. (1999b). *PSHE and Citizenship: Key Stage 1-2*. London: DfEE/QCA.

European Commission (2006). *Citizenship Education at School in Europe: United kingdom*. Retrieved October 20, 2008 from http//www.eacea.ec.europa.eu/ressources/eurydice/pdf/055EN/007_chap5_055EN.pdf

Evans, M. (2004). *Citizenship education pedagogy: teachers' characterisations*. Unpublished doctoral thesisUniversity of York York.

Faulks, K. (2006a). Education for citizenship in England's secondary schools: a critique of current principle and practice. *Journal of Education Policy*, 21(1), 59-74.

Faulks, K. (2006b). Rethinking citizenship education in England: some lessons from contemporary social and political theory. *Education, citizenship and social justice*, 1(2), 123-140.

Garratt, D. (2000). Democratic citizenship in the curriculum: some problems and possibilities. *Pedagogy, culture & society*, 8(3), 323-346.

Garratt, D. & Piper, H. (2008). Citizenship education in England and Wales: theoretical critique and practical considerations, *Teachers and teaching*, 14(5), 481-496.

Gearon, L. (Ed.). (2006). Learning to teach citizenship in the secondary school.

Abington: Routledge Falmer.

Giddens, A. (1998). *The third way*. London: Andrew Nurnberg Associates Ltd.（佐和隆光訳（1999）『第三の道：効率と公正の新たな同盟』日本経済新聞出版社）

Gillborn, D. (2006). citizenship education as placebo 'standards', institutional racism and education policy Education. *Citizenship and social justice*, 1(1), 83-104.

Grbich, C. (2007). *Qualitative Data Analysis:* An Introduction. London: SAGE Publications.

Halpern, D., John, P. & Morris, Z. (2002). Before the Citizenship Order: a survey of citizenship education practice in England. Journal of education policy. 17(2), 217-228.

Halstead, J. & Pike, M. (2006). *Citizenship and moral education*. London: Routledge.

Halstead, J. & Taylor, M. (2000). Learning and teaching about values: a review of recent research. *Cambridge journal of education*, 30(2), 169-202.

Hammersley, M. (Ed.). (2007). *Educational research and evidence-based practice*. London: SAGE publications.

Haydon, G. (1999). The moral agenda of citizenship education. *The school field*, 5 (3/4), 47-54.

Haydon, G. (2000). The moral agenda of citizenship education. In D. Lawton, J. Cairns & R. Gardner (Eds.), *Education for citizenship* (pp. 136-148). London: Continuum

Haydon, G. (2006). Respect for persons and for cultures as a basis for national and global citizenship. *Journal of moral education*, 35(4), 457-471.

Heater, D. (1999). *What is citizenship?* Cambridge: Policy Press.

Heater, D. (2001). The history of citizenship education in England. *The Curriculum Journal*, 12(1), 103-213.

Heater, D. (2004). *Citizenship: the civic ideal in world history, politics and education (3rd ed.)*. Manchester: Manchester university press

Hohenbrink, J., Johnston, M. & Westhoven, L. (1997). Collaborative Teaching of a Social Studies Methods Course: Intimidation and Change. *Journal of Teacher Education*, (48)4, 293-300.

Holden, C. (2004). Heaven help the teachers!' Parents' perspectives on the introduc-

282　参 考 文 献

tion of education for citizenship, *Educational Review*, 56(3), 247–258.

House of Commons (2007). *Citizenship Education: Second Report of Session 2006-07 Report, together with formal minutes, oral and written evidence.* London: The Stationery Office Limited.

Huddleston, T. (2004). *Citizens and Society: Political literacy teacher resource pack.* London: Hodder & Stoughon.

Huddleston, T. & Kerr, D. (2006). *Making sense of citizenship: A CPD handbook.* London: Hodder & Murray.

Ireland, E., Kerr, D., Lopes, J. & Nelson, J. with Cleaver, E. (2006). *Active Citizenship and Young People: opportunities, Experiences and Challenges In and Beyond School. Citizenship Education Longitudinal Study: Fourth Annual Report (DfES Research Report 732),* London: DfES. Retrieved August 20, 2008 from http://www.dcsf.gov.uk/research/data/uploadfiles/RR732.pdf

Ibrahim, T. (2005). Global citizenship education: mainstreaming the curriculum? *Cambridge Journal of Education*, 35(2), 177–194.

Johnston, J., Halocha, J. & Chater, M. (2007). *Developing teaching skills in the primary school.* London: Open university press

Keating, A., Ortloff, D. & Philippou, S. (2009a). Nationalizing the post-national: reframing European citizenship for the civics curriculum in Ireland. *Journal of Curriculum Studies*, 41(2), 159–178.

Keating, A., Ortloff, D. & Philippou, S. (2009b). Citizenship education curricula: the changes and challenges presented by global and European integration. *Journal of Curriculum Studies*, 41(2), 145–158.

Keating, A., Kerr, D., Lopes, J., Featherstone, G. & Benton, T. (2009c). *Embedding Citizenship Education in Secondary Schools in England (2002–08): Citizenship Education Longitudinal Study Seventh Annual Report (DCSF Research Report 172).* London: DfES. Retrieved January 10, 2009 from http://www.dcsf.gov.uk/research/data/uploadfiles/RR375.pdf

Kerr, D. (1999). Changing the political culture: the advisory group on education for citizenship and the teaching of democracy in schools. *Oxford Review of Education*, 25(1 & 2), 275–284.

Kerr, D. (1999). Re-examining citizenship education in England. In J, Torney-Purta, J., Schwille, & J., Amadeo. (Eds). *Civic education across countries: twenty-four national case studies from the IEA civic education project.* Amsterdam: International Association for the Evaluation of Educational Achievement.

Kerr, D. (2000). Citizenship education: an international comparison. In D. Lawton, J. Cairns & R. Gardner (Eds.), *Education for citizenship* (pp. 200–227). London: Continuum.

Kerr, D. (2003). Citizenship in national and international context. In L. Gearon (Ed.). *Learning to teach citizenship in the secondary school* (pp. 5–27). Abingdon: Routledge Falmer.

Kerr, D., McCarthy, S., & Smith, A. (2002a). Citizenship education in England, Ireland and Northern Ireland. *European journal of education*, 37(2), 179–191.

Kerr, D., Lines, A., Blenkinshop, S., & Schagan, I. (2002b). *England's results from the IEA international citizenship education study: What citizenship and Education mean to 14 Year Olds.* Retrieved January 10, 2009 from http://www.dcsf.gov.uk/research/data/uploadfiles/RR375.pdf

Kerr, D., Cleaver, E., Ireland, E. & Blenkinsop, S. (2003). *Citizenship Education Longitudinal Study First Cross-Sectional Survey 2001–2002 (DfES Research Report 416).* London: DfES.

Kerr, D. & Cleaver, E. (2004a). *Citizenship education longitudinal study: Literature review—Citizenship education one year on- What does it mean?: Emerging definitions and approaches in the first year of national curriculum citizenship in England (DfES Research Report 532).* London: DfES. Retrieved August 20, 2008 from http://www.dcsf.gov.uk/research/data/uploadfiles/RR532.pdf

Kerr, D., Ireland, E., Lopes, J. & Craig, R. with Cleaver, E. (2004b). *Making citizenship real. Citizenship education longitudinal study second annual report. First longitudinal survey (DfES Research Report 531).* London: DfES.

Kerr, D., Lopes, J., Nelson, J., White, K., Cleaver, E. & Benton, T. (2007). Vision versus pragmatism: citizenship in the secondary school curriculum in England. Citizenship Education Longitudinal Study: Fifth Annual Report (DfES Research Report 845). London: DfES.

Kisby, B. (2009). Social capital and citizenship lessons in England: Analysing the presuppositions of citizenship education. *Education, citizenship and social justice*, 4(1), 41–62.

Kiwan, D. (2006). *Evidence submitted to House of Commons Education and Skills Select Committee, in quiry into citizenship education.* Retrieved August 20, 2009 from http://www.publications.parliament.uk/pa/cm200506/cmselect/cmeduski/uc581-v/uc581m03.htm

Kiwan, D. (2007). uneasy relationships? conceptions of 'citizenship', 'democracy' and 'diversity' in the English citizenship education policymaking process. *Education, citizenship and social justice,* (2)3, 223-235.

Kiwan, D. (2008). *Education for inclusive citizenship.* Abington: Routledge Falmer.

Klein,R. (2001). *Citizens by right: Citizenship education in primary schools.* Stoke on Trent: Trentham Boo with Save the Children.

Kvale, S. & Brinkmann, S. (2009). *Interviews: learning the craft of qualitative research interviewing (2nd Ed.).* London: SAGE publications.

LAMP (Literacy Assessment and Monitoring Programme) (2004). *International Planning Report.* Montréal: UIS.

Lawson, H. (2001). Active citizenship in schools and the community. *The Curriculum journal.* 12(2), 163-178.

Lawton, D. (2000). Citizenship education in context. In D. Lawton, J. Cairns & R. Gardner (Eds.), *Education for citizenship* (pp. 9-13). London and NewYork: Continuum.

Lee, W. & Fouts, J. (Eds.). (2005). *Education for social citizenship: perceptions of teachers in USA, Australia, England, Russia and China.* Aberdeen: Hong Kong University Press.

Levinson, M. (1999). Liberalism, Pluralism, and Political Education: paradox or paradigm? *Oxford Review of Education,* 25(1 & 2), 39-58.

Mayo, M., Gaventa, J. & Rooke, A. (2009). Learning global citizenship?: Exploring connections between the local and the global. *Education, citizenship and social justice,* 4(1), 161-175.

McLaughlin T. H. (2000). Citizenship education in England: The Crick report and beyond. *Journal of philosophy of education,* (34)4, 541-570.

Morris, Z., Peter, J. & Halpern, D. (2003). Compulsory citizenship for the disenfranchised: benchmarking students, schools, and social and political attitudes before the Citizenship Order. *The Curriculum journal,* 14(2), 181-199.

Piper, H. & Garratt, D. (2007). Identity and citizenship: some contradictions in practice. *British educational of educational studies,* (52)3, 276-292.

Ofsted (2006). *Towards consensus? Citizenship in secondary schools.* London: Ofsted.

Ofsted (2010). *Citizenship established? Citizenship in schools 2006/09.* London: Ofsted.

Olssen, M. (2004). From the Crick Report to the Parekh Report: multiculturalism, cultural difference, and democracy—the re-visioning of citizenship education. *British journal of sociology of education,* 25(2), 179-192.

Osler, A. (2000). The Crick Report: difference, equality and racial justice. *Curriculum Journal,* (11)1, 25-37.

Osler, A. (2008). Citizenship education and the Ajegbo report: re-imagining a cosmopolitan nation. *London review of education,* 6(1), 11-25.

Osler, A. (2009). Testing citizenship and allegiance. *Education, citizenship and social justice,* 4(1), 63-79.

Osler, A., & Starkey, H. (2002). Education for citizenship: mainstreaming the fight against racism? *European journal of education,* 37(2), 143-159.

Osler, A., & Starkey, H. (2005). *Changing citizenship: democracy and inclusion in education.* Berkshire: Open University Press.

Osler, A., & Starkey, H. (2006). Education for Democratic Citizenship: a review of research, policy and practice (BERA report). Retrieved November 19, 2008 from http://bera.caret.cam.ac.uk/files/2008/09/oslerstarkeyberareview2005.pdf

Osler, A. & Vincent, K. (2002). *Citizenship and the challenge of global education.* London: Trentham books

Pike, M. (2007). The state and citizenship education in England: a curriculum for subjects or citizens? *Journal of curriculum studies,* 39(4), 471-489.

Pike, M. (2008). Faith in citizenship? On teaching children to believe in liberal democracy. *British journal of religious education,* 30(2), 113-122.

Pike, M. (2007). Values and visibility: the implementation and assessment of citizenship education in school. *Educational review,* 59(2), 215-229.

Piper, H & Garratt, D. (2004). Identity and Citizenship: some contradictions in practice. *British journal of educational studies,* 52(3), 276-292

Potter, J. (2002a). The Challenge of Education for Active Citizenship. Education & Training, 44(2), 57-66.

Potter, J. (2002b). *Active citizenship in schools.* London: Kogan page limited.

Print, M. (2007). Citizenship education and youth participation in democracy. *British journal of educational studies,* 55(3), 325-345.

QCA (2001a). *Citizenship: A scheme of work for key stage 3 Teacher's guide.* Retrieved November 19, 2008 from http://www.standards.dfes.gov.uk/pdf/secondaryschemes/cit_guide.pdf

QCA (2001b). *Citizenship: A scheme of work for key stage 4 Teacher's guide.* Retrieved November 19, 2009 from http://www.standards.dfes.gov.uk/pdf/secondaryschemes/cit_guide.pdf

QCA (2001c). Citizenship: A scheme of work for key stage 3: an examplar units. Retrieved November 19, 2010 from http://www.standards.dfes.gov.uk/pdf/secondaryschemes/cit_guide.pdf

QCA (2001d). Citizenship: A scheme of work for key stage 4: an examplar units. Retrieved November 19, 2011 from http://www.standards.dfes.gov.uk/pdf/secondaryschemes/cit_guide.pdf

QCA (2003). *Monitoring Citizenship and PSHE 2001-2002.* Retrieved November 19, 2008 from http://www.qcda.gov.uk/libraryAssets/media/6129_mon_cit_pshe_01-02.pdf

QCA (2004). *Citizenship: Annual report on curriculum & assessment 2002/03.* London: QCA. Retrieved November 19, 2008 from http://www.qcda.gov.uk/libraryAssets/media/7391_cit_anrep_cur_ass_02-03.pdf

QCA (2007a). *Reviewing the secondary national curriculum.* Retrieved November 19, 2008 from http://www.qcda.gov.uk/libraryAssets/media/qca-07-3037_sec_curric_review_web.pdf

QCA (2007b). *Citizenship: programme of study for key stage3.* London: QCA.

QCA (2007c). *Citizenship: programme of study for key stage4.* London: QCA.

Rowe, D. (2006). Taking responsibility: school behaviour policies in England, moral development and implications for citizenship education. *Journal of moral education.* 35(4), 519-531.

Scott, D. & Lawson, H. (Eds.) (2002). *Citizenship education and the curriculum.* London: Ablex Publishers.

Scruton, R. (1990). *World Studies: Education or Indoctrination?* London: Hyperion Books.

Starkey, H. (2000). Citizenship education in France and Britain: evolving theories and practice, *The Curriculum Journal*, (11)1, 39-54.

Taylor, M. with Johnson, R (2002). *School councils: their role in citizenship and personal and social education.* Slough: NfER. Retrieved August 19, 2009 from http://www.nfer.ac.uk/publications/pdfs/downloadable/schoolcouncils.pdf

Torney-Purta, J., Schwille, J., & Amadeo, J. (1999). *Executive Summary: Civic education across countries: twenty-four national case studies from the IEA civic education project.* Amsterdam: International Association for the Evaluation of Educational Achievement. Retrieved July 4, 2008 from http://terpconnect.umd.edu/~jtpurta/exec_summ/Exe%20Sum%20embargoed.pdf

Torney-Purta, J., Lehman, R., Oswald, H., & Schulz, W. (2001). Citizenship and education in twenty-eight countries: civic knowledge and engagement at age fourteen. Amsterdam: International Association for the Evaluation of Educational Achievement.

Warwick, P. (2007). Hearing pupils' voices: revealing the need for citizenship education within primary schools. *Education 3-13*, 35(3), 261-272.

Warwick, P. (2008). The development of apt citizenship education through listening to young people's voices. *Educational Action Research*, 16(3), 321-333.

White, P. (1999). Political Education in the early years: the place of civic virtues. *Oxford Review of Education* 25(1 & 2), 59-70.

Whiteley, P. (2005). *Citizenship education longitudinal study second literature review. Citizenship Education: the political science perspective (DfES Research Report 631).* London: DfES. Retrieved July 4, 2008 from http://www.dcsf.gov.uk/research/data/uploadfiles/RR631.pdf

2．邦文参考文献

秋田喜代美（2009）「教師教育から教師の学習過程研究への転回：ミクロ教育実践研究への変貌」矢野智司・今井康雄・秋田喜代美・佐藤学・広田照幸（編）『変貌する教育学』世織書房。

浅沼茂（1999）「カリキュラム研究とその理論的前提」安彦忠彦（編）『新版　カリキュラム研究入門』勁草書房。

安彦忠彦（編）（1985）『カリキュラム研究入門』勁草書房。

安彦忠彦（1999）「カリキュラムの歴史的研究」安彦忠彦（編）『新版　カリキュラム

研究入門』勁草書房。

安彦忠彦（編）（1999）『新版　カリキュラム研究入門』勁草書房。

安彦忠彦（2002）『改訂版　教育課程編成論：学校は何を学ぶところか』放送大学教育振興会。

安彦忠彦（2009）「カリキュラム研究と授業研究」日本教育方法学会（編）『日本の授業研究　下巻』学文社。

新井浅浩（2002）「イギリスにおける人格・価値教育の発展」武藤孝典（編）『人格・価値教育の新しい発展』学文社。

新井浅浩（2007）「イギリスの市民性形成論」二宮晧（編）『市民性形成論』放送大学教育振興会。

池野範男（2001a）「社会形成力の育成：市民教育としての社会科」『社会科教育研究　別冊2000年度研究年報』47-53。

池野範男（2001b）「シンポジウムに参加して：真理性か正当性か，市民の基礎形成か市民形成か」『社会系教科教育学研究』，第13号，37-39。

池野範男（2003）「市民社会科の構想」社会認識教育学会（編）『社会科教育のニューパースペクティブ：変革と提案』明治図書。

池野範男（2005）「社会科における市民性教育研究」『社会科教育』第552号，126-127。

池野範男（2008）「社会科の可能性と限界－批判主義の立場から－」『社会科教育研究』第104号，6-16。

池野範男（研究代表）（2009）『我が国を視点とした英国シティズンシップ教育の計画・実施・評価・改善の研究：地方行政局と大学と学校が連携した教育 PDCA 開発』2005～2008年度科学研究費補助金（基盤研究 A）研究報告書（課題番号17203042）。

伊藤直之（2002）「意思決定を対象化した地理教育：イギリス地理教育 decision-making geography の分析を通して」『広島大学大学院教育学研究科紀要』第 2 部，第51号，61-70。

稲垣忠彦（1984）『子どものための学校－イギリスの小学校から』東京大学出版会。

今谷順重（2004）「イギリスで導入された「新しい市民性教育」の理論と方法：人生設計型カリキュラムの構想」『社会科研究』第60号，1-10。

ウィッティ，J.（久富善之・松田洋介・長谷川裕・山田哲也・梅景優子・本田伊克・福島裕敏（訳））（2009）『学校知識　カリキュラムの教育社会学：イギリス教育制度改革についての批判的検討』明石書店。

臼井嘉一（2006）『シティズンシップ教育の展望：ラッグの思想とコア・カリキュラ

ム』ルック。

臼井嘉一（2008）「シティズンシップ教育における〈社会科〉教育の意義と可能性」
　　『社会科教育研究』第104号，52-62。

大田直子（1992）『イギリス教育行政制度成立史』東京大学出版会。

大田直子（2010）『現代イギリス「品質保証国家」の教育改革』世織書房。

大津尚志（2005）「イギリス・フランスの前期中等教育公民科における教育目標と評
　　価」『公民教育研究』第12号，11-125。

岡野八代（2003）『シティズンシップの政治学：国民・国家主義批判』白澤社。

小川正人（2010）『教育改革のゆくえ：国から地方へ』ちくま新書。

お茶の水女子大学附属小学校（2009a）「小学校における「公共性」を育む「シティ
　　ズンシップ教育」：友だちと自分の違いを排除せずに，理解し考える力を発揮する」
　　『文部科学省研究開発指定校研究発表会第71回教育実際指導研究会発表要項』
　　NPO法人お茶の水児童教育研究会。

お茶の水女子大学附属小学校（2009b）「小学校における「公共性」を育む「シティ
　　ズンシップ教育」：友だちと自分の違いを排除せずに，理解し考える力を発揮す
　　る」『文部科学省研究開発指定校研究発表会第72回教育実際指導研究会指導案集』
　　NPO法人お茶の水児童教育研究会。

お茶の水女子大学附属小学校（2010a）「小学校における「公共性」を育む「シティズ
　　ンシップ教育」：友だちと自分の違いを排除せずに，理解し考える力を発揮する」
　　『文部科学省研究開発指定校研究発表会第72回教育実際指導研究会発表要項』
　　NPO法人お茶の水児童教育研究会。

お茶の水女子大学附属小学校「市民」研究部（2010b）「社会的価値判断力や意思決
　　定力を育む「市民」の学習」『文部科学省研究開発指定校研究発表会第72回教育
　　実際指導研究会発表要項』NPO法人お茶の水児童教育研究会。

尾原康光（1991）「社会科授業における価値判断の指導について」『社会科研究』第39
　　号，70-83。

片上宗二（1994）「社会認識と市民的資質」社会認識教育学会（編）『社会科教育学ハ
　　ンドブック：新しい視座への基礎知識』明治図書。

片上宗二（2004）「社会科教育実践研究の課題：今，どういう視点・方法での研究が
　　求められているのか」溝上泰（編）『新しい時代に生きる教師のための基礎基本
　　社会科教育実践学の構築』明治図書。

門脇厚司（1999）『子どもの社会力』岩波新書。

門脇厚司（2006）『社会力再興：つながる力で教育再建』学事出版。

金田耕一（2000）『現代福祉国家と自由：ポスト・リベラリズムの展望』新評論。

金田耕一（2001）「リベラル・シティズンシップ教育の展望」『社会科教育研究別冊2000年度研究年報』，30-39。

金子邦秀（1994）「市民科としての社会科」社会認識教育学会（編）『社会科教育学ハンドブック：新しい視座への基礎知識』（p.○○○）明治図書。

金子邦秀（2001）「外国の社会科に基づいたカリキュラム研究」全国社会科教育学会『社会科教育学研究ハンドブック』（p.78-87）明治図書。

唐木清志研究代表（2009）『アメリカ社会科のシティズンシップ教育に関する理論的・実践的研究』2006〜2008年度科学研究費補助金（基盤研究B）研究報告書（課題番号18330185）。

唐木清志（2010）『アメリカ公民教育におけるサービス・ラーニング』東信堂。

岸田由美・渋谷恵（2007）「今なぜシティズンシップ教育か」嶺井明子（編）『世界のシティズンシップ教育：グローバル教育の国民/市民形成』東信堂，4-15。

北山夕華（2008）「イングランドの市民性教育の実践とその課題―低階層地域の学校の事例が示唆するもの」『日英教育研究フォーラム』第12号，75-84。

北山夕華（2014）『英国のシティズンシップ教育―社会的包摂の試み』早稲田大学出版部。

木原直美（2001）「ブレア政権下における英国市民性教育展開」『九州大学大学院教育学コース院生論文集』第1号，99-113。

木原直美（2002）「多文化社会における市民性教育の可能性：英国5市の取り組みを中心として」『比較教育学研究』第28号，95-112。

木村一子（1999）「国際理解教育のカリキュラム」安彦忠彦（編）『新版　カリキュラム研究入門』勁草書房。

木村一子（2000）『イギリスのグローバル教育』勁草書房。

木村浩（2006）『イギリスの教育課程改革：その軌跡と課題』東信堂。

木村雄介（2006）「多文化社会におけるシティズンシップ教育の構成原理の探求：オスラーのシティズンシップ教育論の検討」『大阪教育大学社会科教育学研究』第5号，31-40。

キムリッカ，W.（2002）『新版現代政治理論』日本経済評論社。

キムリッカ，W.（1995）『多文化時代の市民権：マイノリティの権利と自由主義』晃洋書房。

窪田眞二（2007）「イギリス：必修教科「シティズンシップ」で参加・フェア・責任をどう教えるか？」嶺井明子（編）『世界のシティズンシップ教育：グローバル

教育の国民/市民形成』（pp. 184-195）東信堂。

グリーン，A.（大田直子訳）（2000）『教育・グローバリゼーション・国民国家』東京都立大学出版会。

クリック，B.（添谷育志・金田耕一訳）（2004）『デモクラシー』岩波書店。

栗原久（2001）「英国における市民性教育の新しい展開：ナショナル・カリキュラムにおける必修化をめぐって」『社会科教育研究』第86号，26-35。

グレイザー，B.&ストラウス，A.（後藤隆ほか訳）（1996）『データ対話型理論の発見：調査からいかに理論をうみだすか』新曜社。

桑原敏典（2006）「合理的な思想形成をめざした社会科授業構成：シティズンシップ・エデュケーションの目的と社会科の役割の検討を踏まえて」『社会科研究』第64号，41-50。

小泉潤二&志水宏吉（編）（2007）『実践的研究のすすめ：人間科学のリアリティ』有斐閣。

国立教育研究所（1997）『中学校の数学教育・理科教育の国際比較』東洋館出版社。

小玉重夫（2004）『シティズンシップの教育思想』白澤社。

佐伯啓思（1997）『「市民」とは誰か：戦後民主主義を問いなおす』PHP新書。

坂井俊樹・子瑶史朗・重松克也・竹内裕一（編）（2009）『社会科教育の再構築をめざして：新しい市民教育の実践と学力』東京学芸大学出版会。

佐久間孝正（2007）『移民大国イギリスの実験：学校と地域にみる多文化の現実』勁草書房。

桜井厚（2002）『インタビューの社会学：ライフストーリーの聞き方』せりか書房。

佐貫浩（2002）『イギリスの教育改革と日本』高文研。

佐藤郁哉（2008a）『質的データ分析法：原理・方法・実践』新曜社。

佐藤郁哉（2008b）『QDAソフトを利用する　実践質的データ分析入門』新曜社。

佐藤学（1990）『米国カリキュラム改造史研究』東京大学出版会。

佐藤学（1997）『カリキュラムの批評―公共性の再構築へ』世織書房。

佐藤学（1998）『教師というアポリア―反省的実践へ』世織書房。

シティズンシップ教育研究会（2006）『シティズンシップの教育学』晃洋書房。

品川区教育政策研究会（編）（2009）『検証教育改革：品川区の学校選択制・学校評価・学力定着度調査・小中一貫教育・市民科』教育出版。

篠原一（2004）『市民の政治学：討議デモクラシーとは何か』岩波新書。

柴田義松（2000）『教育課程：カリキュラム入門』有斐閣。

柴沼晶子&新井浅浩（1996）「英国の1998年教育改革法後の公立学校における宗教教

育と人格教育（PSE）に関する基礎的研究：目標の分析を中心に」『敬和学園大学研究紀要』第 5 号，203-241。

柴沼晶子＆新井浅浩（2001）『現代英国の宗教教育と人格教育（PSE）』東信堂。

志水宏吉（2002）『学校文化の比較社会学：日本とイギリスの中等教育』東京大学出版会。

志村喬（2008）「『ナショナル・カリキュラム地理』における学習テーマの変遷とイギリス地理教育論」『社会科教育研究』第103号，16-30。

社会認識教育学会（編）（1994）『社会科教育学ハンドブック：あたらしい視座への基礎知識』明治図書。

杉山厚夫・高乗秀明・水山光春（2008）『教育の 3 C 時代：イギリスに学ぶ教養・キャリア・シティズンシップ教育』世界思想社。

鈴木崇弘・上野真城子・風巻浩・成田喜一郎・中林美恵子・村尾信尚・福岡政行・川北秀人・細野助博・島広樹（2005）『シチズン・リテラシー：社会をよくするために私たちにできること』教育出版。

清田夏代（2005）『現代イギリスの教育行政改革』勁草書房。

全国社会科教育学会（2001）『社会科教育学研究ハンドブック』明治図書。

竹内　裕一・戸田　善治（2003）「イギリスにおける市民科の誕生と法関連教育：市民と裁判制度の関係を中心として」『平成14年度　千葉大学総合研究プロジェクト研究成果報告書：小・中学校における法学的マインドの育成に関する理論的・実践的研究』165-175。

田中統治（1999）「カリキュラムの社会学的研究」安彦忠彦（編）『新版　カリキュラム研究入門』勁草書房。

田中伸（2008）「関心相関性に基づく授業構成論―英国シティズンシップ教育とわが国の社会科教育の相違―」『日本社会科教育学会全国大会論文集』第 4 号，100-101。

鄭栄根（2001）「SBCD によるカリキュラム開発の方法：日・韓学校教育の状況を踏まえて」山口満（編著）『第二版　現代カリキュラム研究：学校におけるカリキュラム開発の課題と方法』（pp. 58-70）学文社。

デューイ，J.（松野安男訳）（1975）『民主主義と教育（上）（下）』岩波文庫。

デランティ，G.（佐藤　康行訳）（2000）『グローバル時代のシティズンシップ：新しい社会理論の地平』日本評論社。

東京ボランティア・市民活動センター（2003）『イギリスのコンパクトから学ぶ協働のあり方：ボランティア・市民活動，NPO と行政の協働をめざして』東京ボラ

ンティア・市民活動センター。

戸田善治（2001）「イギリスにおける「市民科」の誕生」『社会科教育研究別冊2000年度研究年報』61-66。

戸田善治（2004）「EU 統合とイギリスにおける市民性の変容：イングランドのナショナルカリキュラムを中心として」『東北大学大学院教育学研究科カリキュラム改革の国際的動向』1-24。

戸田善治（2006）「「シティズンシップ・エデュケーション」論の社会科教育学的検討―「シティズンシップ」概念の分析を中心に―」『社会科研究』第64号，21-30。

トムリンソン，S.（後洋一訳）（2005）『ポスト福祉社会の教育：学校選択，生涯教育，階級，ジェンダー』学文社。

長沼豊（2003）『市民教育とは何か：ボランティア学習が開く』ひつじ市民新書。

二宮晧（2007）『市民性形成論』放送大学教育振興会。

仁平典宏（2009）「〈シティズンシップ/教育〉の欲望を組みかえる：拡散する〈教育〉と空洞化する社会権」広田照幸編『自由への問い5　教育：せめぎあう「教える」「学ぶ」「育てる」』（pp. 173-202）岩波書店。

日本ボランティア学習協会（編）（2000）『英国の「市民教育」』日本ボランティア学習協会。

NIRA シティズンシップ研究会（編）（2001）『多文化社会の選択：「シティズンシップ」の視点から』日本経済評論社。

橋崎頼子（2008）「Citizenship 教員養成に関するチューターの視点についての一考察」『神戸大学大学院人間発達環境学研究科研究紀要』第2巻第1号，43-52。

蓮見二郎（2000）「政治教育における知識体系化の一試論」『公民教育研究』第8号，49-63。

蓮見二郎（2004）「英国公民教育の市民像としての活動的公民格―教育目標としての「アクティブ・シティズンシップ」の政治哲学的分析―」『公民教育研究』第12号，43-57。

蓮見二郎（2007）「公共的価値の教育としての愛国心教育―英国のシティズンシップ教育における Britishness 概念を参考に―」『公民教育研究』第15号，49-63。

畑田直紀（2007）「イギリスにおける「Citizenship」新設・必修化の要因についての考察」『上越社会研究』第22号，81-90。

パットナム，R.（河田潤一訳）（2001）『哲学する民主主義：伝統と改革の市民的構造』NTT 出版。

バンクス，J.（平沢安政訳）（2006）『民主主義と多文化教育：グローバル化時代にお

ける市民性教育のための原則と概念』明石書店。

ヒーター，D.（田中俊郎・関根政美訳）（2002）『市民権とは何か』岩波書店。

広田照幸（2002）『教育には何ができないか：教育神話の解体と再生の試み』春秋社。

広田照幸（2004）『思考のフロンティア　教育』岩波書店。

広田照幸（2009）『ヒューマニティーズ　教育学』岩波書店。

福伊智（1995）「共通カリキュラム論の課題：イギリスにおける "Personal and So-
cial Education" 論議をめぐって」『教育学研究紀要』第41巻，第 I 部，182-187。

福伊智（1998）「現代イギリスにおけるシティズンシップ教育」『教育学研究紀要』第
44巻，第 I 部，439-444。

藤原孝章（2006a）「アクティブ・シティズンシップを育てるグローバル教育：イギリ
ス市民性教育 Get Global! の場合」『現代社会フォーラム』第 2 号，21-38。

藤原孝章（2006b）「アクティブ・シティズンシップは社会科に必要ないか：社会科
における社会参加学習の可能性を求めて」『社会科研究』第65号，51-60。

藤原孝章（2008）「日本におけるシティズンシップ教育の可能性：試行的実践の検証
を通して」『同志社女子大学学術研究年報』第59巻，89-106。

藤原孝章（編）（2009）『時事問題学習の理論と実践：国際理解・シティズンシップを
育む社会科教育』福村出版。

不破和彦（編）（2002）『成人と市民社会：行動的シティズンシップの可能性』青木書
店。

松尾祥子（2009）「イギリスの「市民性教育」における教員養成：PGCE コースのカ
リキュラムに焦点をあてて」『国際教育文化研究』第 9 号，139-150。

松尾祥子（2008）「イギリスの市民性教育における教員養成と研修」『国際教育文化研
究』第 8 号，71-82。

松尾正幸（1984）「イギリス」『社会科における公民的資質の形成』72-78。

的場正美（1999）「教科のカリキュラム開発理論」安彦忠彦（編）『新版　カリキュラ
ム研究入門』（pp. 87-114）勁草書房。

水山光春＆加藤優子（2003）「英国の市民科教育」『国際理解』121-135。

水山光春（2005）「英国の新教科「Citizenship」における主題としての環境」『京都教
育大学環境教育年報』第13号，21-42。

水山光春（2006）「批判的シティズンシップの育成をめざす社会科授業−シティズン
シップ地理をとおして−」『社会科研究』第64号，11-20。

水山光春（研究代表）（2007）『社会科公民教育における英国シチズンシップ教育の批
判的摂取に関する研究』2004〜2006年度科学研究費補助金（基盤研究C）研究報

告書（課題番号16530584）。

水山光春（2008）「シティズンシップ教育：公共性と民主主義を育てる」杉本厚夫・高乗秀明・水山光春『教育の3C時代：イギリスに学ぶ教養・キャリア・シティズンシップ教育』世界思想社。

水山光春（2009）「政治的リテラシーを育成する社会科—フェアトレードを事例とした環境シティズンシップの学習を通して—」『社会科教育研究』第106号，1-13。

溝口和宏（1999）「歴史教育による社会的判断力の育成(1)：法的判断力育成のための歴史教材例」『社会科研究』第50号，211-220。

宮島喬（2004）『ヨーロッパ市民の誕生：開かれたシティズンシップへ』岩波新書。

嶺井明子（編）（2007）『世界のシティズンシップ教育：グローバル教育の国民/市民形成』東信堂。

武藤孝典（編）（2002）『人格・価値教育の新しい発展』学文社。

武藤孝典・新井浅浩（編）（2007）『ヨーロッパの学校における市民的社会性教育の発展：フランス・ドイツ・イギリス』東信堂。

メリアム，S＆シンプソン，E（堀薫夫監訳）（2010）『調査研究法ガイドブック：教育における調査のデザインと実施・報告』ミネルヴァ書房。

森分孝治（1996）「社会科の本質：市民的資質教育における科学性」『社会科教育研究』第74号，60-70。

森分孝治（編）（1999）『社会教育学研究：方法論的アプローチ入門』明治図書。

森分孝治（2001）「市民的資質育成における社会科教育：合理的意思決定」『社会系教科教育学研究』第13号，43-50。

矢野智司・今井康雄・秋田喜代美・佐藤学・広田照幸（2009）『変貌する教育学』世織書房。

山口二郎（2005）『ブレア時代のイギリス』岩波書店。

山口満（編著）（2001）『第二版　現代カリキュラム研究：学校におけるカリキュラム開発の課題と方法』学文社。

山崎準二（2002）『教師のライフコース研究』創風社。

ロートン，D.（勝野正章訳）（1998）『教育課程改革と教師の専門職性：ナショナルカリキュラムを超えて』学文社。

若月秀夫（編）（2009）『品川発「市民科」で変わる道徳教育』教育開発研究所。

若月秀夫・吉村潔・藤森克彦（2008）『品川区の「教育改革」何がどう変わったか：教育委員会はここまでできる』明治図書。

資　　料

資料 1　1999年版ナショナル・カリキュラム「シティズンシップ」
（キーステージ 3 & 4）

※下線部は，キーステージ 3 と 4 とで異なる点を示している。

■学習プログラム

[p. 12]

シティズンシップの重要性

シティズンシップは生徒たちにローカル・ナショナル・グローバルの各レベルで有効な役割を果たすための知識・スキル・理解を提供します。それ（シティズンシップ）は，彼ら（生徒）に，義務と権利を自覚した，見識があり・思慮深く・責任ある市民になる手助けをします。それ（シティズンシップ）は，教室内外の双方でより多くの自信と責任を持たせ，彼ら（生徒）の道徳的・社会的・文化的成長を促進させます。それ（シティズンシップ）は，生徒たちが学校・近隣地域・コミュニティ，そしてより広い世界における生活の中で有益な働きを行うことを奨励します。それ（シティズンシップ）はまた，彼ら（生徒）に経済と民主的組織と価値観について教授し，異なる国籍・宗教・人種的アイデンティティを尊重することを奨励し，問題について反省でき，議論に参加する生徒の能力を育成します。シティズンシップはキーステージ 3・4 の PSHE（Personal, Social and Health Education）と相互補完関係にあります。

[p. 13]

キーステージ 3

知識・スキル・理解

教える際には，探求とコミュニケーションのためのスキルや参加と責任ある行動のスキルを発達させるときに見識ある市民に関する知識・理解が獲得・適用するように保証すべきである。

見識ある市民となることに関する知識・理解

1．子ども達は次の事柄について教えられなければならない

a．社会を支えている法的権利や人権，責任及び刑事裁判システムの基本的仕組みがどのように若者に関連しているのかということ。

b．UK における国籍，地域，宗教，人種的アイデンティティの多様性および相互尊重と相互理解の必要性。

c．中央と地方政府，それらが提供する公共サービスとそれらの費用をまかなう方法。政府の活動に対する貢献の機会。

d．議会制度およびその他の政治機関の主要な特質。

e．選挙制度と投票の重要性。

f．地方レベル，国家レベル，世界レベルのボランティアグループの働き。

g．紛争を公正に解決することの重要性（importance）。

h．社会におけるメディアの重要性（significance）。

i．グローバル・コミュニティとしての世界，およびそのことについての政治上・経済上・環境上・社会上の意味合い。欧州連合・英連邦・国連の役割。

探求とコミュニケーションのためのスキルの発達

2．子ども達は次の事柄について教えられなければならない

a．情報とICTベースのソースを含めた情報の内容・情報源を分析することにより，時事的，政治的，精神的，道徳的，社会的，文化的論点や問題，出来事について考えること。

b．そのような論点や問題，出来事についての個人的意見を口頭と文章で正当化すること。

c．グループやクラスの予備協議に貢献，ディベートに参加すること。

参加と責任ある行動のスキルの発達

3．子ども達は次の事柄について教えられなければならない

a．他の人の経験を考える上で自分の想像力を活用し，自分自身のものではない見解について考えたり，表現したり，説明したりすること。

b．学校とコミュニティレベル双方の活動で交渉し決断し責任を果たすこと。

c．参加のプロセスについて反省すること

［p. 15］

キーステージ4

知識・スキル・理解

教える際には，探求とコミュニケーションのためのスキルや参加と責任ある行動のスキルを発達させるときに見識ある市民に関する知識・理解が獲得・適用するように保証すべきである。

見識ある市民となることに関する知識・理解

1．子ども達は次の事柄について教えられなければならない

a．社会を支えている法的権利や人権，責任とそれらがどのようにシティズンに関連
  しているのか，および民事刑事裁判システムの役割と機能

b．UK における多様な国籍，地域，宗教，人種的アイデンティティの起源と適用，
  および相互尊重と相互理解の必要性。

c．法律を作成・形成する際の国会，政府，裁判所の働き

d．民主的な投票プロセスにおいて積極的な役割を果たすことの重要性

e．ビジネスや金融サービスといった経済の働き

f．地方レベル，国家レベル，世界レベルでの社会変化をもたらす個人やボランティ
  アグループの機会

g．自由出版物の重要性，情報の提供や意見に影響を与える際の，インターネットを
  含めたメディアの役割

h．消費者・雇用者・雇用主の権利と責任

i．EU を含めたヨーロッパと UK の関係性，英国連邦や国連と UK との関係性

j．持続可能な発展やローカルアジェンダ21といった世界的依存関係や責任に関して
  の幅広い問題や課題

探求とコミュニケーションのスキルの発達

2．子ども達は次の事柄について学ばなくてはならない

a．統計の利用と誤用についての言及を含めながら，情報と ICT ベースのソースを
  含めた情報の内容・情報源を分析することにより，時事的，政治的，精神的，道
  徳的，社会的，文化的論点や問題，出来事について考えること。

b．そのような論点や問題，出来事についての個人的意見を口頭と文章で表現・正当
  化・弁護すること。

c．グループやクラスの予備協議に貢献し，公式なディベートに参加すること。

[p.16]

参加と責任ある行動のスキルの発達

3．子ども達は以下の事柄について学ばなければならない

a．他の人の経験を考える上で自分の想像力を活用し，自分自身のものではない見解
  について考えたり，表現したり，説明したりすること。

b．学校とコミュニティレベル双方の活動で交渉し決断し責任を果たすこと。

c．参加のプロセスについて反省すること

■到達目標

[p. 30]

　シティズンシップにおける到達目標は，様々な能力や成熟度を有した子ども達がキーステージの終わりまでで習得が求められている「知識・スキル・理解」を基に作成されている。シティズンシップにおいては，到達目標は，キーステージ3とキーステージ4のそれぞれのキーステージの最終段階の記述によって構成されている。

　キーステージの最終段階の記述は色々な種類や様々なパフォーマンスからなっている。それらは，学習プログラムに関連付けて，大多数の生徒がキーステージの最終段階で，特徴的に示すはずのものである。これらの記述は，教師達が，これらの予測に関連づけることで，生徒達の達成度の評価のてがかりとなるように作成されている。キーステージ3の最終段階の予測は，他教科で要求されていることとほぼ同じレベルであり，即ちレベル5・6程度である。

[p. 31]

■到達目標

　キーステージの最終段階の記述は色々な種類や様々なパフォーマンスからなっている。それらは，学習プログラムに関連付けて，大多数の生徒がキーステージの最終段階で，特徴的に示すはずのものである。これらの記述は，教師達が，これらの予測に関連づけることで，生徒達の達成度の評価のてがかりとなるように作成されている。キーステージ3の最終段階の予測は，他教科で要求されていることとほぼ同じレベルであり，即ちレベル5・6程度である。

キーステージ3

　子ども達は，シティズンの権利・責任・義務やボランティア組織の役割，政府の形態，公共サービスの提供，そして刑事システムと司法制度など，彼らが学習する時事的な出来事について幅広い知識・理解をもつ。子ども達は，一般の人たちがメディアを含め，何を通してどのように情報を得るか，またどのようにして意見を形成し，表明しているかを説明できる。子ども達は，どのようにまたなぜ，社会に変化が起こるのかについて理解できる。子ども達は学校やコミュニティの活動に参加し，自分たち自身と他人に対して，個人としてあるいは集団としての責任を発揮することができる。

キーステージ4

生徒は，シティズンの権利・責任・義務やボランティア組織の役割，政府の形態，<u>刑</u>

法・民法の裁判システム，そして司法や経済システムなど，彼らが学習する時事的な出来事について包括的な知識・理解をもつ。彼らは，意見を作成し表現するために，メディアを含め様々な種類の情報を獲得・利用する。彼らは様々なレベルの社会に変化をもたらすための色々な手法の有効性を評価する。子ども達は，参加への意思をしめしながら，学校やコミュニティの活動に積極的に参加すると共に，それらの活動に対して批判的に評価するようにする。子ども達は，自分たち自身と他人に対して，個人としてあるいは集団としての責任を発揮することができる。

資料 2　2007年版ナショナル・カリキュラム「シティズンシップ」
（キーステージ 3 ）

■学習プログラム

［p. 27］

シティズンシップの重要性

シティズンシップ教育は，公共生活において効果的な役割を果たすための知識・スキル・理解を子ども達に提供する。シティズンシップ教育において，子ども達は時事的な論争問題へ興味を持ち，ディスカッションやディベートに参加する。また，子ども達は，権利・責任・義務や自由，法律・正義・民主主義について学習する。さらに，彼らは意思決定のプロセスへの参加の仕方，また多様な行動の種類についても学習する。子ども達は，学校・近隣・コミュニティやより大きなレベルのコミュニティでの生活において，能動的でグローバルなシティズンとして役割を果たすことになる。

シティズンシップ教育は，異なる国・宗教・民族的アイデンティティに敬意を払うようになる。子ども達は，批判的に参加しながら，多様な考え方・信念・文化やアイデンティティ，UK に住むシティズンが共有する価値観について探求する。子ども達は，UK・ヨーロッパやより広い世界のレベルで社会がどのように変化し，また現在しているかを理解し始めることになる。

シティズンシップ教育は社会正義・人権・コミュニティの団結・グローバルの依存関係などに関連した問題を伝えると共に，子どもたちに不正義・不平等・差別などに立ち向かうように促す。子ども達は，批判的スキルを高め，様々な政治的・社会的・民族的・道徳的問題を探求し，自分自身の意見や考えを探求することになる。子ども達は情報を評価し，見識ある判断を行い，現在・未来の自らの行動の結果を振り返る。子ども達は，自分達自身と同様に他者に代わって問題について主張し，問題となっている事柄について発言する。

［p. 28］

シティズンシップ教育は，子ども達に効果的で民主的な参加に必要な知識やスキルを提供する。それによって，子ども達は見識があり，批判的で，能動的な市民となるのである。その市民とは，自信があり，共同作業や活動や自分達のコミュニティやより広い世界で変化を起こせるようになる。

1．キー概念

シティズンシップに通底するキー概念がいくつか存在する。子ども達は自分たちの知識・スキル・理解を深め・広げるためにこれらの概念を理解する必要があるのである。

1.1．民主主義と正義

a．公共生活に影響を与えるために，様々な意思決定や投票活動に能動的に参加すること

b．様々な状況下における公平/不公平を判断し，正義が民主社会の根本であることを理解し，秩序を保ち・争いを解決する際の法令の役割を探求すること

c．民主主義・正義・多様性・寛容さ・敬意・自由が，変化している民主社会において異なる信仰・背景・伝統を有した人々にいかに価値づけられるかを熟考すること

d．説明できるように政府・政権の維持をする際のシティズンと国会の役割を理解し，探求すること

［p.29］

1.2．権利と責任

a．様々な種類の権利と義務，またそれらがいかに個人とコミュニティに影響を及ぼしているかを探求すること

b．個人・組織・政府が権利を調整したり・援助したり・抵抗することを保証するために責任を果たしているかを理解すること

c．権利が対立し紛争を引き起こしているか，その方法を探求し，これらを調整するためには困難な決定行わねばならないことを理解すること

1.3．アイデンティティと多様性：UK に共生すること

a．アイデンティティとは複雑なものであり，その時々で変化し，UK においてシティズンの意味が様々に理解されていることを深く理解すること

b．多様な国家・地域・民族・宗教文化・UK における様々な集団やコミュニティとそれらの繋がりを探求すること

c．UK と他のヨーロッパ諸国・世界との間の相互関連性を熟考すること

d．コミュニティの団結と時間と共にコミュニティに変化をもたらす多様な影響を探求すること

[p. 30]

2．キー・プロセス

これらは，シティズンシップ教育で子ども達が成長するためには学ばねばならない有効なスキルやプロセスである。

2.1．批判的思考と探求

子ども達は以下のことができるようになるはずである

a．時事的な論争課題や問題を探求する際に，様々な考え・意見・信念・価値観に向き合い・検討する

b．多様な情報やソースを用いて，課題や問題をリサーチし，計画し，調査を行う

c．様々な価値観・考え方・立場に疑問を持ち，バイアスを認識しながら，使用しているソースを分析・評価する

2.2．主張と表現

子ども達は以下のことができるようになるはずである

a．議論・公的なディベート・投票の際に，他人に自分自身の意見を表現し，説明する

b．多様な立場を考慮し，リサーチ・行動・ディベートを通じて学習したことを活用しながら，意見を交わす

c．他者が再考したり，変更したり，支持するために他者を説得しようとするように，理由を提示しながら，自分自身の意見の正当性を主張する

d．自分自身が賛成・不賛成の立場にある他者の考えについて表現する

[p. 31]

2.3．見識があり責任ある行動をとること

子ども達は以下のことができるようになるはずである

a．予め意図した目的が達成できるように問題や課題に対して行動が起こせるようなクリエイティブな方法を探求する

b．時間や材料を適切に用いながら，他者に影響を与えたり，変化をもたらしたり，望ましくない変化に反発できるよう，個人あるいは他者と共にシティズンシップの課題へ交渉・計画・行動するように活動する。

c．現在あるいは将来のコミュニティや世界レベルでの行動の影響を分析する

d．自分自身が学んできたこと，うまくいったこと，直面した課題，異なる可能性な

どを評価しながら，自分達が進展してきたことを反省する

[p. 32]

3．幅と内容

このセクションは，教師がキー概念やプロセスを教示する際に用いなければならない
各教科の広さ（breadth）の要点を示すものである。シティズンシップでは，UK で
共生していく際の政治的社会的側面に焦点をあて，歴史的文脈からの影響を認識する。
また，シティズンシップによって，子ども達が今日の世界を理解し，将来様々なレベ
ルのコミュニティで直面する課題や変化に対して準備できるようにする。

シティズンシップの学習では以下の項目が含まれるはずである。
a．シティズンの政治的・法的・人権と責任
b．法律や司法制度の役割と，それらの子ども達との関連性
c．投票や選挙といった，UK の各区域あるいは地域レベルでの議会民主主義や政府
　　の主要な特徴
d．言論の自由と見解の多様性，世論を伝え影響を与えるメディアの役割，説明のた
　　めに権力を把握していること
e．コミュニティや環境に影響を及ぼしながら，意思決定に影響を及ぼす個人・グル
　　ープ・組織が果たすことのできる行動
f．地域あるいは国家レベルでの不一致や対立に対処できるストラテジー
g．地域コミュニティのニーズとそれらが公的なサービスやボランティア・セクター
　　を通じてどのように適合するか
h．公的資金がどこからきて，誰がどのように使用方法を決定しているのか，といっ
　　た経済的な意思決定の方法

[p. 33]
i．考え方・信仰・文化・アイデンティティ・伝統・視野・共有する価値観の多様性
　　といった，UK 社会の本質の変化
j．UK へ・から・内での移民とその理由
k．EU と他のヨーロッパ諸国・英国連邦・国際連合・グローバルコミュニティとし
　　ての世界と UK との関係性

[p. 34]

4．カリキュラムの機会

キーステージを通じて，子どもたちが自分達の学習を統合したり，教科の概念やプロセスや内容への関係性を強めるために，以下の機会が提供されるはずである。

カリキュラムは子ども達に以下の機会を提供するはずである

a．グループ・クラス全体での議論，子ども達に関連性のあるような時事的かつ論争的な問題でディベートする

b．シティズンシップのスキルを使用・適応する間，シティズンシップの知識理解を高める

c．多様な役割や責任を負いながら，個人・グループで働く

d．学校やコミュニティを基盤としたシティズンシップの活動に参加する

e．意思決定やキャンペーンといった様々な個人，集団行動に参加する

f．可能であれば，様々なコミュニティの関係者と働く

g．様々な政治的問題・課題における法的・道徳的・経済的・環境的・歴史的・社会的側面を考慮に入れる

h．色々なトピックに関する学校・地域・地方・国家・ヨーロッパ・国際・世界といった多様なコンテクストを考慮に入れる

i．情報ソースやアイディアを交換する手段として，様々なメディアやICT（情報通信技術）を利用・適用する

j．シティズンシップと他の教科やカリキュラム全体での学習との間にリンクを作る

■到達目標

レベル1：

生徒たちは提示されたシティズンシップの問題について話すことができる。生徒たちは質問したいと思う問題について考え，質問に答える手助けをしてくれる人を識別する。生徒たちは自分の意見とは何かを熟考し，他者と自らの意見を共有する。生徒たちは自分たちの属するグループやコミュニティについて説明し，自分たちのコミュニティで人々が異なっていることを認識する。生徒たちは必要性がどのように要求と異なるかを説明し始める。生徒たちは自分たち・及び自分たちのコミュニティに影響を及ぼすような決定に関与する。

レベル2：

生徒たちは自分たちが属しているグループやコミュニティについてより多くのことを見つけるための質問をしはじめ，それらの間の類似点や相違点を他者と議論し始める。

生徒たちは自分たちの属している及び近隣のコミュニティについての意見を提示する。生徒たちはどのように自分たちまたは他人が行った行動を通じて，物事が向上してゆくかを表現する。生徒たちは全ての人々が必要性と要求を有していること，また人々がこの両者の違いを識別できているということを認識しはじめる。彼らは様々な状況下における公平さと不公平さとはどのようなことかを探求し始める。

レベル3：

生徒たちは異なる方法で近隣及びより広いコミュニティの人々に影響を及ぼす課題について認識する。生徒たちは自分たちに与えられた異なる情報源を用いて，課題を探求し，その問いの答えを発見する。生徒たちは自分の意見を他者に表明し，自分達の考えに対して様々な返答があることを認める。生徒たちは様々な権利を識別し，権利同士で対立し得るということを理解する。生徒たちは，民主主義の様々な特質を認識し，人々は地域及び国家で起こっている事柄について発言する権利があることを認識し始める。生徒はコミュニティで変化を起こすためにできたことは何かを識別し，いくつかの行動案を提案する。生徒たちは，親しみのあるようなシティズンシップの問題について他者と共に意思決定する活動に参加する。

レベル4：

生徒たちは，現在の論争問題に関連した様々な情報源を追求する。こうした問題には，権利同士が対立し，問題を引き起こすといったことが含まれる。生徒たちは，異なる/対立する見解を識別し，様々な状況下における公平さと不公平さとはどのようなことか，ということについての自分自身の意見を表明することができる。生徒たちは，課題や問題を探求していくための研究課題（リサーチクエスチョン）を設定し，個人及びコミュニティにとってこうした問題が与える影響を評価し始める。生徒たちは，イギリスやそれ以外の社会において，多様なグループやコミュニティが存在していることを喜ばしく思い，自分達が属しているコミュニティを探求していくために，こうした理解を用いる。生徒たちは他者と共に，重要なシティズンシップに関する課題を知らせるための一連の活動を計画し，着手する。生徒たちは個人/集団活動を通じて，人々が民主主義に参加するための多様な手段について，またコミュニティやより広い社会でどのように変化を引き起こすかについて説明し始める。生徒たちは，自分たちの有している知識と経験との間に繋がりを持たせ，地域の活動へ参加することで，民主主義への理解を表明する。

レベル5：

生徒たちは現在の論争問題について議論し，ディベートを行う。こうした課題には，どのようなところで権利が対立し，バランスをとることが必要になっているかという

ことを含む。生徒たちは関わりのある人々にとって，公平さと不公正さとはどのような ものか，またこうした問題における国家・ヨーロッパ・国際的な側面について言及 する。生徒たちは課題を探求し，多様な観点を追求するために様々な探求の方法や情 報ソースを用い，結論を記す。生徒たちは自分たちの見解を明確に表明し，自分の意 見の裏付けを述べ，関係する様々な考えを認識する。生徒たちは社会にとって異なる 文化やコミュニティが果たす貢献について識別でき，UK がより広い世界とどこで相 互に連携しているかを説明する。生徒たちはより広いコミュニティの人々と協力し， 他者の生活に変化をもたらせるよう交渉・計画・行動していき，こうした行動が果た すインパクトについて説明する。生徒たちは UK の政治・司法システムの機能につ いていくばくかの知識を有しており，UK の民主的プロセスや政府の仕事についての 主要な特徴を表現する。生徒たちは自らの探求する課題について説明したり，投票し たり，キャンペーン活動に効果的に参加する。

レベル6：

生徒たちは現在の論争問題には多様な意見があることに気づき，こうした意見を形成 するいくつかの影響について説明する。生徒たちは適切なリサーチのストラテジーを 決定し，問題を探求するためのクエスチョンを提示する。生徒たちは異なる情報源を 探求・解釈し，これらの妥当性およびバイアスを評価する。生徒たちは見識ある意見 を作成し，多様な見解を考慮し，自分たちが探求する仮説やアイディアに疑いを持つ。 生徒たちはある特定の行動について，説得力を持たせられるように，自らの成果を活 用し，自分たちの見解を裏付けする。生徒たちはコミュニティを向上あるいは影響を 与えることができた成功事例を振り返り，次に何をするかを提案する。生徒たちはグ ループやコミュニティにおける複雑なアイデンティティや多様性について理解を示し， UK の社会や世界に変化をもたらした影響とは何かを説明する。生徒たちは不平等に 関わる様々なシナリオ（地域から世界まで）を熟考し，多様な権利がどのように保証 ／支持／調整される必要があるのかを説明する。生徒たちは UK の民主的な国会シス テムと他国のシステムとを比較し始めるようになる。生徒たちは相互依存性について 理解し，人々と UK・ヨーロッパ・世界レベルでの活動の相互関連性について説明す る。

レベル7：

生徒たちは現在の論争問題についての自分自身の意見や多様な意見の起源を探求する。 生徒たちは見識あるディベートの結果や関連する証拠に対する調査の結果，生じた仮 説や自らの見解に疑問を持つ。生徒たちは説得力のある議論をし，他者の見解―自分 が同意できない人の見解についても―を指摘する。生徒たちは，個々人やグループ内

で権利や義務が対立する状況の関係性を判断し，評価する。生徒たちは自信をもって，様々な研究ストラテジーや情報ソースを用いる。生徒たちは他者と協力し，地域コミュニティやより広いコミュニティで主導したり，交渉したり，計画をたてたり，適切な行動を実行し，コミュニティに変化をもたらす。生徒たちは UK 社会を形成している多様性の理由を分析し，それがどのように変化しているのかを説明する。生徒たちはシティズンが意思決定の形成に果たす役割やシティズンが政治や司法システムの機能に影響を与えることのできる範囲を評価しはじめるようになる。生徒たちは UK シティズンの役割と世界の他地域のシティズンの役割とを比較し，様々な形態の政府の長所と短所とを説明する。

レベル 8 ：

生徒たちはシティズンシップの争点や問題や事象についての詳細な知識を用いたり，応用したりして，それらが世界の異なった地域のグループやコミュニティにどのように影響を与えているかを分析する。生徒たちは異なったソースから引き出した情報と自身の経験とを繋げ，鋭敏な観察を行う。生徒たちはシティズンシップのキー概念である正義・権利・責任・アイデンティティ・多様性，そしてそれらがどのように変化しているか，等について詳細に理解している。生徒たちは様々なタイプのリサーチを行い，代替行動を仮定し，それらの行動がどのように実行されるかを探求する。生徒たちはこれらの活動を自分たちのコミュニティにおいて試し，分析し，それらのインパクトや限界についての結論を導き出す。生徒たちは市民が民主的なプロセスや様々な活動を通して社会を変えようとする動きにどのように参加しているかを理解する。生徒たちはチャレンジングな質問を行い，様々な場所で正義や法や政府が機能する方法や市民が社会を形成する上で果たすことのできる役割について探求する。

資料3　2007年版ナショナル・カリキュラム「シティズンシップ」
（キーステージ4）

※下線部は，キーステージ3と異なる点を示している。

[p. 41]

シティズンシップの重要性

シティズンシップ教育は，公共生活において効果的な役割を果たすための知識・スキル・理解を子ども達に提供する。シティズンシップ教育において，子ども達は時事的な論争問題へ興味を持ち，ディスカッションやディベートに参加する。また，子ども達は，権利・責任・義務や自由，法律・正義・民主主義について学習する。さらに，彼らは意思決定のプロセスへの参加の仕方，また多様な行動の種類についても学習する。子ども達は，学校・近隣・コミュニティやより大きなレベルのコミュニティでの生活において，能動的でグローバルなシティズンとして役割を果たすことになる。

シティズンシップ教育は，異なる国・宗教・民族的アイデンティティに敬意を払うようになる。子ども達は，批判的に参加しながら，多様な考え方・信念・文化やアイデンティティ，UKに住むシティズンが共有する価値観について探求する。子ども達は，UK・ヨーロッパやより広い世界のレベルで社会がどのように変化し，また現在しているかを理解し始めることになる。

シティズンシップ教育は社会正義・人権・コミュニティの団結・グローバルの依存関係などに関連した問題を伝えると共に，子どもたちに不正義・不平等・差別などに立ち向かうよう促す。子ども達は，批判的スキルを高め，様々な政治的・社会的・民族的・道徳的問題を探求し，自分自身の意見や考えを探求することになる。子ども達は情報を評価し，見識ある判断を行い，現在・未来の自らの行動の結果を振り返る。子ども達は，自分達自身と同様に他者に代わって問題について主張し，問題となっている事柄について発言する。

[p. 42]

シティズンシップ教育は，子ども達に効果的で民主的な参加に必要な知識やスキルを提供する。それによって，子ども達は見識があり，批判的で，能動的な市民となるのである。その市民とは，自信があり，共同作業や活動や自分達のコミュニティやより広い世界で変化を起こせるようになる。

1．キー概念

シティズンシップに通底するキー概念がいくつか存在する。子ども達は自分たちの知識・スキル・理解を深め・広げるためにこれらの概念を理解する必要があるのである。

1.1．民主主義と正義

a．公共生活に影響を与えるために，様々な意思決定や投票活動に能動的に参加すること

b．様々な状況下における公平/不公平を判断し，正義が民主社会の根本であることを理解し，秩序を保ち・争いを解決する際の法令の役割を探求すること

c．民主主義・正義・多様性・寛容さ・敬意・自由が，変化している民主社会において異なる信仰・背景・伝統を有した人々にいかに価値づけられるかを熟考すること

d．説明できるように政府・政権の維持をする際のシティズンと国会の役割を理解し，探求すること

[p. 43]

1.2．権利と責任

a．様々な種類の権利と義務，またそれらがいかに個人とコミュニティに影響を及ぼしているかを探求すること

b．個人・組織・政府が権利を調整したり・援助したり・抵抗することを保証するために責任を果たしているかを理解すること

c．権利が対立し紛争を引き起こしているか，その方法を探求し，これらを調整するためには困難な決定行わねばならないことを理解すること

1.3．アイデンティティと多様性：UK に共生すること

a．アイデンティティとは複雑なものであり，その時々で変化し，UK においてシティズンの意味が様々な理解されていることを深く理解すること

b．多様な国家・地域・民族・宗教文化・UK における様々な集団やコミュニティとそれらの繋がりを探求すること

c．UK と他のヨーロッパ諸国・世界との間の相互関連性を熟考すること

d．コミュニティの団結と時間と共にコミュニティに変化をもたらす多様な影響を探求すること

[p. 44]

2．キー・プロセス

これらは，シティズンシップ教育で子ども達が成長するためには学ばねばならない有効なスキルやプロセスである。

2.1．批判的思考と探求

子ども達は以下のことができるようになるはずである

a．時事的な論争課題や問題を探求する際に，様々な考え・意見・信念・価値観に向き合い・検討する

b．多様な情報やソースを用いて，課題や問題をリサーチし，計画し，調査を行う

c．様々な価値観・考え方・立場に疑問を持ち，バイアスを認識しながら，使用しているソースを分析・評価する

d．多様な文脈（地域や世界まで）で，視点から行動の間の繋がり・関係性を探求しながら，様々な立場を評価する

2.2．主張と表現

子ども達は以下のことができるようになるはずである

a．必ずしも同意できないような様々な考えや視点を批判的に評価する

b．公的なディベートや投票といった，自分がリサーチ・ディスカッション・行動を通して学んだことから自分の視点を説明し，結論を引き出す

c．他者が再考したり，変更したり，支持するために他者を説得しようとするように，理由を提示しながら，自分自身の意見の正当性を主張する

[p. 45]

2.3．見識があり責任ある行動をとること

a．予め意図した目的が達成できるように問題や課題に対して行動が起こせるようなクリエイティブな方法を探求する（キーステージ3のa）

b．個人また他人と共に，シティズンシップの課題を伝えるためにリサーチしたり，提案したり，行動を起こしたりする。

c．時間や材料を適切に用いながら，他者に影響を与えたり，変化をもたらしたり，望ましくない変化に反発できるよう，個人あるいは他者と共にシティズンシップの課題へ交渉・計画・行動するように活動する（キーステージ3のb）

d．自分達の行動がコミュニティやより広い世界に現在・未来に与える影響を批判的

に評価し，さらなる行動に対して，他者へ勧告を行う
e．行動によって引き起こされた予期した・予期しなかった結果から学習したことを評価しながら，自分達の進展を振り返り，自分自身と同様に他者の貢献についても振り返る

[p. 46]

3．幅と内容

このセクションは，教師がキー概念やプロセスを教示する際に用いなければならない各教科の広さ（breadth）の要点を示すものである。シティズンシップでは，UK で共生していく際の政治的社会的側面に焦点をあて，歴史的文脈からの影響を認識する。また，シティズンシップによって，子ども達が今日の世界を理解し，将来様々なレベルのコミュニティで直面する課題や変化に対して準備できるようにする。

シティズンシップの学習では以下の項目が含まれるはずである。
a．地域から世界に至る様々な文脈におけるシティズンの政治的・法的・人権と責任
b．刑法や民法や司法制度の役割と機能
c．国会，政府，裁判所の機能など，どのように人々やプロセスによって，法律が作られ・形成されてきたか
d．地域・国家・それを超えたレベルで，決定に影響を与えるために，市民が参加可能な民主的投票のプロセスへの行動
e．UK における議会民主主義の機能と，UK 以外での，民主主義的・非民主主義的双方の様々な形態の政府の機能
f．UK における多様な種類の権利と自由（言論，団結，参政）の発展と，それらをめぐる争い

[p. 47]

g．メディアまた圧力団体・利益団体からの情報などを含む，公的ディベートや政策過程における情報の利用方法
h．ボランティアのセクターでの仕事を含む，コミュニティに対しての個人，団体での行動のインパクトとその結果
i．持続可能な発展のための政策と実践，そしてその環境に関するインパクト
j．公的資金の回収・配分についての意思決定を含む，シティズンシップに関する経済

k．消費者・雇用主・雇用者の権利と責任

l．多様性の起源や実際，また共有され，常識化されている視点や価値観といった社会の本質の変容，移民とアイデンティティ・グループ・コミュニティでの統合による影響

m．ヨーロッパ，EU，英国連邦，国連における UK の役割

n．不平等・持続可能性・世界のリソースに関しての世界的な不同意・対立・議論といったグローバル・コミュニティが直面している課題

[p. 48]

4．カリキュラムの機会

キーステージを通じて，子どもたちが自分達の学習を統合したり，教科の概念やプロセスや内容への関係性を強めるために，以下の機会が提供されるはずである。

カリキュラムは子ども達に以下の機会を提供するはずである

a．グループ・クラス全体での議論，子ども達やコミュニティに関連性のあるような時事的かつ論争的な問題でディベートする

b．シティズンシップのスキルを使用・適用しながら，シティズンシップの知識理解を高める

c．多様な役割や責任を負いながら，個人・グループで働く

d．学校やコミュニティを基盤としたシティズンシップの活動に参加し，それらの参加のあり方を振り返る

e．意思決定やキャンペーンといった様々な個人，集団行動に参加する

f．コミュニティにおける課題や問題を伝えるために，様々なコミュニティの関係者や組織と働く

g．様々な政治的問題・課題における法的・道徳的・経済的・環境的・歴史的・社会的側面を考慮に入れる

h．色々なトピックに関する学校・地域・地方・国家・ヨーロッパ・国際・世界といった多様なコンテクストを考慮に入れる

i．情報ソースやアイディアを交換する手段として，様々なメディアや ICT（情報通信技術）を利用・適用する

j．シティズンシップと他の教科やカリキュラム全体での学習との間にリンクを作る

資料4　データの分析法

　収集したデータの分析を通じてカリキュラムの特質を抽出する際，どのようにカリキュラムの特質を導き出したかについて詳細に説明する。本データ分析の手法は，先述した通り，グラウンデッド・セオリー・アプローチに示唆を得た帰納法的手法で行った。グラウンデッド・セオリー・アプローチの特質である「定性的コーディング」「継続的比較法」「理論的メモ」（佐藤，2008b：115）の3つを踏まえ，実際の分析の順序を以下で示した。

段階1）インタビュー起こしとメモのまとめ：データを分析できる形に変換する。

段階2）カテゴリーの抽出・吟味：カリキュラムを比較・検討し，関連文献を基にして，分析観点（カテゴリー）を確定する。

段階3）特質の確定：カテゴリーをもとに，各教師のカリキュラムの基礎データを検討し，共通点・相違点を抽出し，各教師の教育目標・内容・方法の特質を描く。

　次に各段階に分け，どのように進めていくか，資料を元に説明する。

段階1）インタビュー起こしとメモのまとめ

　収集したデータを可視化できる状態に変換する。具体的には，インタビュー・データの文字起こし，学校訪問の際に作成したメモ（フィールドノート）のまとめをさす。さらに，文字起こししたデータについて，「文書記録の要所要所にその内容を要約した小見出しをつける」（佐藤，2008b：118）と説明されるオープン・コーディングを行う。表1は，オープン・コーディングを行ったB教師のインタビュー起こしデータの一部である。（表1は「教育目標」項目の質問とその答えに該当）

表1　教師インタビュー・データのコーディング作業

コード	インタビュー・データ
	インタビュアー（以下，イ）（11）：そもそも，先生の学校では，シティズンシップ教育カリキュラム全体の主要な目標はどのように設定されていますか？
●主要な目標 KS3：シティズンとは何か，国家・世界レベルのシティズンシップの理解	B教師（以下，TB）（11）：キーステージ3では，シティズンとは何かという意味の理解と，特に国家レベル・国際やグローバルレベルのシティズンシップの理解の発達をめざしています。私たちの学校では，第7学年では，コミュニティレベルの事柄，つまり地域の問題やコミュニティについて。第

（7：地域，8：国家，9：世界）	8学年では，国家レベル，第9学年では，国際レベルの問題を扱っています。キーステージ4では，はっきり言えば，GCSEをパスすることです。しかし，願わくば，国家レベルの政治や政府組織についての理解をもっと発展させてほしいですね。
KS4：GCSEをパスすること，国家レベルの政治理解	イ（12）：では，先生は，授業の目的はそれぞれの学年で異なると思いますか？ TB（12）：そうですね。 イ（13）：では，どのように異なると思われますか？
●目的 7：シティズンとは何か，コミュニティへ影響を与える活動についての学習 8：国家レベルの活動の学習 9：世界レベル（EU・国連）の活動の学習	TB（13）：ええと，第7学年では，基本的にシティズンとはどういったことをさすのか，またコミュニティに影響を与えられるような活動方法について学びます。第8学年では，国家レベルについてより学習するようになり，国家レベルで影響を与えられるような方法について学習します。例えば…，国家レベルでチャリティー活動を行っている団体を検討し，どのように国家レベルの問題に取り組んでいるかについて考え始めたりします。願わくば，誰かNPO団体の人を迎えて，投票や民主制度について考えたりします。第9学年では，グローバル・コミュニティについて考え始め，Oxfamといった国際的なチャリティー団体について検討します。そして，願わくばヨーロッパレベルの団体や国連などにも目を向けさせたいですね。 イ（14）：つまり，国家を超えたレベルにもということですね？ TB（14）：そうです。
●理由： 教師のナショナル・カリキュラムの解釈 （地域・国家・世界レベルの存在）	イ（15）：なぜ，先生はそのように決められたのですか？ TB（15）：理由の1つには，勿論ナショナル・カリキュラムの影響があります。しかし，発達の点から，私は，カリキュラムは地域・国家・世界という段階性をみることができると考えているのです。そこで，各年で異なる視点から同じテーマについて見ようと思っているのです。 イ（16）：非常に興味深いですね。私がそもそもなぜこのような質問をしたのかというと，ナショナル・カリキュラムを見たからなんです。ナショナル・カリキュラムはキーステージに基づいていて，学年に基づいてはいませんよね。そこで，私はあなたがなぜ各学年段階でそのようにしようと決定したのかに疑問を持ちました。実際，私が他校で，低学年の生徒であっても，グローバル・コミュニティに関する授業を見たこともあります。

生徒の発達段階の影響	TB（16）：私が思うに，第7学年というのは，小学校から中等学校に移ったばかりで，学校というコミュニティへの参加をしはじめた段階ですよね。地域コミュニティとは，学校コミュニティについての学習も含みます。つまり，彼らは生徒会に参加したり，自分たち自身で責任を負いはじめたりするのです。その中で，彼らは中等学校とはどういうものかを認識しはじめます。これが，私たちが特に地域コミュニティに
・学校の周辺状況の影響 ・生徒の成熟度の影響 ・他教科との関係性	着目する理由です。また，この学校は，いろんな村や町から生徒たちが集まっているのです。そのため，彼らが集まって，自分たちの地域ではどのようなことをしてるのかを言い合い，認識し，最終的に，これが私たちの学校の状況だということを確認するのです。また，私が思うに，第9学年は，（7年より）成熟しているし，グローバル的な文脈で起こったより困難な問題についても行うことができます。ついで，他教科との連携をとるようなことも扱えたらいいですね。例えば，歴史の授業で，本校では，アメリカの黒人や奴隷制度といったことを扱うのですが，こうしたトピックは今日における奴隷制度やそれに準じたものを扱うのに適したものと考え，シティズンシップのトピックを選んでいます。
	イ（17）：つまり，他教科との連携といったことも考えているということですね？
・他教科との連携の強調	TB（17）：そのとおりです。シティズンシップはある意味で他教科において教えられます。そこで，本校では，シティズンシップの授業で行っていることを関連付けようとしているのです。

段階2）カテゴリーの抽出

次の3段階で，データ分析を行い，分析観点（カテゴリー）を抽出した。

2）-ⅰ）データの分類：2つの研究の視点（「教師たちは，どのようなカリキュラムの目標を設定しているか。またそれはなぜか。」「教師たちは，授業において，どのようなアプローチをとろうとしているか。またそれはなぜか。」）に基づいて，得られたデータを「学習目標」と「学習アプローチ」，それぞれのファクターの4つに分類する。

2）-ⅱ）教師内また教師間で得られたデータを比較し，共通点と相違点を考察。

2）-ⅲ）カテゴリーの抽出：ⅱ）を元に分析の視点として有効なカテゴリーを抽出し，関連文献を基に検討して確定する。

以下，B教師を中心事例として取り上げ説明する。

2）-ⅰ）データの分類

　ここでは，質問項目から得られたデータを6つ（教育目標・教育内容・教育方法・教育目標の要因・教育内容の要因・教育方法の要因）に分類する。回答の分類は表2のように行った。

表2　データの分類

該当する回答　＊数字は質問項目（p.432）の番号に対応）	種類
教育目標（1-1）についての回答 ⟶	教育目標
1-2の回答，2-1/-2/-3/-4/-5の該当する回答 ⟶	教育目標に関する要因
教育内容（1-3）についての回答 ⟶	教育内容
1-4の回答，2-1/-2/-3/-4/-5の該当する回答 ⟶	教育内容に関する要因
教育方法（1-7,1-9）についての回答 ⟶	教育方法
1-8/-10/ の回答，2-1/-2/-3/-4/-5の該当する回答 ⟶	教育方法に関する項目

　なお，事例として表1の教師の回答を取り上げる。これは，具体的には「教育目標」と「教育目標に関する要因」に相当する。それを説明したものが表3である。

表3　教師2のデータの分類表

該当するB教師の回答（コード）	種類
●主要な目標 ⟶	教育目標
KS3：シティズンとは何かの理解（7年：地域，8年：国家，9年：世界）	
KS4：GCSEをパスすること，国家レベルの政治理解	
●目的	
7年：シティズンとは何か，コミュニティへ影響を与える活動の学習	
8年：国家レベルの活動の学習，9年：世界レベルの活動の学習	
・教師のナショナル・カリキュラムの解釈，生徒の発達段階の影響 ⟶	教育目標に関する要因
・学校の周辺状況の影響，生徒の成熟度の影響	
・他教科との関係性（歴史など），他教科との連携の強調	

2)-ⅱ)，ⅲ) 教師間・教師内でのデータの比較，カテゴリーの抽出

本段階では，教師内・教師間の回答を比較し，「理論」を導き出すために有効な分析の観点を導き出していく。具体的には複数の教師のデータを比較して共通点・相違点を抽出し，分析の観点（カテゴリー）を明らかにする。ここでは事例として，B教師とC教師を取り上げ，どのようにカテゴリーを抽出したかを説明していく。まず，B教師とC教師の結果の比較をしめしたものが，次の表4である。

表4　B教師とC教師の教育目標・教育目標に関する要因

	該当するB教師の回答（コード）	該当するC教師の回答（コード）
教育目標	●主要な目標 KS3：シティズンとは何か，国家・世界レベルのシティズンシップの理解 KS4：GCSEをパスすること，国家レベルの政治理解 ●目的 7年：シティズンとは何か，コミュニティへ影響を与える活動の学習 8年：国家レベルの活動の学習 9年：世界レベル（EU・国連）の活動の学習	●主要な目標 ・政治的リテラシー （政治的組織の理解や議論） ・権利と責任 （地域環境への自覚やシティズンとしての責任感の理解） ●目的 （ナショナル・カリキュラムに準ずる形で決定している）
教育目標に関する要因	・教師のナショナル・カリキュラムの解釈 ・生徒の発達段階の影響 ・学校の周辺状況の影響 ・生徒の成熟度の影響 ・他教科との関係性（歴史など）	・教師のナショナル・カリキュラムの解釈 ・生徒の発達段階

以上から，B教師とC教師の回答を比較すると，次の共通点・相違点が得られる。

（共通点）・知識・理解の重視
　　　　　・政治的要素の重視
　　　　　・スキル・態度・知識を統一的に育成しようとしている

> （相違点）・C教師はより道徳的価値観・態度形成を重視している
> 　　　　　・発達段階を考える際，B教師は地域・国家・世界という地理的要素を
> 　　　　　　重視しているが，C教師はより政治的リテラシーと権利と責任を重視
> 　　　　　　している。

　従って，この段階で「教育目標」を理論化していく際に有効なカテゴリーとしては，シティズンシップの性質的要素（政治・道徳），空間的要素（地域・国家・世界），ことが考えられる。以上のようなプロセスを，教師間・内での比較を通して行っていき，理論を抽出するのにふさわしいカテゴリーを抽出していく。先行研究（Davies et al, 1999; Evans, 2004; Kerr et al., 2007; Kiwan, 2008）などを参考に，有効性について検討を行った。その結果，確定したカテゴリーが下の通りである。

> 教育目標：空間的視点（地方・国家・世界），シティズンシップの性質（4つの
> 　ストランド）
> 教育内容：シティズンシップの性質（4つのストランド），知識・スキル・態度
> 教育方法：教材の種類・学習活動の種類
> 教育目標・内容・方法に関する要因：6つのクラスター（ナショナル・カリキュ
> 　ラム，実践クラスター，信念・意思，子ども，社会，教科）

段階3）特質の確定

カテゴリーをもとに，各教師のカリキュラムの基礎データを検討し，共通点・相違点を抽出し，各教師の教育目標・内容・方法の特質を描き出す。各教師の特質を導き出すために，まず全体的な傾向を導き出す。その際，傾向は次の3つの基準を鑑みて，導き出した。ア）類似した発言を行った人数（回答者数），イ）類似したコメントの数，ウ）仮に数回であっても注目すべきユニークな発言である。

　次に，こうした全体的な特質を踏まえた上で，各教師に特有の性質を抽出し，まとめていく。その差には，再度基礎データと関連文献を見直し，また日本・イングランドの指導教官と協議などを繰り返し行い，主張を吟味した。その結果が本研究の研究成果となる。

資料5　実施したカリキュラムに関する教師の回答比較表

	教師A	教師B	教師C
目標	・ナショナル・カリキュラム ・PDの他領域との関係性 ・学年固有の事情との関係性（9年にはキャリアをあてるなど）	・ナショナル・カリキュラム ・子ども達の事情（7年生は入りたてなので，彼らのアイデンティティを確立してあげたい。でも，9年はもう少し成熟したトピックを扱える）	・ナショナル・カリキュラム ・教科観（シティズンシップ教育を貫く2つの軸） ・学年の特性（学年があがるに従ってより難しいものにする）
内容	・ナショナル・カリキュラム ・教師経験による子ども観（難しい学年は高学年に） ・学年固有の事情との関係性（9年はテストを受けるから，シティズンシップに時間を割けない） ・時間数不足（単元は各学年段階で重複したものにはできない）	・目的との関連性 ・子どもの興味（モチベーションをあげる） ・ナショナル・カリキュラム ・子ども達の背景（あまりdiverseではない）	・教科観（シティズンシップ教育を貫く2つの軸） ・教師経験による子ども観（KS4の方がより国債などに関心をもつ，子どもは知識を有していない）
方法	・GCSEのような試験がない ・生徒の楽しさ，興味を引く ・専門教師が担当している ・子どもの事情	・教師の信念（主体性が大切） ・時間の制約（20分，教科書が使用できない） ・子どもの雰囲気（うるさい生徒にはあえてディスカッションをさせる）	・教科観（シティズンシップ教育を貫く2つの軸） ・「能動的シティズンシップ」というシティズンシップ教育の目的 ・教科の特性（扱うトピックが変動的） ・教科の設定されている時間の特性（PSHEとの交代）
分析で気付いたこと	教科の特性よりも，むしろ実践上の調整などの時間数，校長の方針といった実践上の状況に要因を求める傾向にある	子どもの興味に重きを置く傾向にある。そこに学校の背景が関連している。	教科の特性（2つのストランド，トピックの変動性）や教師の信念などを基にカリキュラムを編成する傾向にある（目の前の子どもの記述がない）

教師D	教師E	教師F
・学校の方針	・ナショナル・カリキュラム ・学校の状況（校区の状況）	・ナショナル・カリキュラム ・学校の状況（校区の状況）
・子どもの状況（学年があがるに従って，より概念的・構造的なものになる） ・ナショナル・カリキュラム ・学校の特性（マイノリティーグループがいる，留学生が多い）	・ナショナルカリキュラムを特に強調（そこからの逸脱は許されない） ・前の教師の決断に基づく ・現在のニュース	・ナショナル・カリキュラム ・学年の特性・学校の特性（男子校なことや多様性のあること） ・現代社会状況
・ナショナル・カリキュラム ・シティズンシップ教育の特性 ・学校の状況（多様な教材） ・学校の実践上の状況（教師の専門性の高さ）	・自分自身の好み（色々な教材を使うのが好き） ・子どもの興味を引く ・学校の事情（専門教師じゃない人が教える） ・生徒の成熟度やムード	・ナショナル・カリキュラム ・教科の特性（コミュニティと学校の関係性） ・子どもの興味・主体性の重視 ・子どもの成熟度やムード（ディスカッションを使えるかどうか） ・学校の状況 ・自分自身のバックグラウンド
シティズンシップ教育が中心的に行われているという学校の環境が多く影響を及ぼしている。そこに教科の特性や子どもの関心などが影響する	実践上の状況に関する言及が多く，教科の特性について言及していない（なりたてで，あまりCEについての知識が乏しい）	教科の特性と学校の特性，子どもの関心，社会の動向など，多様なものが関連しあっている。

あ と が き

　本書は，2011年度広島大学大学院教育学研究科に提出した博士学位論文「イングランド中等学校シティズンシップ教育カリキュラム研究：実践カリキュラム研究アプローチを基に」を，独立行政法人日本学術振興会平成28年度科学研究費助成事業（科学研究費補助金）（研究成果公開促進費　課題番号16HP5242）の交付を受けて公刊するものである。

　第4章・第5章・第6章の一部については，下記の既刊の論文が基になっている。

　　第4章　「社会変容に対応するシティズンシップ教育カリキュラム構成法の革新
　　　　　—イングランド1999年版ナショナル・カリキュラムを手がかりに—」『社会
　　　　　科研究』第73号，2010年，pp. 21-30。
　　第5章　「教師が作成したシティズンシップ実践カリキュラム構成とその特質—
　　　　　カリキュラム作成に関するイングランドの教師への調査を手がかりに—」
　　　　　『社会系教科教育学研究』第22号，2010年，pp. 141-150。
　　第6章　「学校シティズンシップ教育カリキュラムにおける道徳性の位置づけと
　　　　　その意義—イングランドの場合—」『広島大学大学院教育学研究科紀要第二
　　　　　部（文化教育開発関連領域）』第59号，2010年，pp. 67-76，「イングランド
　　　　　のシティズンシップ教育カリキュラムにおける「コミュニティへの参加」
　　　　　の特質と意味—スキーム・オブ・ワーク「シティズンシップ」の場合—」
　　　　　『公民教育研究』第18号，2011年，pp. 17-31。

　筆者が，初めてイングランドのシティズンシップ教育のことを知り，関心を持ったのは，広島大学大学院の修士課程に属していた2005年のことであった。ナショナル・アイデンティティの相対化や，社会参加といったキーワードだけを持ち，指導教員である池野範男先生に修士論文のテーマの相談に行ったところ，ヒントとして，いくつかの教科書や論文を渡された。その中の

１つが，施行されたばかりのイングランドのシティズンシップ教育の教科書 "Activate" シリーズであった。コンセプトの面白さや，自分が既存の日本の社会科教育に感じていた課題を解決してくれる策がそこにあるのではと感じ，何気なく「この教科書を分析します」と申し上げたのを覚えている。

　しかし，何気なく言ったものの，そこからが困難の連続であった。まずぶつかった課題は，施行直後であったこともあり，日本でのイングランドのシティズンシップ教育の文献が少なく，そもそも実態がよくつかめなかった。乏しい英語力で，必死で海外の文献に取り組んだことを覚えている。次に，社会科教育学を基盤としていた私が直面したのは，シティズンシップ教育という総合的な資質を施行していることで，社会認識を基盤としたこれまでの分析枠組みが使えないことであった。そのため，せっかく面白いと感じても，それが伝わらない。また，実践の実態について質問されても，データがないため，曖昧にしか答えられない。そうした中で，修士課程はただただ自分が興味を持ったカリキュラムをまとめ，特質を示すことで終わってしまった。消化不良の状況で「このままじゃ終われない。どうにかこのテーマをもう少し深めたい」と思い，博士課程への研究へと向かった。

　進学を決めたものの，修士課程の状況をどのように打破したらいいのか，このまま日本だけで研究していて本当にいいのかと限界を感じていた頃，先にヨーク大学に留学していた橋崎頼子先生（奈良教育大学），研究員をされていた田中伸先生（岐阜大学）からの助言を頂き，大学入試以来の必死の英語の勉強を終えて，博士課程の１年目の修了と同時にヨーク大学の修士課程に入学した。

　留学当初は，「とにかくシティズンシップ教育実践が見たい。」という一心であり，具体的な研究計画も持たない状況であった。修士論文をどうしようかとも思っていたが，日々の授業では，多様な国からくる同級生たちと，シティズンシップ及びシティズンシップ教育に関する基礎文献を必死に読み，イギリスの教育の考え方や事情を学ぶのが精一杯であった。そんな時，授業

の一環で，初めて現地でシティズンシップ教育の授業見学に行った後のことである。語学力の限界もあり，次のようないささか率直すぎる問いを，授業が終わった後，初対面のイングランドの中等学校教師にぶつけた。「１年が終わった後，シティズンシップの授業を受けた子ども達にどんな力を身につけさせたいと考えていますか？　どのようなシティズンになって欲しいと考えていますか？」すると，その質問の直後から，学校やクラス，それらを取り巻く英国の政治や社会状況を交えながら，自分の授業やカリキュラムについて熱心に語る教師の姿に直面した。

　これは私にとって，新鮮な驚きであった。私自身，博士課程１年目に，社会科の非常勤講師として中学校で１年間務めた経験があった。しかし，１時間・１時間の授業については，一定程度語ることはできても，１年間や３年間でどのような市民的資質や力を育成したいか，について十分に語ることはできなかった。そもそも，考える機会そのものもなかった。なぜイングランドの先生方はここまで自分の授業について語れるのだろうか。これを契機に，イングランドでの２つ目の修士論文では，教師のシティズンシップ教育カリキュラムをどのように捉え，作成しているのか，開発の過程を描くことをめざした。

　シティズンシップ教育は，その特質として，(1)「歴史」「数学」など伝統的学問を基盤とした教科ではないこと，(2)知識の伝達のみではなく技能・態度など総合的能力育成を中心とすること，が特色としてあげられる。そのため，従来のように教師は，国家カリキュラムが決定した知識内容を伝達するという役割ではなく，教師自身が自らの子どもや学校・社会状況を踏まえ，主体的にカリキュラム開発を行うことが重要だと考えた。

　しかし，２つ目の修士論文を終えて，再度疑問があった。それは，各教師が完全に自由に作成してしまっては，シティズンシップ教育として，社会の担い手として必要な一定の基盤が担保されない。即ち，国家カリキュラムが一定の基盤を提供しながらも，教師がそれぞれの状況に合わせて再構築でき

　る余地が必要なのではないかということである。そのため，日本に戻ってからは，不十分であった教師への調査をさらに進めると共に，教師が自由にカリキュラム開発の姿を中心に，それを国家カリキュラムはどのようにサポートしているのか，そのカリキュラム構造に注目して，考察を進めることにした。

　従って，本書は，国家がシティズンシップをどのように定義し，国家カリキュラムをどのように作ったのか。そして，それを教師たちがどのように解釈し，自らのカリキュラムをどのように作っているのか。この2つに答えるものである。学位論文を提出した2011年からはイングランドも日本もシティズンシップ教育をめぐる状況が大きく変わり，十分に反映させられていない点も多い。今後の研究課題として，ご容赦いただければと思う。本書で示した解釈や方法論については，引き続いてご批判ご指導をお願いしたい。

　以上の経緯からもお分かりのように，本書は多くの方々の助けなしでは成り立たなかった。

　まず，学部時代からの指導教員である池野範男先生（広島大学教授）に心からの感謝を申し上げたい。学部時代から，安易な発想をしがちな私を叱咤激励し，いつでも的確な丁寧なご指導・ご助言をして頂いた。常にトップランナーとして走り続けられる先生の情熱や後進への優しさが，現在に至るまでの私の研究生活の励みとなっている。再度感謝申し上げると共に，今後も変わらぬご指導・ご鞭撻をお願いしたい。

　また，小原友行先生（広島大学教授），棚橋健治先生（広島大学教授），木村博一先生（広島大学教授）には学部・大学院の授業を通して社会認識教育学や研究の根本から学ばせていただくと共に，副査としてもご指導いただいた。棚橋先生の授業でIEAの国際シティズンシップ教育調査に触れたことは，本書の研究内容の考察を深めることになった。副査の深澤清治先生（広島大学教授）にも丁寧なご指導を頂いた。また，草原和博先生（広島大学教授）か

らの温かく鋭いご助言なしでは，研究を完成させられなかっただろう。特に，博士課程後期3年で，僭越ながら，シンポジウムに登壇させていただき，「日本人のあなたが，なぜイギリスの教師の実践を調査する必要があるのか？」という先生の厳しい質問を頂いたことは忘れられない。その答えを考えることが，本研究をまとめる指針となった。貴重な機会を頂けたことに心から感謝したい。

　南浦涼介先生（東京学芸大学准教授），井上奈穂先生（鳴門教育大学准教授），峯明秀先生（大阪教育大学教授），李貞姫先生（韓国・光州教育大学校教授），宇都宮明子先生（佐賀大学准教授），後藤賢次郎先生（山梨大学准教授）とは，広島大学大学院教育学研究科社会認識教育学講座の一員として，研究に関する議論にお付き合いいただくと共に，いつも前向きに励まして頂いた。私は，社会認識教育学講座で，学部・留学期を含めると10年弱を過ごした。この間に公私共にお世話になった全ての先輩・同級生・後輩の皆様にも心から感謝したい。

　さらに，2013年より赴任した滋賀大学において，研究だけでなく様々な場面でご指導・ご配慮いただいている岸本実先生（滋賀大学教授）をはじめとする社会科教育講座の先生方，教育学部の先生方にも感謝申し上げたい。

　本書で取り上げた研究の大半は，イギリスでのフィールド調査の成果を踏まえたものである。しかし，下手な英語しか話せない留学生の私にとっては簡単なものではなく，当初は全くアポイントすらとれず焦る日々が続いた。そんなときに，現地のシティズンシップ教育やグローバル教育研究会で出会い，英語のへたくそな留学生の話を話を真摯に聞いて下さり，学校を紹介してくださった先生方。調査を行う上で，貴重な助言やサポートをしていただいたアンソニー・ヘインズ氏（The Professional and Higher Partnership 代表），日本から学校を紹介していただいた藤原孝章先生（同志社女子大学），水山光春先生（京都教育大学）などのお力添えによってできた。そして，留学先のヨーク大学で指導していただいたイアン・デイビス先生（ヨーク大学教授）に

も感謝申し上げたい。イギリスにおいて，初めて質的調査に取り組んだ私にとって，先生の優しく厳しい指導がなければ，2つ目の修士論文の完成はなかっただろう。さらに，日本帰国後に，日本学術振興会特別研究員（DC2，PD）となったことで，更なる調査を行うことができた。支援をしていただいたことに感謝する。

　そして，お名前を挙げることはできないが，調査に協力していただいた学校関係者に心から感謝申し上げたい。先生方のシティズンシップ教育に向けられた真摯な姿勢が，本書を書く上での何よりも力となった。また，学び続けることに対してはいつも無条件に惜しみない支援をしてくれると共に，自らも学び続けている父と母，妹の友美と和美。2014年から"生きた"シティズンシップ教育の機会を私に与えてくれた娘の彩良と唯良。そして，大学院生の頃から，私の研究生活を常に支え，支援し続けてくれている夫の裕亮に感謝したい。

　末筆になったが，本書の刊行を受け入れてくださった風間書房の風間敬子社長と編集担当の斉藤宗親氏に御礼の気持ちを申し述べたい。

　　2016年12月

川口広美

〈略歴〉

川口広美（かわぐち　ひろみ）

1982年　熊本県に生まれる
2005年　広島大学教育学部第2類社会系コース卒業
2007年　広島大学大学院教育学研究科博士課程前期修了
2009年　the University of York（英国）　Master of Arts 修了
2011年　広島大学大学院教育学研究科博士課程後期修了
　　　　博士（教育学）
2013年　滋賀大学教育学部講師
2015年　同大学准教授
　　　　現在に至る

イギリス中等学校のシティズンシップ教育
―実践カリキュラム研究の立場から―

2017年2月20日　初版第1刷発行

著　者　　川　口　広　美

発行者　　風　間　敬　子

発行所　　株式会社風　間　書　房

〒101-0051　東京都千代田区神田神保町 1-34
電話 03(3291)5729　FAX 03(3291)5757
振替 00110-5-1853

印刷　太平印刷社　　製本　高地製本所

©2017　Hiromi Kawaguchi　　　　　　NDC 分類：370
ISBN978-4-7599-2167-0　　Printed in Japan

JCOPY 〈㈳出版者著作権管理機構 委託出版物〉
本書の無断複製は，著作権法上での例外を除き禁じられています。複製される場合はそのつど事前に㈳出版者著作権管理機構（電話 03-3513-6969，FAX 03-3513-6979，e-mail: info@jcopy.or.jp）の許諾を得てください。